Bernd Thränhardt

Ausgesoffen

Originalausgabe
© 2013
Ullstein Buchverlage GmbH, Berlin

© 2021
RHEIN-MOSEL-VERLAG
Zell/Mosel
Brandenburg 17, D-56856 Zell/Mosel
Tel 06542/5151 Fax 06542/61158
Alle Rechte vorbehalten
ISBN 978-3-89801-445-8
Ausstattung: Stefanie Thur

Damit die kulturelle Vielfalt erhalten und für die Leser bezahlbar bleibt, gibt es die gesetzliche Buchpreisbindung. Deshalb kostet ein verlagsneues Buch in Deutschland immer und überall dasselbe. Ob im Internet, in der Großbuchhandlung, beim lokalen Buchhändler, im Dorf oder in der Großstadt – überall bekommen Sie Ihre Bücher zum selben Preis.

Bernd Thränhardt
mit Jörg Böckem

# Ausgesoffen

## Mein Weg aus der Sucht

Zum Schutz von Personen wurden Namen, Biographien und Orte zum Teil verändert und Handlungen, Ereignisse und Situationen an manchen Stellen abgewandelt.

Rhein-Mosel-Verlag

*Für meine Eltern*

»Der Schlüssel zu einem erfüllten Leben liegt darin, das Unumgängliche zu wollen und dann das Gewollte zu lieben.«

Friedrich Nietzsche

# Inhalt

| | |
|---|---:|
| Geleitwort Dr. Jarmila Mahlmeister | 9 |
| Geleitwort Professor Dr. med. Markus Backmund | 13 |
| Prolog | 15 |
| Gier | 19 |
| Der kleine Bernd | 22 |
| Absolute Beginner | 29 |
| Cognac, Satz und Sieg | 42 |
| Hoch fliegen | 47 |
| Thränhardt, du Tier! | 52 |
| Advantage Emotion | 64 |
| Gute Vorsätze oder der Weg zur Hölle | 80 |
| Dosissteigerung | 82 |
| Alkoholiker? Nein danke! | 87 |
| Maria | 96 |
| Im Reparaturbetrieb | 100 |
| Genuss und Abstinenz | 115 |
| Der Preis der Eier | 119 |
| Kontrolliertes Trinken und Säuferträume | 124 |
| Abgesoffen | 130 |
| In der Anstalt oder: Helmut Kohls Tochter | 139 |
| Schritt zurück | 147 |

| | |
|---|---:|
| Stroh-Rum mit Milch | 152 |
| Pille statt Pulle | 157 |
| Im Säuferkeller | 161 |
| Drei Flaschen und ein Todesfall | 171 |
| Out of Rollesbroich | 182 |
| Homo ludens | 186 |
| Zurück in die Zukunft | 189 |
| Kaninchen mit Bindehautentzündung | 193 |
| Alkohol Alaaf! | 200 |
| Happy Birthday | 205 |
| Brüder im Geiste | 207 |
| Drei Promille | 214 |
| Höllenritt ins Paradies | 218 |
| Angst und Schrecken in Rollesbroich | 222 |
| Auf eigenen Füßen | 226 |
| Gespenst der Vergangenheit oder Schnee von gestern | 229 |
| Nicht das Ende | 231 |
| Epilog | 236 |
| | |
| Dank | 243 |

# Geleitwort

»Ausgesoffen«. Dieser Titel ist, wie das Buch und sein Autor Bernd Thränhardt, schonungslos ehrlich, authentisch und direkt. Die Biografie eines Menschen mit einer Suchterkrankung; alle Facetten, alle Farben, Höhen und Tiefen werden auf eine beeindruckende Art und Weise dargestellt. Der Leser wird von der ersten Minute an gefesselt. Man möchte das Buch an manchen Stellen weglegen und nicht weiterlesen, weil man beschämt ist, Fassungslosigkeit, Angst oder sogar Ekel hoch kommen. Und man liest trotzdem weiter. Man will wissen, wie es weitergeht, woraus dieser Mensch, so am Boden liegend, den Mut gefasst hat wieder aufzustehen, weiter zu leben, immer wieder von vorne anzufangen, um schließlich dort zu stehen, wo er heute steht …

Er ist ein leuchtendes Vorbild für viele Menschen mit dieser Erkrankung!

Ich selbst befasse mich seit fast 20 Jahren mit Suchterkrankungen. Die Geschichte von Herrn Thränhardt ist keine Seltenheit, ganz im Gegenteil. Sucht ist eine Erkrankung, die mit Fallen und Aufstehen einhergeht. Sie ist zerstörerisch, kennt weder Gnade noch Respekt vor Alter, Geschlecht, Status oder Wissen. Sie ist somit eine sehr faire Erkrankung: Niemand ist vor ihr geschützt. Man wird sie auch nie ganz los, aber man kann, wenn man einiges richtig macht, sehr gut und zufrieden mit ihr leben. Um dahin zu gelangen, hat Herr Thränhardt, wie alle unsere Patienten, sehr viel Lehrgeld bezahlt, aber am Ende hat er seinen Weg in die Abstinenz gefunden. Sein Weg bestand darin, Lebensinhalte zu suchen und zu finden, die ihm Halt gaben, Struktur im Alltag verliehen und damit verbunden kleine Erfolge, die wiederum Kraft gaben, es erneut zu versuchen. Ein sehr wichtiger Baustein in diesem Zusammenhang war neben seiner Familie seine Selbsthilfegruppe. Eine Gruppe von Menschen, die das gleiche Schicksal erlitten hatten, mitfühlten, Tipps geben konnten und im Notfall für ihn da waren. Menschen, die ihm als Betroffene Wissen über die Erkrankung vermittelten. Diese Erkrankung ist sehr komplex, deshalb ist das Wissen um die Zusammenhänge von Körper, Geist und Seele im Hier und Jetzt und in der Vergangenheit des Betroffenen von großer Bedeutung.

Diese Art der Unterstützung erfährt man als Erkrankte nicht ausschließlich in Selbsthilfegruppen, sondern auch in Kliniken, die sich auf Suchterkrankungen spezialisiert haben. In Deutschland gibt es viele Kliniken, die sich seit Jahren mit dieser Erkrankung befassen und somit eine zentrale Rolle in dem Prozess der Begleitung von Suchtpatienten spielen. Diese Kliniken erfüllen neben der Wissensvermittlung eine weitere Funktion in der Behandlung des Patienten. Sie nehmen die Patienten auf zur Entgiftung und / oder Entwöhnung des Patienten. Das bedeutet, dass der Patient »stofffrei« gemacht wird, um dann in einer zweiten Phase die notwendige therapeutische Begleitung unter geschützten Bedingungen einer Klinik zu erfahren.

Zunächst möchte ich die Frage aufrufen: »Warum eigentlich stationär entgiften? Geht es auch nicht ambulant?« Die Antwort ist so komplex wie die Erkrankung selbst. Es hängt unter anderem davon ab, von welchem Stoff man abhängig ist, ob eine ambulante Entgiftung medizinisch zu verantworten sei. Zum Beispiel ist die Entgiftung von Opiaten medizinisch problemlos, damit meine ich nicht gefährlich, durchführbar im ambulanten Bereich. Eine Entgiftung von Alkohol oder Benzodiazepinen (Schlaftabletten) hingegen, kann in den ersten Tagen des Entzuges zu tödlichen Komplikationen, wie einen epileptischen Anfall führen. Eine Empfehlung diese im ambulanten Bereich durchzuführen, kann ich somit auf gar keinen Fall, ohne strenge medizinische Begleitung, aussprechen.

Auch Herr Thränhardt hat im Laufe seiner Erkrankung die verschiedenen Formen der Versorgung in Suchtkliniken, mit deren unterschiedlichen Strukturen, Vor- und Nachteilen erfahren dürfen und in treffender Art und Weise in seinem Buch dargestellt.

Ein weiterer sehr wichtiger Baustein in der Versorgung und somit Unterstützung von Suchtpatienten ist, neben dem stationären Bereich, die ambulante medizinische und therapeutische Betreuung. Die erste medizinische Versorgung wird in der Regel durch den Hausarzt sichergestellt. Bei Komplikationen oder Begleiterkrankungen kommen dann u.a. Internisten, Neurologen oder Psychiater ins Spiel. Auch Tageskliniken oder Substitutionspraxen sind ein wichtiger Bestandteil des Suchthilfesystems. Für die therapeutische Betreuung bietet das System eine Fülle von wertvoller Unterstützung. Psychiater, Psychologen, Heilpraktiker mit psychotherapeutischer Ausbildung, Suchttherapeuten, Coaches usw. bieten auf sehr unterschiedlicher Weise Ihre Hilfe an.

An der Stelle sind mir zwei Bemerkungen sehr wichtig. Zum Einen gibt es nicht *den* richtigen oder falschen Therapeuten. Jeder Patient muss seinen Weg gehen und den für ihn unterstützenden Therapeuten suchen und finden.

... Wer heilt hat Recht ...

Es ist wichtig, wie die verschiedenen Elemente des Suchthilfesystems, zum Wohle des Patienten, miteinander zusammenzuarbeiten. Es ist z. B. sehr wichtig für den Betroffenen nahtlos, mit guter Übergabe vom stationären in den ambulanten Bereich übergehen zu können und umgekehrt. Hierzu braucht es eine gute Kommunikation, Koordination und Verständnis von den verschiedenen Helfern untereinander. Die Zusammenarbeit von Ärzten, Therapeuten und Gruppenbegleitern wird im Idealfall zu einem Auffangnetz für die Betroffenen, das dem Patienten hilft, seinen Weg in ein abstinentes Leben zu gehen.

Deshalb freue ich mich jedes Mal, wenn ein Anruf in unsere Klinik von Herrn Thränhardt kommt und er um unsere Hilfe für einen seiner Patienten bittet. Genauso gerne tätige ich den Rückruf nach vollbrachter Entgiftung und begonnener Entwöhnung, um den Patienten in seine Obhut zurück zu geben.

Und mit der gleichen Freude bin ich deshalb der Bitte diesen Prolog des Buches von diesem langjährigen Kooperationspartner unserer Klinik zu schreiben, nachgekommen.

Dieses Buch macht Mut, trotz und wegen der schonungslosen Ehrlichkeit womit diese schwere, chronische Erkrankung dargeboten wird.

Bad Brückenau, den 18.02.2021

Dr. Jarmila Mahlmeister
Chefärztin der
My Way Betty Ford Klinik

**Geleitwort**

Bernd Thränhardt rief mich Ende letzten Jahres an und bat mich um ein Geleitwort für dieses Buch. Es gibt nur wenige Menschen, die in der Öffentlichkeit stehen und sich zu ihrer Suchtkrankheit offen bekennen und damit einen wichtigen Schritt für alle Betroffenen gehen, ihre Angst und Scham vor dem Eingeständnis ihrer Krankheit zu überwinden. Jörg Böckem hatte ich bereits in den 1990er Jahren auf einer Veranstaltung für suchtkranke Menschen kennengelernt. Prominente Menschen, die sich in die Mitte der Suchtkranken stellen, setzen ein unübersch- und hörbares Signal, die kranken Menschen aus der Schmuddelecke, in die sie immer wieder gestellt werden, in die Mitte der Gemeinschaft zurückzubringen. Deshalb habe ich gerne zugesagt, als Suchtmediziner und Psychotherapeut ein Geleitwort beizusteuern.

Viel zu wenige wissen, dass Alkoholabhängigkeit eine der schwersten Krankheiten ist, die unbehandelt früh zu weiteren schweren Krankheiten und zum frühen Tod führen kann. Jährlich sterben allein in Deutschland 75000 Menschen an den Folgen.

Alkohol ist die härteste Droge, ein Zellgift, das nicht nur jedes Organ, sondern auch die Nerven und das Gehirn schädigt. Alkohol und Kokain geben sich schnell die Hand und die Drogenkarriere nimmt Fahrt auf. Häufig entsteht die Suchterkrankung infolge einer anderen psychischen Erkrankung, wenn die Droge wie ein Medikament zur Selbsttherapie eingesetzt wird. Die Ursachen für Sucht sind sehr vielfältig; das Problem der Abhängigen ist am Ende das Gleiche.

Sucht ist kein Randphänomen, sondern ein Teil unserer Gesellschaft. Sucht kann jeden Menschen, jede Familie betreffen. Wer Hilfe braucht, muss Hilfe erhalten. Damit diese Hilfe gelingt, muss sich das Bewusstsein in der Bevölkerung und in der Fachwelt verändern: Sucht ist nicht Versagen, sondern eine schwere Krankheit. Die Weltgesundheitsorganisation (WHO) zählt die verschiedenen Suchtkrankheiten seit vielen Jahren zu den die

Menschheit stark bedrohenden Krankheiten. Diese Erkenntnis muss in die Köpfe aller Menschen, auch in die der Fachwelt.

Ehrlich und schonungslos beschreibt Bernd Thränhardt seinen Krankheitsverlauf. Anfangs helfen die Drogen, sie wirken – mit Kokain scheint erstmal alles leichter zu gehen. Er erlebt Alkohol als selbstverständliches soziales Schmier- und Bindemittel, der Konsum von Alkohol gilt als normal.

Sobald der Konsum aber als Krankheit diagnostiziert wird, werden die Menschen stigmatisiert und diskriminiert. Ein respektvoller Umgang wird ihnen vielfach und vielerorts verwehrt. Das ist ein Grund dafür, dass sich viele Suchtkranke scheuen, Hilfe zu suchen. Das Bekenntnis von Bernd Thränhardt senkt die Barriere für Betroffene, sich ihre Krankheit einzugestehen und sich behandeln zu lassen.

München, März 2021

Professor Dr. med. Markus Backmund
Präsident der Dachgesellschaft der Suchtfachgesellschaften (DSG)

**Prolog**

In den beinahe zehn Jahren, seitdem wir dieses Buch geschrieben haben, ist viel geschehen. Schönes und Bestärkendes, aber es gab auch dramatische und schmerzhafte Ereignisse, die die Gefahr in sich trugen, meine Abstinenz in Frage zu stellen.

Ich hatte die Gelegenheit, in Zusammenarbeit mit einer engagierter Produktionsfirma aus Leipzig für den MDR als »Trocken-Doc« in der gleichnamigen Fernsehserie in einer neuen Art und Weise Betroffenen Unterstützung anzubieten – und für einen klischee- und vorurteilsfreien Blick auf das Thema Alkoholismus und gegen Stigmatisierung zu kämpfen.

Im Zuge der Dreharbeiten bin ich zahlreichen interessanten Menschen begegnet, zu einigen habe ich bis heute Kontakt, eine Zahnärztin aus Leipzig hat mittlerweile selbst eine Selbsthilfegruppe gegründet. Vor allem die Reaktionen von betroffenen Zuschauern, die zahlreichen Zuschriften, haben mich angespornt und ermutigt. Und sie haben mich daran erinnert, wie wichtig es für mich selbst in meiner schwierigen Zeit war, Menschen kennen zu lernen, die ihr Leben zum Besseren verändert hatten. Vorbilder, die mir Orientierung gaben und eben nicht dem klassischen Säufer-Klischee entsprachen, die sich differenziert, persönlich und authentisch mit dem Thema Alkoholismus und der seelischen Komponente der Sucht auseinandersetzten.

Menschen wie der Autor Jacques Berndorf zum Beispiel, oder der Spiegel-Journalist Jürgen Leinemann, der zu einer Zeit offen über seine Suchterkrankung sprach, in der ich noch dabei war, eine Art Krankheitseinsicht überhaupt erst zu entwickeln. Sein Satz »ich bin auch nach 30 Jahren noch eine Armlänge vom Rückfall entfernt« ist mir in den vergangenen Jahren immer in den Sinn gekommen. Ich stimme ihm zu – mit der Einschränkung, dass nach beinahe zwei Jahrzehnten suchtfreiem Leben mein Arm etwas länger geworden ist.

Mir ist es mit über 60 Jahren endlich gelungen, eine tragfähige Beziehung zu einer tollen Partnerin aufzubauen, die mir in den vergangenen fünf Jahren immer wieder eine große Stütze war.

Und die beiden von mir geleiteten Selbsthilfegruppen haben mittlerweile ihr zehnjähriges Jubiläum gefeiert.

Auch wenn der allergrößte Teil der Gruppenmitglieder seit vielen Jahren stabil ist, gab es auch immer wieder Rückfälle. Manche mit tödlichem Ende: Ein Gruppenmitglied hat sich vor einigen Jahren von einer Brücke gestürzt, ein anderer ist nach schwerem Rückfall an einem Herzinfarkt verstorben. Das trifft mich jedesmal sehr. Aber es motiviert mich auch – in meiner Nüchternheit und der Arbeit in den Gruppen. Ich habe gelernt zu akzeptieren, dass es keine absolute Sicherheit gibt, egal wie sehr wir versuchen, abstinent zu bleiben, Hilfe anzunehmen und das Gelernte umzusetzen. Das gleiche gilt für meine Arbeit – egal, wie sehr ich mich bemühe, das Scheitern gehört dazu. So, wie ich akzeptieren musste, dass ich dem Alkohol gegenüber machtlos bin, musste ich auch immer wieder meine Machtlosigkeit gegenüber der Suchterkrankung mancher meiner Gruppenmitglieder akzeptieren. Eine schmerzhafte, aber wichtige Erkenntnis.

Meine zufriedene Nüchternheit wurde 2015 auf die Probe gestellt: Ärzte diagnostizierten ein Aneurysma an meinem Herzen. Ich musste das Tennisspielen und Krafttraining aufgeben, ein großer Einschnitt für einen Bewegungsmenschen wie mich. Und ich wurde mit der Endlichkeit meines Lebens konfrontiert: alle sechs Monate werde ich untersucht; sollte mein Aneurysma wachsen, bestünde Lebensgefahr und eine Operation wäre die einzige Option.

Einige Monate nach meiner Diagnose musste sich dann mein Bruder Carlo einer riskanten Notoperation am offenen Herzen unterziehen. Auch bei ihm war ein Aneurysma gefunden worden, einige Zentimeter größer als meines. Es bestand akute Lebensgefahr. Das hat mich sehr mitgenommen.

Eine Kiefer-OP, die starke chronische Schmerzen nach sich zog und die bis heute andauern, folgte. Schließlich kam noch ein schwerer Schlaganfall hinzu, von dem der Anhang zu diesem Buch erzählt. Der Schlaganfall war für mich eine dramatische Erschütterung meines Lebens, lange sah es so aus, als ob ich nie wieder normal essen, trinken, gehen oder gar Golf spielen können würde. Vor allem in dieser Phase war meine Partnerin Caro mir eine unschätzbare Hilfe. Für mich selbst überraschend habe ich in dieser extrem belasteten Phase keine Sekunde daran gedacht, wieder zu trinken. Darauf bin ich auch ein wenig stolz.

Dann kam die Corona-Pandemie mit all ihren Einschränkungen. Einschränkungen, die vor allem die Schwachen, die psychisch Instabilen, die Suchtgefährdeten und die Süchtigen mit besonderer Kraft getroffen haben. Ich denke oft, hätte ich die Entscheidung, mein Leben zu ändern und mit dem Saufen aufzuhören, nicht 2001, sondern 2020 getroffen, ich wäre vermutlich gescheitert. Der größte Teil dessen, was mir geholfen hat, diesen schwierigen Schritt zu gehen, hätte mir nicht zur Verfügung gestanden. Meine Alltagsstruktur, die ich um die Pfeiler Selbsthilfegruppen, Tennisverein und nüchterne Freundschaften aufgebaut habe, hätte es in der Form nicht gegeben.

Doch auch mein abstinentes Leben hat die Pandemie schwer erschüttert. Am Anfang, als aufgrund der Kontaktbeschränkungen keine Gruppentreffen mehr möglich waren, war ich in einer Art Schockstarre: Die Gruppe ist eine über Jahre gewachsene Gemeinschaft, in der eine enge Verbundenheit und großes Vertrauen herrschen. Wir haben über viele Jahre etwas aufgebaut, dann kommt so ein Virus und droht, alles zu zerstören. Ich hatte Angst um mein Lebenswerk, vor allem aber um die Gesundheit meiner Gruppenmitglieder. Ich weiß, wie wichtig unsere Treffen für die Teilnehmer sind; gerade für diejenigen, die ihren Weg in die Gesundung gerade erst begonnen haben.

Aber die Gruppentermine sind auch ein wichtiger Teil meiner persönlichen Tagesstruktur, meiner Identität. Ein Gespräch mit einem Freund hat mir dann geholfen, meine Frustration zu überwinden – wie bei einer Suchterkrankung ist in einer Pandemie Selbstmitleid ein schlechter Ratgeber. Ich habe mich bemüht, mit Phantasie und Kreativität andere Angebote und Möglichkeiten zu schaffen. Je nach Pandemie-Lage digitale Treffen und Telefonate, Einzel-Spaziergänge oder Treffen in kleinen Gruppen, natürlich mit Abstand, und einiges mehr. Ein Kompromiss blieb es dennoch, nichts kann das Gruppentreffen mit seinen Ritualen, der leibhaftigen Begegnung mit vertrauten Menschen, ersetzen.

In dieser Zeit ist mir die vielleicht größte Veränderung in meinem Leben bewusst geworden: Meine Perspektive hat sich verlagert, vom Hilfsbedürftigen zum Helfenden. Sicher, auch nach 19 Jahren suchtfreiem Leben muss ich immer noch achtsam sein, mir selbst auf die Finger schauen und beispielsweise meine Belohnungssysteme im Auge behalten. Ich darf die Selbstfürsorge nicht vergessen, muss darauf achten – oder immer wieder neu lernen – »Nein« zu sagen, ich neige immer noch dazu, mir zu viel zuzumuten.

Und wenn ich ganz ehrlich bin, passiert es auch immer noch hin und wieder, dass ich, wenn ich Filme sehe, in denen getrunken und ausgelassen gefeiert wird, für einen ganz kurzen Moment melancholisch werde und denke, wie schön war das doch damals! Eine kurze und flüchtige sentimentale Anwandlung, wie die Erinnerung an eine verflossene Liebe, die nach wenigen Sekunden glücklicherweise vorüber ist. Auch wenn ich nicht jeden Tag mit seligem Grinsen durch die Welt laufe, so weiß ich doch, dass mein Leben heute um so vieles besser und reicher ist als in der Zeit der Besäufnisse und Partys, egal wie wild sie waren.

Heute steht für mich im Vordergrund, anderen Betroffenen Hilfe und Unterstützung anzubieten – was wiederum auch für mich stabilisierend und Sinn stiftend wirkt. Die Menschen in der Gruppe und ihre Zusammensetzung verändern sich, ich verändere mich, ich lerne in der Gruppe ständig dazu und muss mich immer wieder hinterfragen. Langweilig wird es nie. Im Gegenteil, oft fahre ich nach einem Gruppentreffen beseelt nach Hause. Ich habe meinen Platz gefunden, denke ich. Ich weiß, wer ich bin.

## Gier

Juni 2001: Ich sehe auf meine Uhr. Es ist vier Uhr am Morgen, keine Chance, Schlaf zu finden. Der Entzug ist in meinen Körper gekrochen, hält mich unerbittlich in seinem Griff. Ich, ich habe längst nichts mehr im Griff. Ich richte mich im Bett auf, mein Körper hängt an mir wie ein nasser Sandsack, jede Bewegung eine Qual. Meine Hände zittern, kalter, stinkender Schweiß klebt auf meiner Haut, jede Nervenzelle schreit nach Alkohol. Ich kann diesen Zustand nicht ertragen, keine weitere Minute. In meinem Kopf nur noch ein einziger Gedanke. Schnell jetzt, schnell; ich steige hektisch in die Jeans, die vor meinem Bett auf dem Boden liegen, auf die Unterhose verzichte ich. Dann die Turnschuhe, ohne Socken, nur keine Zeit verschwenden. Mit fahrigen Bewegungen ziehe ich mir ein Sweatshirt und die Jacke über. Fahre mit dem Lift hinunter, raus aus dem Haus, über die Straße. Die nächste 24-Stunden-Tankstelle ist rund anderthalb Kilometer entfernt, ein Taxi kommt nicht in Frage. Die Wartezeit wäre ein Martyrium, der Fahrpreis würde mich eine Flasche Schnaps kosten.

Ich schleppe mich wie ferngesteuert durch die Straßen. In dieser gutbürgerlichen Wohngegend sind sie um diese Zeit menschenleer, kein Licht in den Fenstern. Die Straßenlaternen, die Wagen am Straßenrand, die Häuser, Garagen, Gärten und Bäume der Kölner Vorstadt sind nur eine Kulisse, durch die ich mich wie ein gequälter Geist bewege. Mit mir und meinem Leben haben sie nichts zu tun. Alles um mich herum ist Kulisse, Staffage, nichts hat Bedeutung, nur der Entzug und die Gier.

Ich durchquere das Gelände des Einkaufszentrums, die Schaufenster und Wege liegen in völliger Dunkelheit. Einige Tage zuvor habe ich hier mittags auf einer Bank gesessen und meinen Morgencognac getrunken, als ich Barbara, meine Ex-Freundin, mit ihrem neuen Lebensgefährten sah. Eine beschämende Begegnung. Wir haben uns begrüßt, betont freundlich und selbstverständlich, aber ich konnte das Entsetzen in ihrem Gesicht sehen. Danach trank ich die nächste Flasche.

Mir ist saukalt, ich schlottere, gleichzeitig bricht mir der Schweiß aus. Ich überquere die Aachener Straße. Vier Fahrspuren, der Scheinwerfer eines Autos gleißt in meinen Augen, schneidet in meinen Kopf. Irgendwann sehe ich die Neonreklame der Tankstelle, das Licht in der Dunkelheit, die pure Verheißung. Nur noch wenige Hundert Meter, gleich ist es geschafft. Das Ende der Qualen. Ich beschleunige meinen Schritt.

Einige Tage zuvor habe ich in meiner rastlosen, Sinne vernebelnden Gier die Tankstelle nicht gefunden, bin Stunden durch die Nacht geirrt, bis ich schließlich durch Zufall vor einer Tankstelle stand. Ein anderes Mal habe ich an der Kasse bemerkt, dass ich mein Geld vergessen hatte, der besessene Drang nach Alkohol hatte alle Gehirnfunktionen ausgeschaltet. Ein Alptraum; die Vorstellung, die Tankstelle ohne Schnaps wieder verlassen und den Weg in meinem Zustand noch zwei Mal bewältigen zu müssen, war unerträglich. Glücklicherweise trug ich meine Uhr, eine Tag Heuer, für die ich wenige Jahre zuvor mehrere Tausend Mark bezahlt hatte. In einem anderen Leben musste das gewesen sein. Ich bot dem Tankstellenangestellten die Uhr als Pfand für eine Flasche Weinbrand an, bettelte schier um Alkohol: »Du kennst mich doch, ich komme morgen mit Geld zurück und hole die Uhr wieder ab, versprochen.« Der Mann ließ sich auf den Deal ein. Ja, er kannte mich, schließlich stand ich jede zweite Nacht hier und kaufte Weinbrand.

Ich bezahle meine Flasche mit schweißkalten Fingern. Der Verkäufer bedient mich freundlich, wie jeden anderen Kunden. Aber ich bin nicht wie die anderen, ich bin der schlotternde Typ, der in den frühen Morgenstunden Mariacron kauft, mehrfach in der Woche. Der seine teure Uhr für Alkohol verpfändet. Ich fühle mich ertappt, durchschaut. Aber die Gier ist stärker als die Scham, viel stärker.

In einer dunklen Ecke hinter der Tankstelle, zwischen kargen Büschen, öffne ich die Flasche und trinke. Ich friere in meinen sockenlosen Turnschuhen, unter meinen Füßen der schlammige, kalte Boden. Tagsüber werden auf dem Platz die Autos gewaschen, bei Dunkelheit ist diese verborgene Ecke ein beliebtes

Freiluftpissoir. Ich stehe neben der Tankstelle in der Pisse, ohne Unterhose, und saufe billigen Weinbrand aus der Flasche. Mich zurück in meine Wohnung schleppen, den Schnaps in ein Glas gießen und auf meinem Sofa trinken, nicht einmal zu dieser rudimentären zivilisatorischen Anstrengung bin ich mehr fähig.

Als ich die Flasche absetze, ist sie halbleer. Endlich Ruhe, der Selbstekel heruntergedimmt. Ich mache mich auf den Rückweg. In meiner Wohnung, die kein Zuhause ist, es vielleicht nie war, leere ich die Flasche vollends und falle in einen unruhigen Schlaf. Als ich am nächsten Morgen aufwache, beschließe ich, mit dem Trinken aufzuhören. So kann es nicht weitergehen, darf es nicht weitergehen. Diesen Entschluss fasse ich beinahe jeden Morgen. Spätestens in der nächsten Nacht stehe ich wieder an der Tankstelle.

## Der kleine Bernd

Mein Vater machte sich aus dem Staub, als ich zwei Jahre alt war. Zumindest war das die offizielle Version. In Wahrheit hatte er nicht seiner Familie, sondern seinem Land den Rücken gekehrt. Wir lebten damals in Milzau, einem Dorf in der Nähe von Merseburg in Sachsen-Anhalt. 1958, noch vor dem Mauerbau, hatte mein Vater Republikflucht begangen und sich in den Westen abgesetzt. Meine Mutter, die mit uns, ihren beiden Söhnen, in der DDR geblieben war und auf eine Gelegenheit wartete, ihrem Mann zu folgen, musste verschärfte Beobachtung und Repressalien fürchten, wenn bekannt würde, dass sie in die Fluchtpläne meines Vaters eingeweiht gewesen war. Also hieß es, mein Vater sei abgehauen und hätte Frau und Kinder sitzen lassen.

Meine Mutter, mein dreizehn Monate jüngerer Bruder Carlo und ich lebten bei unserer Oma väterlicherseits. Ungefähr ein Jahr nach meinem Vater machte sich auch meine Mutter mit uns auf in den Westen. Es war kurz vor Weihnachten, »Wir besuchen Freunde in Berlin«, hieß es.

Aus Angst, ihre Jungs könnten sie bei der Grenzkontrolle unabsichtlich auffliegen lassen, erfuhren Carlo und ich das wahre Ziel der Reise nicht. Meine Mutter hatte nur einen kleinen Reisekoffer mitgenommen, mehr Gepäck hätte an der Grenze Aufsehen erregt.

Bei der Grenzkontrolle war meine Mutter sehr angespannt und eingeschüchtert. Carlo und ich spürten ihre Angst, auch wenn wir sie nicht verstanden. Von Berlin flogen wir nach Hannover, mein Vater nahm uns dort am Flughafen in Empfang. Ich lief auf meinen Vater zu, nahm ihn fest an die Hand und sagte: »Jetzt haust du aber nicht mehr ab!« Daran hat er sich bis zu seinem Tod gehalten. Mein Vater hatte Arbeit bei der Union Rheinische Braunkohlen Kraftstoffe AG gefunden. Wir lebten in einer Dreizimmerwohnung in Rodenkirchen bei Köln, Carlo und ich teilten uns ein kleines Kinderzimmer. Ich war ein lebhaftes Kind, neugierig und mit großem Bewegungsdrang. Den Erwachsenen, vor allem den Erzieherinnen im Kindergarten, ging ich manchmal auf die Nerven. Daneben gab es Momente, in denen ich selbstversunken und bedürfnislos in meine Spielwelten eintauchte.

Mit vier wurde ich zum ersten Mal kriminell. Es war im Kindergarten, die Erzieherin hatte mich zur Strafe für ein Vergehen in einem Zimmer eingesperrt. Ich war empört und wütend, fühlte mich ungerecht behandelt. Auf einem Schrank in diesem Zimmer stand eine Tasche, in der Tasche war eine Geldbörse. Ich nahm ein Fünfmarkstück aus der Geldbörse, beseelt von Rachegedanken. Von dem Geld kaufte ich Wundertüten, die ich an die anderen Kinder im Kindergarten verteilte. Bei meinen Freunden kam das gut an, bei den Erzieherinnen und meinen Eltern weniger. Dass ich die fünf Mark auf einer Wiese gefunden hatte, glaubte mir niemand, und als dann das Fehlen des Geldes bemerkt wurde, bekam ich großen Ärger. Meine Eltern waren als Flüchtlinge sehr darum bemüht, sich anzupassen. Ein Vierjähriger, der seine Erzieherin bestiehlt, war ihnen peinlich. Zum Glück für meine Eltern sollte es Jahrzehnte dauern, bis ich das nächste Mal gegen die Gesetze verstieß.

Vor meinem Vater hatte ich großen Respekt. Er war eine eindrucksvolle Erscheinung, beinahe zwei Meter groß, breitschultrig, mit einer lauten Stimme und dominantem Auftreten. Er selbst war ohne Vater aufgewachsen, mein Großvater wurde erschossen, als mein Vater noch ein kleiner Junge war. Auf offener Landstraße, von einer Schauspielerin, die seine Geliebte war. Opa muss ein Lebemann und Hallodri gewesen sein, neben seiner Frau hatte er mehrere Freundinnen. Eine Art Familienerbe, das ich später fortsetzen würde.

Meine Mutter hielt die Familie zusammen und war für die Wärme zuständig, mein Vater für die Regeln und deren Einhaltung. Auch wenn ihm das Wohl seiner Familie über alles ging, war es ihm, wie vielen Männern seiner Generation, kaum möglich, seinen Gefühlen Ausdruck zu verleihen. In seinen milden Momenten brauchte er nicht viele Worte. Samstags musste ich nach dem »Aktuellen Sportstudio« ins Bett. An manchen Abenden tat er so, als habe er meine Anwesenheit vergessen, trank sein Bier und ließ mich den folgenden Spätfilm ansehen. Am Ende des Films sah er mich verwundert an und sagte: »Du bist ja immer noch hier, jetzt aber ab ins Bett.« Dann gab ich ihm einen Kuss auf die Stirn, ein Augenblick größtmöglicher Nähe zwischen uns. Sein Atem roch nach Bier. Ich mochte den Geruch sehr. Einer seiner liebsten Wahlsprüche war: »Dummheit frisst, Intelligenz säuft.« Keine Ahnung, wie ernst es ihm damit war.

Früh begeisterte mein Vater meinen Bruder und mich für den Sport und den Wettkampf. Auf spielerische Weise vermittelte er uns Freude an der Leistung. Er veranstaltete für seine Söhne Olympische Familienspiele im Garten hinter dem Haus, wir maßen uns in verschiedenen Disziplinen, Sprint, Weitsprung, Ballwerfen. Jeder von uns bekam die gleiche Anzahl an Preisen, mein Bruder deftige Würste, ich Süßigkeiten. Mal gewann Carlo, mal ich. Zumindest ist das meine Erinnerung. In der meines Bruders hat er so ziemlich alle Preise abgeräumt.

Für meinen Vater waren Leistung und Selbstbehauptung enorm wichtig. Er hatte Jurist werden wollen, aber in der Nachkriegszeit war ihm ein Jurastudium verwehrt geblieben. Er musste Geld verdienen und nahm eine Stelle als kaufmännischer Angestellter an. Beruflicher Aufstieg aber war ohne Studium schwierig, immer wieder wurden bei Beförderungen Kollegen vorgezogen, die ihm statt beruflicher Kompetenz nur einen Universitätsabschluss voraushatten. Das hat zeitlebens an ihm genagt. Mit großem Fleiß, Arbeitseinsatz und Wissbegier versuchte er, dagegenzuhalten. Unser Haus war angefüllt mit Büchern und Zeitschriften. Mein Vater hatte den Spiegel abonniert und Christ und Welt, weiter auseinander konnten zwei Zeitschriften in ihrer politischen Ausrichtung kaum liegen. Ihm, der aus einem repressiven Staat mit Denk- und Sprechverboten geflohen war, lag viel an gedanklicher Freiheit.

Anders als mein Bruder begeisterte ich mich früh für das Lesen. Mit sieben oder acht bekam ich mein erstes Buch geschenkt, Märchen dieser Welt. Ich war wie elektrisiert, all die

Bilder in meinem Kopf, die fremden Welten, die ich erkunden, die Abenteuer, die ich erleben konnte! Bücher öffneten mir die Welt. Sicher, auch Fernsehserien wie »Flipper« oder »Bonanza« begeisterten mich, aber es gab ja nur zwei Programme und nur wenige Fernsehstunden am Abend. Die Bücher dagegen luden mich rund um die Uhr ein, mit ihnen auf Reisen zu gehen. Bei schlechtem Wetter saß ich, zur großen Verwunderung meiner Mutter, viele Stunden mit meinen Büchern am Esstisch, regungslos in den Buchstabenwelten versunken. Oft vergaß ich sogar das Essen, die Nutella-Brote, die meine Mutter mir neben die Bücher stellte, hinterließen Flecken auf den Seiten. Las ich ein besonders spannendes Buch, fand ich nicht in den Schlaf, bevor die letzte Seite umgeblättert war.

Mit vierzehn machte ich mich über den Bücherschrank meines Vaters und den Spiegel her. Ich las, was mir zwischen die Finger kam – das Gesamtwerk von Karl May, Bücher von Tolstoi und Dostojewski, Sartre und Camus, Biographien über Napoleon und Michelangelo und Sachbücher über die Nazi-Zeit. Ich war gefesselt, auch wenn ich nicht alles verstand und immer wieder Fremdwörter im Duden nachschlagen musste. Ich begann, die Auseinandersetzung mit meinem Vater zu suchen. Wir stritten über Geschichte, häufiger noch über Politik. Dabei wurde er oft laut, ich hielt dagegen. Mein Vater war ein unduldsamer, manchmal cholerischer Mensch, ich habe sein Temperament geerbt. Am Ende ging es mir wohl darum, mich gegen ihn zu behaupten, eine eigene Identität zu finden, die neben diesem Mann, den ich bewunderte und der mich auch einschüchterte, bestehen konnte. Mir seinen Respekt zu erkämpfen. Er dagegen wollte sich von einem Jungspund ohne Lebenserfahrung nichts sagen lassen und fuhr mir immer wieder über den Mund.

In der Schule legte ich mich immer häufiger mit den Lehrern an. Oft nahm ich aus Streitlust und Neugier eine Gegenposition ein. Weil es mir Spaß machte, den Lehrer zu reizen und, ähnlich wie beim Sport, meine Fähigkeiten zu erproben und meine Grenzen auszuloten. Aber auch, weil ich Standpunkte hinterfragen, die Stärken und Schwächen einer Argumentation erkennen wollte. Vieles war Wettstreit für mich. Manche Lehrer hielten mich für einen nervigen jugendlichen Klugscheißer; andere wiederum, mein Sozialkundelehrer zum Beispiel, honorierten meine Diskussionsfreude mit guten Noten. Zum Glück, denn in naturwissenschaftlichen Fächern war ich ein Vollidiot.

Carlo und ich teilten uns noch als Teenager ein kleines Zimmer, ungefähr vierzehn Quadratmeter groß. Es gab gerade genug Platz für zwei Betten, einen Schreibtisch und einen Kleiderschrank. Diese erzwungene Nähe war kein Problem für uns, schließlich kannten wir es nicht anders, unsere gesamte Kindheit und Jugend haben wir in einem gemeinsamen Zimmer verbracht. Außerdem trieben wir uns bei gutem Wetter eh draußen herum, auf dem Sportplatz, im Wald oder auf Spielplätzen. Wir waren wie Zwillinge und sahen uns sehr ähnlich. Den größten Teil des Tages verbrachten wir gemeinsam, wir gründeten Banden oder ballerten als Teenager mit unseren Luftgewehren in der Gegend herum. Für unsere Freunde war es eine besondere Attraktion, wenn ich meinem Bruder aus fünf Metern Entfernung eine Zigarette aus dem Mund schoss. Das hatten wir in einem Karl-May-Film gesehen, es hatte uns schwer imponiert.

Gemeinsam trieben wir begeistert Sport, gingen zum Leichtathletik-, Judo-, Tischtennis-, Basketball- und Handballtraining, zeitweise waren wir in fünf Vereinen aktiv. Dafür nahmen wir lange Fußwege oder Fahrradfahrten auf uns. Auch den Konfirmationsunterricht besuchten wir gemeinsam. Als ich wegen einer Verletzung nicht hingehen konnte, beschloss auch mein Bruder, zu Hause zu bleiben. Für ihn eine selbstverständliche Entscheidung, der Pfarrer sah das anders und warf ihn aus dem Unterricht. Daraufhin ging auch ich nicht mehr hin.

Meine Eltern zogen in unserer Kindheit und Jugend häufig um, immer wieder mussten wir unsere Freunde zurücklassen. Besonders schlimm wurde es, als wir 1972 von Eschweiler in unser eigenes Haus zogen, nach Rollesbroich bei Simmerath, ein Dorf in der Eifel, also am Arsch der Welt. Unsere Freunde, unser Bolzplatz, unsere Spielplätze und die Mädchen, die wir heimlich angeschmachtet hatten, dreißig Kilometer weit entfernt.

Für Teenager eine Weltreise. Sicher, wir zogen in einen schönen Neubau, umgeben von 10.000 Quadratmeter Grundstück, darauf ein marodes Fachwerkhaus, in dem wir unser Unwesen treiben konnten. Mein Vater hatte sogar ein kleines Schwimmbad neben unser Haus gebaut, und in direkter Nachbarschaft gab es einen Wald und einen See. Aber das interessierte uns nicht, wir wollten unsere Freunde, unsere angestammten Plätze und Straßen nicht aufgeben. Ich hasste die ständigen Abschiede, aber dank Carlo war es auszuhalten. Mein Bruder war da, immer. Er war mein bester Freund, der erste Mensch, den ich am Morgen sah, und der letzte, mit dem ich vor dem Einschlafen sprach. Wir waren ein verschworenes Team. Gemeinsam trotzten wir der Welt.

Gleichzeitig war Carlo immer auch mein größter Konkurrent, nicht nur beim Sport. Bei jeder Gelegenheit wetteiferten wir miteinander, für meinen Bruder war die Tatsache, dass ich ein Jahr älter war und daher ein Jahr vor ihm eingeschult wurde, eine große Kränkung. In unserer Kindheit tröstete er sich mit dem Gedanken, dass ich dann wohl auch ein Jahr früher sterben müsse. Einige Jahrzehnte später sah es lange danach aus, als würde der Alkohol dafür sorgen, dass ich viele Jahre vor ihm abtreten würde. Auch wenn Carlo mich schließlich um fünf Zentimeter überragte, er blieb bei all unserem Wettstreit mein kleiner Bruder, auf den ich aufpassen musste. Ich war vielleicht nicht der Längere, aber der Ältere. Ich mochte es nicht, von ihm getrennt zu sein. Ich blieb ein Jahr länger auf der Grundschule, so konnten wir gemeinsam auf das Gymnasium in Eschweiler wechseln. Als Carlo dann später auf Anraten der Schulleitung das Schuljahr wiederholte, tat ich es im Jahr darauf gleich und der Abstand war wieder egalisiert.

Nach dem Umzug nach Simmerath besuchten wir gemeinsam die Realschule in Monschau. Als ich dann nach der mittleren Reife auf das Gymnasium in Kornelimünster wechselte, begannen unsere Leben erstmalig in unterschiedliche Richtungen zu laufen. Mein Bruder mochte die Schule nicht. Dazu kam, dass er von einigen Lehrern hart angegangen wurde. Außerhalb der

Sportplätze und Trainingshallen war Carlo schüchtern und oft unsicher. Ein sensibler Junge, der unter den Schikanen litt. Das Gymnasium in Eschweiler hatte Angst und Züchtigung zum Erziehungsprinzip erhoben, Schläge waren keine Seltenheit. Dort hatten sie Carlo vor allem Schulangst eingebläut, die sich auf der Realschule nicht besserte. Immer wieder blieb er dem Unterricht fern, manchmal für Tage oder sogar Wochen. Ich deckte ihn. Gemeinsam gingen wir morgens aus dem Haus, und während ich im Unterricht saß, vertrödelte Carlo den Vormittag im Café oder am Flipper. Nachmittags fuhren wir gemeinsam wieder nach Hause.

Carlo entschied sich, nach der mittleren Reife die Schule zu verlassen und eine Lehre als Großhandelskaufmann zu beginnen. Wirklich glücklich wurde er mit der Entscheidung allerdings auch nicht, unter anderem, da er morgens um halb sechs aufstehen musste, während ich noch weiterschlafen konnte und mich nachmittags mit Freunden auf dem Sportplatz oder im Schwimmbad traf, während er noch im Betrieb schuftete. Als schließlich seine Leichtathletikkarriere, die er mit Besessenheit verfolgte, Fahrt aufnahm, war das eine Erlösung für ihn. Einige Jahre später erwarb er auf dem zweiten Bildungsweg im Rahmen des Begabtenabiturs auch noch die Hochschulreife.

## Absolute Beginner

»Her damit«, sagte ich und griff nach der Flasche. Es war früh am Morgen, kurz vor Schulbeginn. Wir standen an der Bushaltestelle, ein Klassenkamerad hatte eine Flasche Asbach Uralt mitgebracht. Ich war siebzehn Jahre alt und besuchte die Realschule in Monschau. In der Eifel sind die Wege weit, die Haltestelle des Schulbusses war zwei Kilometer vom Haus meiner Eltern entfernt, die halbstündige Busfahrt führte über Serpentinen Hügel hinauf und hinunter. Ich mochte die Schule, sie war idyllisch gelegen, auf einer Anhöhe mit Blick auf die Stadt. Im Sommer kamen die Touristen nach Monschau, darunter viele hübsche Holländerinnen, die wir mit großen Augen sehnsüchtig anstarrten.

Alkohol mochte ich nicht. Mein Bruder trank hin und wieder ein Bier nach dem Handballtraining, mir war der Geschmack zuwider. Ich mischte Malzbier darunter. Betrunken war ich noch nie gewesen. Aber hier und jetzt ging es nicht um den Alkohol, nicht um Rausch. Wir scharten uns um die Flasche wie um eine Reliquie. Der Alkohol, der nicht in unsere Hände gehörte, war etwas Fremdes, Verbotenes, Teil einer anderen Welt, der der Erwachsenen. Ich griff sofort zu, während die anderen noch ehrfurchtsvoll staunten. Setzte die Flasche an und trank.

Es war Wettkampf und Mutprobe, ich war ein großer Kerl, Sportler, stark und zäh und ziemlich erwachsen. Eine Flasche Weinbrand würde mich nicht umhauen. Ich nahm die Flasche erst von den Lippen, als sie zu zwei Dritteln leer war. Das sollte mir erst mal jemand nachmachen! Ich hatte mir angewöhnt, meine Unsicherheit mit großspurigem Verhalten zu überspielen.

Stolz und selbstzufrieden machte ich mich auf den Weg die Anhöhe hinauf zur Schule. Mit jedem Schritt überflutete der Alkohol meinen Körper mehr. Schwemmte in meinen Kopf. Mir war, als hätte mir jemand einen Helm aus Schaumgummi übergestülpt, alles fühlte sich irgendwie taub an, vernebelt, aber gleichzeitig warm und weich. Die Kälte des frühen Herbstmorgens spürte ich nicht mehr. Meine Arme und Beine wurden schwer, ich bewegte mich wie in Zeitlupe. Als ich schließlich im beheizten Klassenraum saß, erwischte mich der Alkohol wie ein Hammerschlag. Ich war aufgekratzt, hatte alle Hemmungen verloren. Ich gestikulierte wild und redete auf meine Banknachbarn ein. Einer von ihnen zerrte an meinem Arm. »Bernd, du solltest besser rausgehen«, zischte er mir ins Ohr. Was wollte der von mir, ich fühlte mich großartig! Irgendwann dämmerte mir, dass er womöglich recht hatte. Außerdem wurde mir langsam ziemlich schlecht. Es gelang mir, den Arm zu heben und den Lehrer mit halbwegs kontrollierter Stimme darum zu bitten, mich wegen Übelkeit aus dem Unterricht zu entlassen. Da ich nicht in der Nähe der Schule bleiben wollte, entschied ich mich für die Bushaltestelle im Dorf. Der Weg dorthin führte drei Kilometer durch ein Waldstück.

Ich lief wie auf Autopilot, mein Denken ausgeschaltet, in einem Meer von Weinbrand ersoffen. Ständig fiel ich hin, riss mir die Jeans auf und schlug mir die Knie blutig. Irgendwann versagten meine Beine, Aufstehen, Gehen war unmöglich. Ich kroch über den Waldboden in Richtung Stadt.

Gegen Mittag kam ich wieder zu mir, auf der Bank der Bushaltestelle. Ich stieg in den nächsten Bus nach Hause. Mein Kopf drohte zu zerspringen, mein gesamter Körper schmerzte. Das hier, war ich mir sicher, war der größte Fehler meines bisherigen Lebens. Ich schwor mir, nie wieder einen Tropfen Alkohol zu trinken.

Der gute Vorsatz hielt nur wenige Monate. Als die Mädchen ins Spiel kamen und aus dem Anschauen unbedingt Anfassen werden sollte, war es vorbei mit der selbstverordneten Nüchternheit.

In den Siebzigern gehörte der Partykeller zur Grundausstattung so ziemlich jeden Eigenheims. In der Regel waren sie geschmacklos eingerichtet, kiefernholzvertäfelt, mit bunten Lämpchen oder Lichterketten illuminiert. Uns war das Ambiente herzlich egal. Die Partys, die wir dort feierten, dienten in erster Linie als Vorwand, dem anderen Geschlecht zu Leibe zu rücken. Im Dunkeln, versteht sich, alles andere hätte uns hoffnungslos überfordert. Irgendwann schaltete jemand das Licht aus, und dann griffen wir uns ein Mädchen und küssten es. Die besonders Verwegenen unter ihnen ergriffen auch schon mal selbst die Initiative. Im besten Fall gelang es uns, uns zuvor in eine gute Ausgangsposition zu manövrieren, ein Mädchen in Reichweite, das uns besonders gefiel. Aber genau genommen war es zweitrangig, wen wir küssten, wessen T-Shirt wir hochschoben und wessen BH wir lösten. Die Lippen, die Haut, die Weichheit der Brüste zu spüren, in dieses fremde und exotische Hoheitsgebiet vorzudringen, es zu erforschen, war berauschend, Sinne erschütternd. Und riskant, es verlangte eine Menge Wagemut. Mädchen zogen mich magisch an, aber ihre Fremdheit schüchterte mich gleichzeitig ein. Zumal sie mir in den vergangenen Jahren oft unerreichbar erschienen waren, reifer, erwachsener. Viele gleichaltrige Mädchen hatten Freunde, die ein oder zwei Jahre älter waren als ich.

Schnell fand ich heraus, dass zwei oder drei Bier meine Hemmungen auflösten und mich tollkühn machten. Kein BH-Verschluss, keine Unsicherheit konnte mich mehr aufhalten. Merkwürdigerweise fand ich in den BH-Schalen neben den Objekten meiner Begierde immer wieder auch Papiertaschentücher. Ein Indiz dafür, dass ich nicht der Einzige war, der sich mit Unsicherheiten herumschlagen und vermeintliche Unzulänglichkeiten kaschieren musste. In gewisser Weise eine beruhigende Entdeckung, auch wenn meine Schüchternheit dadurch nicht weniger wurde.

Am Ende solcher Partys waren meine Sinne häufig vernebelt, nicht nur vom Alkohol. Einmal fiel ich auf dem Nachhauseweg in einen Jägerzaun, eine sehr schmerzhafte Angelegenheit. Aber das war eher die Ausnahme. Der Alkohol spielte in diesen Jahren keine große Rolle in meinem Leben. Er schmeckte mir einfach nicht, außerdem bot mein Leben auch so mehr als genug aufregende und rauschhafte Momente. Ich trank nur, wenn es galt, vor einer Verabredung die Anspannung zu lösen und meine Scheu und die Angst vor einer Abfuhr einzudämmen. Selten waren es mehr als zwei oder drei Bier oder ein Whisky-Cola. Bis Brigitte mich verließ.

Brigitte war meine erste große Liebe. Sie saß im Französischkurs neben mir, siebzehn Jahre alt, lange, dunkelbraune Haare, große, dunkle Augen und eine aufregend frauliche Figur. Aber das war es nicht, was mich anzog. Zumindest war es nicht das Einzige: Brigitte war neugierig, klug, leidenschaftlich und voller Energie. Sie wollte die Welt verändern oder zumindest den Teil der Welt, in dem sie lebte. Sie war Klassensprecherin und Schulsprecherin, ich ließ mich zu ihrem Stellvertreter wählen. Ich wollte in ihrer Nähe sein. Und sie beeindrucken: Da ich eine Klasse wiederholt hatte, war ich der Älteste in unserem Jahrgang und somit einer der Ersten, die ein Auto besaßen. Einen VW Käfer, den ich in mühsamer Handarbeit schwarz-gelb lackiert hatte. Ich genoss es, morgens mit quietschenden Reifen auf dem Lehrerparkplatz vorzufahren, bestaunt von den jüngeren Mitschülern. In der zersiedelten Eifel mit ihren vielen kleinen Ortschaften, endlosen, verschlungenen Landstraßen und schlechten Bus- und Zugverbindungen war ein Auto ein Fanal des Erwachsenseins und ein Ticket in die Freiheit.

Dank einer Tankkarte meines Vaters konnte ich im rund vierzig Kilometer entfernten Eschweiler bargeldlos tanken. Irgendwann nahm ich meinen Mut zusammen und fragte Brigitte wie beiläufig, ob sie mich nach der Schule zur Tankstelle begleiten wolle. Als sie ja sagte, konnte ich mein Glück kaum fassen. In den Wochen, die folgten, wurde daraus eine Art Ritual. Zusammen fuhren wir nach der Schule tanken, anschließend aßen wir in einem kleinen Restaurant, wer gerade mehr Geld in der Tasche hatte, zahlte. Wir redeten, Stunde um Stunde. Über Bücher, den Sinn des Lebens, über unsere Sehnsüchte, Pläne und Überzeugungen. Eine Nähe und Vertrautheit entstand, wie ich sie noch nie mit einer Frau erlebt hatte. Ich fieberte den Stunden mit ihr entgegen. Im Restaurant spielten sie immer die gleichen Lieder, darunter »Kung Fu Fighting« von Carl Douglas, die Titelmelodie der TV-Serie »Kung Fu« mit David Carradine. Es wurde unser Lied, dass es außer uns niemand für sonderlich romantisch hielt, störte uns nicht weiter.

Irgendwann sprachen wir auch über Sex. »Der erste Mann, mit dem ich schlafe, sollte Erfahrung haben«, sagte sie. Es sei hilfreich, wenn wenigstens einer von beiden wisse, was er tue. In diesem Moment stieg die Zahl meiner bisherigen Sexualpartnerinnen sprunghaft. Unmöglich, ihr zu sagen, dass ich trotz meiner neunzehn Jahre und bei meinem großspurigen Auftreten noch nie mit einem Mädchen geschlafen hatte! Ich würde mir alle Chancen bei ihr ruinieren. Also log ich. Mit vier oder fünf Frauen sei ich schon im Bett gewesen, sagte ich nebulös. So, als sei die genaue Zahl nicht wichtig. Oder als könne ich die Frauen schon gar nicht mehr zählen, was wohl nicht sonderlich glaubwürdig klang. Ich gab sogar Details aus meinem reichhaltigen, in der Realität allerdings bei Henry Miller, Harold Robbins und in Sexheftchen wie Praline angelesenen Erfahrungsschatz zum Besten. Keine Ahnung, ob ich sie überzeugen konnte.

Das größte Problem, noch größer als meine mangelnde sexuelle Erfahrung, war Brigittes Freund. Er war Holländer, sie sahen sich selten. Waren sie zusammen, litt ich Höllenqualen. Eines Abends hielt ich es nicht länger aus. Es war Samstagabend, am Freitag hatten Brigitte und ich stundenlang telefoniert. Ich wusste, sie würde die Nacht mit ihrem Holländerfreund in einer Diskothek in Roetgen verbringen. Ich fuhr hin. Es gelang mir, Brigitte aus der Disco zu lotsen. Hinter einer Hecke verborgen fielen wir uns in die Arme und küssten uns, zum ersten Mal. Unaufhaltsam, so schien es mir, waren wir aufeinander zugetrieben, wir gehörten zusammen, daran konnte es keinen Zweifel mehr geben. Auf der anderen Seite der Hecke rief der Holländer ihren Namen, seine Stimme klang dumpf, wie aus einer anderen Welt. Seit diesem Abend waren wir ein Paar.

Brigitte stammte aus einer wohlhabenden Familie, sie lebte mit ihrem jüngeren Bruder bei ihrer Mutter in einer weitläufigen, stilvoll eingerichteten Villa. Brigittes Vater war ein erfolgreicher Ingenieur gewesen und hatte zu den Honoratioren der Region gehört. Er starb, als sie acht Jahre alt war. An einem

Herzinfarkt, im Urlaub mit seiner Geliebten. Diese Tragödie und der daraus resultierende Skandal hatten Brigittes Mutter geprägt, vor allem ihre Einstellung zu Männern. Mich mochte sie nicht. Zugegeben, ich machte es ihr nicht allzu schwer, mich nicht zu mögen. Ich hatte es mir zum Beispiel zur Angewohnheit gemacht, mit meinem Käfer mit hoher Geschwindigkeit in die Einfahrt zu rauschen und dann eine Vollbremsung hinzulegen, die den Kies spritzen ließ. »Da kommt Bernd mit seinem schwarz-gelben Schwanz«, lautete ihr abfälliger Kommentar. Nein, ich war definitiv nicht der Richtige für ihre Tochter. Zu meinem Glück sah Brigitte das anders. Möglich, dass die Ablehnung ihrer Mutter meine Attraktivität in ihren Augen eher noch steigerte.

Unser erster Sex war schöner, als ich es mir in all meinen hochfliegenden Träumen ausgemalt hatte. Nach Wochen, in denen wir jede freie Minute miteinander verbracht hatten, stundenlang geredet, uns erforscht, angefasst und geküsst hatten, fühlte es sich für uns beide ganz natürlich an, den nächsten Schritt zu gehen, trotz aller Aufregung beinahe selbstverständlich. Nach der Schule fuhren wir zu ihr, um diese Uhrzeit, hofften wir, war niemand im Haus. Das Bett in ihrem Jugendzimmer war schmal, aber das störte uns nicht. Wir zogen uns aus, fassten uns an. Mein Herz raste. Meine Großmäuligkeit, all meine angelesene Erfahrung aus Fachmagazinen wie Quick oder Wochenend löste sich auf wie eine Sandburg im Sturm. Das Gefühl der Verschmelzung, ihr so nah zu sein, war überwältigend. Irgendwann hörten wir Schritte auf dem Flur vor ihrer Zimmertür. Aber wir waren in unserer eigenen Welt, zu der niemand Zutritt hatte. Abends entsorgten wir das Laken mit dem verräterischen Blutfleck. Irgendwann, Wochen oder Monate später, fragte Brigitte mich mit einem Lächeln, ob ich doch nicht so viel Erfahrung gehabt hätte, wie ich behauptet hatte.

Der Sex brachte uns noch enger zusammen. Wir richteten uns gemeinsame Zimmer ein, in der größtmöglichen Entfernung zu unseren Familien. Im Keller ihres Elternhauses und auf dem Dachboden des maroden, unter Denkmalschutz stehenden Fachwerkhauses auf dem Grundstück meiner Eltern. Rückzugsräume, in denen wir als Paar lebten und die nur uns gehörten.

Kurz vor dem Abitur wurde Brigitte schwanger. Unmöglich, unseren Eltern davon zu erzählen. Diese Schwangerschaft war unser Problem, und wir würden eine Lösung finden. Ein Kind, das wussten wir, würde unsere Zukunftsplanung auf den Kopf stellen. Außerdem waren wir zu jung, sie gerade achtzehn, ich neunzehn, der Verantwortung für ein Kind fühlten wir uns nicht gewachsen. Ich suchte Rat bei der Telefonseelsorge. Und geriet an einen militanten Christen, der uns mit ewiger Verdammnis drohte, sollten wir das Ungeborene abtreiben lassen. Hilfe fanden wir dann bei Pro Familia. Dort gaben sie uns die Adresse eines Arztes in Maastricht. In den Niederlanden war Abtreibung legal, Mitte der Siebziger im Grenzgebiet der einfachste und oft der einzige Weg. Während des Eingriffes saß ich neben ihr, hielt ihre Hand und fühlte mich ihr auch im Schmerz eng verbunden. Kinder, da war ich mir sicher, würden wir später noch haben. Wir würden unser Leben miteinander verbringen, daran gab es für mich keinen Zweifel.

Nach dem Abitur beaufsichtigte Brigitte in den Sommerferien ehrenamtlich vernachlässigte Kinder aus sozial schwachen Berliner Familien in Ferienlagern des Wohlfahrtsverbandes »Student für Europa – Student für Berlin«. Ich begleitete sie, wann immer ich die Gelegenheit dazu fand. Ich liebte Brigitte. So, wie man vielleicht nur das erste Mal liebt, rauschhaft, kompromisslos, mit unerschütterlicher Gewissheit. Jemals eine andere Frau zu lieben oder auch nur zu begehren schien mir unvorstellbar.

Das Ende kam schleichend. Ich hatte die Anzeichen nicht erkannt oder nicht erkennen wollen. »Ich habe mich in einen anderen verliebt«, sagte sie. Ich war fassungslos, fühlte mich taub und leer. Meine Welt zerbrach. Sie war meine große Liebe, seit vier Jahren waren wir ein Paar. Unsere Beziehung, unsere Liebe erschien mir wie eine Art Naturgesetz. Wie konnte sie mich verlassen? Unsere gemeinsame Zukunft wegwerfen? Unvorstellbar. Doch sie tat es. Verbannte mich aus ihrem Leben.

Schlimmer noch, ich wurde ausgetauscht. Ein anderer nahm meinen Platz ein, das vor allem war mir unerträglich. Dass ich in den vergangenen Monaten unsere Beziehung vernachlässigt hatte, ihre Liebe und Anwesenheit als selbstverständlich angesehen, mehr Zeit beim Sport und mit meinen Kommilitonen an der Universität verbracht und durch meine fehlende Aufmerksamkeit dem anderen möglicherweise erst die Tür geöffnet hatte, erkannte ich erst viel später. Jetzt und hier galt – sie hatte mich betrogen, verraten und tief verletzt.

Den Verlust und die Verletzung betäubte ich mit Alkohol. Mehr noch, ich suhlte mich in diesem süßen Schmerz, inszenierte und überhöhte ihn. Er wurde zu etwas Dramatischem, Poetischem – so konnte ich ihn besser ertragen. Ich erinnerte mich an die Männer in den Büchern von Henry Miller, Jack Kerouac, Jack London oder Ernest Hemingway. Männer, die ich schon als Teenager bewundert hatte und idealisierte. So wollte ich mich selbst sehen; ein Mann, der die Schläge des Schicksals einsteckt, allen Verletzungen einer feindlichen Welt kämpferisch die Stirn bietet, in heroischer Pose und mit einem Drink in der Hand seinem Untergang ins Auge sieht. Kein trauriger verlassener Verlierer; ich war ein Mann, der sich selbst in seiner romantischen, verlorenen Einsamkeit und seinem Schmerz eingerichtet hat. So sollte Brigitte mich sehen. Meine Traurigkeit, Hilflosigkeit und Verletztheit hingegen zeigte ich niemandem.

Für einige Wochen trank ich beinahe jeden Abend, bevorzugt vor aller Augen. Eines Nachts stand ich an der Bar des Malteserkellers in Aachen, vor mir auf dem Tresen mein zweites großes Weizenbier und der vierte Ouzo. Als ich sah, dass Brigitte und ihr neuer Freund die Bar betraten, kippte ich den Rest des Bieres mit einem großen Schluck hinunter, fixierte die beiden und warf das Glas mit einer kraftvollen Bewegung an die Wand neben ihnen. Das Klirren übertönte die Musik. Sie würde mich, meinen Schmerz und meine Wut, nicht übersehen, dafür würde ich sorgen. Ein anderes Mal verfolgte ich beide bis zu Brigittes Wohnung. Als ich sah, dass im Schlafzimmer das Licht aufflammte, formte ich einen Schneeball mit einem hühnereigroßen Stein darin und warf ihn wütend mit großer Wucht in das Schlafzimmerfenster, die Scheibe barst mit einem lauten Knall. Sollten sie doch einen Höllenschreck bekommen. Das war das Mindeste, was jemanden erwartete, der mir meine Zukunft stahl. Nie mehr, schwor ich mir, würde ich der Betrogene sein.

Einige Jahre später zerstach ich der nächsten Frau, die es wagte, mich wegen eines anderen zu verlassen, die Autoreifen und drohte meinem Nachfolger Prügel an. Auch wenn mich in solchen Momenten beständig mein schlechtes Gewissen plagte, stellte ich meinen Jähzorn und mein cholerisches Temperament nie in Frage. Männer, ganze Kerle, das hatte ich nicht nur in meinen Büchern gelernt, waren eben so. Meine Ohnmacht und Angst dagegen passten nicht in mein Männerbild.

Nicht lange nachdem Brigitte mich verlassen hatte, entdeckte ich das Paradies. Zu der Zeit lebte ich zusammen mit Wolfgang, einem Freund, in einer Dreizimmerwohnung in Aachen und studierte Germanistik und Sport. Nach meinem Abitur hatte ich zunächst ein Jurastudium in Köln begonnen, was sich als großes Missverständnis herausgestellt hatte. Ich hielt nur bis zum kleinen BGB durch. Für Jura hatte ich mich entschieden, nachdem ich Billy Wilders Film »Zeugin der Anklage« mit Marlene Dietrich gesehen hatte. Vor allem Charles Laughton als Strafverteidiger hatte mich sehr beeindruckt, seine Eloquenz und Brillanz, wie er elegant im Rededuell mit dem Staatsanwalt focht, Sätze wie ein Florett. Mir schien, vor Gericht ging es weniger um Recht und Unrecht als vielmehr um den verbalen Wettstreit zweier kluger, scharfzüngiger Köpfe. Das gefiel mir. Eine Rolle, die mir meiner Meinung nach gut zu Gesicht stehen würde.

Die Realität sah natürlich anders aus. Das Studium war fade Paragraphenpaukerei, meine Mitstudenten waren erzkonservative Golf-GTI-Fahrer mit Seitenscheitel, Lodenmantel und Aktenkoffer, wir nannten sie Großstadtförster. Rücksichtslose Karrieristen aus der Jungen Union oder von den Jungliberalen, für die Freiheit nur die Freiheit der Stärkeren bedeutete.

Ein fremdes Universum, dem ich mich nicht zugehörig fühlte. Im Gegenteil – ich war links, las Lenin und Marx und sympathisierte mit der RAF. Auf meinem Käfer prangte ein »Atomkraft? Nein danke«-Aufkleber, und an meiner Zimmertür stand »Für Bullen verboten«. Nächtelang diskutierten meine Freunde und ich voller Furor über ein anderes, bewussteres, gerechteres Leben. Bei Demonstrationen gegen den Nato-Doppelbeschluss warf ich Farbbeutel auf Polizisten. Zugegeben, es war nicht nur politische Überzeugung, die mich motivierte. Mich reizten auch die Auseinandersetzung, der Trubel, die Aufregung. Mir gefiel es, dem Staat auf die Füße zu treten, in gewisser Weise meine postpubertären Muskeln spielen zu lassen. Dazu kam, dass sich in den linken Kreisen und bei den Demonstrationen häufig ausnehmend hübsche junge Frauen engagierten.

Wolfgang, meinen WG-Mitbewohner, hatte ich kurz nach der Trennung von Brigitte kennengelernt. Eines Abends saßen wir zusammen in einer Kneipe und beschlossen beim Bier, dass uns eine Luftveränderung guttun würde. Möglich, dass Wolfgang mein ausgestelltes Trennungsleid satt hatte und mich auf andere Gedanken bringen wollte. Zumal er, der sich zuverlässig in Frauen verliebte, die nicht einmal seine Existenz zur Kenntnis nahmen, der Meinung war, ich hätte kein Recht, mich zu beschweren. Aachen war zu dieser Zeit ein Stahlbad für testosterongesteuerte, paarungswillige junge Männer. An der größten Uni der Stadt, der TU, kam ungefähr eine Studentin auf hundert Studenten, der Männerüberschuss war also enorm, das Angebot an potentiellen Partnerinnen gering. Wer sich, wie Wolfgang, stets in die umschwärmtesten Mädchen verliebte, hatte denkbar schlechte Karten. Ein Grund mehr, Aachen den Rücken zu kehren.

Nur mit einem Schlafsack, einer Jeans, einer Badehose, drei T-Shirts und Unterwäsche im Gepäck machten wir uns auf die Reise nach Kreta. Zelte oder Rucksäcke waren für Spießer und Neckermanntouristen. Von Hotelzimmern ganz zu schweigen. Schon die Überfahrt mit der Fähre war eine Offenbarung für mich, wir schliefen an Deck, jemand packte seine Gitarre aus, wir teilten unser Bier und unser Essen mit Menschen, die wir gerade erst kennengelernt hatten, als die Sonne aufging, zeigte sich die Silhouette der Insel im Licht des neuen Tages. Konnte das Leben tatsächlich so schön sein?

Kreta erschien mir als Sehnsuchtsort. Wir schliefen in einer Bucht in der Nähe von Paleochora im warmen Sand, das Letzte, was wir hörten, war das Plätschern der Wellen und das Zirpen der Grillen, am Morgen weckte uns die Sonne, über uns der weite blaue Himmel. Ein kleiner Wasserlauf brachte kaltes, klares Trinkwasser aus den Bergen. Ich genoss die Wärme, hatte meist nur eine Badehose oder eine Jeans mit abgeschnittenen Hosenbeinen an. Am Strand trug ich, wie auch die Frauen dort, gar nichts. So etwas hatte ich noch nie erlebt, nackte Frauen, zum Greifen nahe. Wie gesagt, ich war im Paradies angelangt. Wir ließen uns treiben, schwammen im Meer, kifften am Strand, spielten Blitzschach oder maßen uns beim Armdrücken. Da ich durch das Handballtraining über große Schnellkraft verfügte, gewann ich beinahe jedes Mal, sogar gegen Kerle mit Armen wie Baumstämme. Damit machte ich bei den Kretern großen Eindruck.

In der Nähe der Bucht gab es eine kleine Bar, dort aßen wir Joghurt mit Honig und Nüssen zum Frühstück und tranken abends Retsina und Ouzo. Am Alkohol hatte ich mittlerweile Geschmack gefunden, nicht zuletzt, da einige meiner Studentenfreunde eine Vorliebe für erlesene Weine hatten. Eine Flasche Rotwein gehörte zu einem guten Essen selbstverständlich dazu, eine Art Genussverstärker. Im Jahr zuvor waren Wolfgang und ich zusammen mit Freunden zur Weinernte an die Ardèche gefahren, hatten Trauben gepflückt, im Fluss gebadet und den Tag mit einer Flasche Wein ausklingen lassen. Eine traumhafte Zeit.

Ich war gerne unter Menschen, fühlte mich wohl, wenn ich Teil einer Gruppe war, umgeben von Gesprächen und Gelächter. Für die Zuschauerplätze am Rand war ich nicht geschaffen, ich wollte mittendrin sein, den Takt mitbestimmen, die Gespräche mitgestalten, für Stimmung sorgen, lachen, dumme Sprüche machen, mich streiten und versöhnen. Alkohol als soziales Schmier- und Bindemittel kam mir da sehr gelegen. Bier, Wein und gelegentlich ein Schnaps machten mich locker und beseitigten wie schon bei meinen ersten Knutscherlebnissen verlässlich alle Unsicherheiten. Ich war Animateur und Unterhalter, hätte ich in einem vergangenen Jahrhundert gelebt, ich wäre wohl der Geschichtenerzähler oder eher noch der Gaukler auf dem Marktplatz gewesen. Dass es immer genügend Schnarchnasen gab, die froh waren, wenn sie sich zurücklehnen konnten und unterhalten wurden, bestärkte mich in meiner Rolle.

Wenige Tage nach unserer Ankunft auf Kreta hatten wir uns mit dem Besitzer der Bar und einigen einheimischen Stammgästen angefreundet. Wir gehörten zum inneren Kreis. Waren wir besonders gelöster Stimmung, warfen wir die leeren Ouzo-Gläser an die Wand, über die Köpfe der Touristen hinweg. Wir fühlten uns nicht mehr als Besucher, wir gehörten hierher. Der Ouzo, das Werfen der Gläser war ein Ritual, das uns als Gruppe verband, ein Ausdruck von Lebensfreude und Virilität. Eine Szene wie aus einem Hemingway-Roman, großartig! Dazu kam, dass ich nach kurzer Zeit registrierte, dass ich bei den Urlauberinnen ganz gute Chancen hatte – Anfang zwanzig, groß, blond, durchtrainiert und braungebrannt, wie ich war. Ich hatte einige Affären; da die Urlaubsgäste ständig wechselten, war für Nachschub gesorgt. Darunter waren auch uralte Frauen, also über dreißig, was mir sehr gefiel. Sie hatten Erfahrung, von ihnen konnte ich einiges lernen. In Sachen Sex war ich eher ein Spätstarter, doch jetzt nahm mein Sexleben langsam die Form an, die ich mir immer erträumt und zu Beginn meiner Beziehung zu Brigitte lediglich behauptet hatte. Alles in allem eine großangelegte Renovierung meines Selbstwertgefühls, mein durch die Trennung angeschlagenes Ego erholte sich prächtig. Mein Leben war also doch noch nicht zu Ende.

Eines Morgens nach dem Aufwachen war das Paradies rosa. Über allem lag ein rosa Schimmer, über dem Strand, dem Meer, den Menschen, meiner Haut. Aber das hatte nichts Romantisches: In der Nacht zuvor war es nicht beim Wein und bei drei oder vier Ouzo geblieben, ich hatte im Überschwang eine ganze Flasche geleert. Ich erschrak fürchterlich. Der Ouzo hatte mir nachhaltig die Sinne getrübt, ich konnte meiner Wahrnehmung nicht mehr vertrauen. Das war mir noch nie passiert. Irgendwann verblasste das Rosa, und ich beschloss, daraus meine Lehre zu ziehen und in der nächsten Zeit den Ouzo zu meiden. Für den Rest des Urlaubs trank ich nur noch Raki.

## Cognac, Satz und Sieg

An einem kühlen Herbsttag des Jahres 1986 saß ich in einem Café auf dem Gelände des Open-Air-Tennisparks in Kaarst, und meine Nerven liefen Amok. In einigen Minuten sollte es so weit sein, der Moment, auf den ich in den letzten Monaten akribisch hingearbeitet hatte. Dem ich entgegenfieberte. Als erster deutscher Fernsehjournalist sollte ich ein Exklusiv-Interview mit dem Tennisspieler John McEnroe für die »Sportschau« führen. Mit dem Mann, der in der ersten Hälfte der achtziger Jahre das Herrentennis dominierte und dessen epochale Duelle mit Björn Borg mein Bruder und ich angespannt am Fernseher verfolgt hatten. Ein begnadeter Tennisspieler und für mich ein charismatischer Held. Einer, der mit seiner cholerischen Art immer auch polarisierte, mit Wutausbrüchen auf dem Court, denen häufig sein Schläger zum Opfer fiel, mit Beschimpfungen von Gegner, Schiedsrichter und Balljungen. Nicht zuletzt diese Mischung aus großem Talent und enthemmtem Kontrollverlust faszinierte mich. McEnroe war mein Idol, anders als der stets kühlbeherrschte Björn Borg, dessen Spiel ich bewunderte, der mir aber als Charakter fremd blieb. In McEnroes Spiel und Persönlichkeit erkannte ich etwas Rauschhaftes, Exzessives, das mich in seinen Bann zog und dem ich mich verbunden fühlte. Er fügte sich nahtlos in meine Heldengalerie ein.

Dieses Interview war zudem von großer Bedeutung für meine noch junge Karriere als Filmemacher. Trotz meines Bemühens, die Studentenzeit ins Unendliche auszudehnen, ohne allzu viel Zeit mit dem lästigen Studieren verschwenden zu müssen, war das Ende irgendwann absehbar gewesen. Ich studierte Germanistik, Sport und Erziehungswissenschaften auf Lehramt, aber dass ich nicht Lehrer werden wollte, war mir bald klar. Mein Studium lief mehr oder weniger ins Nichts. Die Hausarbeit für das erste Staatsexamen schrieb ich fast vollständig im Freibad, wozu mich groß anstrengen? Ich war 28 Jahre alt und ratlos, wie mein Leben weitergehen sollte.

Carlo war zu dieser Zeit schon sehr erfolgreich als Hochspringer, 1983 hatte er bei den Halleneuropameisterschaften in Budapest die Höhe von 2,34 Metern übersprungen und die Goldmedaille errungen. Er verfügte über immenses Talent und eine beeindruckende Trainingsdisziplin, bei aller brüderlichen Konkurrenz war mir schnell klar geworden, dass ich ihm auf diesem Gebiet hoffnungslos unterlegen war.

Meinem Bruder verdankte ich meinen ersten Kontakt zum Fernsehen. 1984 lernte ich einen TV-Journalisten kennen, der ihn für die »Sportschau« porträtierte. Nikolaus Roetz war selbständig, Kameramann, Cutter und Produzent in Personalunion mit kleinem Ü-Wagen; eine sogenannte Rucksack-Produktionsfirma, die fertig geschnittene Beiträge an die Sportredaktionen der Sender lieferte. Er erkannte meine Begeisterung für den Sport und den Journalismus und bot mir, dem Laien und Langzeitstudenten, einen Job in seiner Firma BFF an. Sogar mit guter Bezahlung, ein Lottogewinn für mich. Ein Jahr zuvor hatte ich neben dem Studium in einer Druckerei Nachtschicht geschoben, zwölf Stunden am Stück geschuftet für zehn Mark in der Stunde, jetzt verdiente ich als Berufsanfänger 4000 Mark im Monat, ohne dass ich schmutzig wurde und allzu sehr ins Schwitzen geriet. Eine neue Welt öffnete sich, eine Perspektive.

Wenige Wochen, nachdem ich den Job angenommen hatte, stand ich mit wild klopfendem Herzen und zittrigen Beinen im Redaktionsgebäude des WDR, in der Hand meine ersten eigenen Exposés für zwei Beiträge, die ich dem zuständigen Redakteur der Sendung »Sport im Westen« anbieten wollte. Schon das imposante Gebäude hatte mich eingeschüchtert, auf den Gängen sah ich Gesichter und hörte Stimmen, die ich bisher nur aus dem Fernsehen und Radio kannte. Ich nahm all meinen Mut zusammen und stellte mich vor: »Mein Name ist Bernd Thränhardt von der Firma BFF, ich möchte zu Herrn Selge wegen einiger Themenvorschläge.«

Manfred Selge, der zuständige Redakteur, las meine Exposés, ich konnte kaum stillsitzen vor Anspannung. Möglich, dass er meine Ideen verächtlich abschmettern würde. War es nicht vermessen, gar größenwahnsinnig von mir, dem ahnungslosen Anfänger, mit meinen halbgaren Ideen hier aufzutauchen und tatsächlich einen Auftrag zu erwarten? Als es am Ende hieß »Das liest sich interessant, das machen wir«, konnte ich mein Glück kaum fassen. Als mein erster Kurzfilm gesendet und mit den Worten »Ein Beitrag von Bernd Thränhardt« angekündigt wurde, fühlte ich mich, als seien mir Flügel gewachsen. Ich war der König der Welt. Oder zumindest auf dem Weg dorthin.

In den ersten Jahren fand ich meine Themen meist in meiner Umgebung – ich porträtierte einen Eifeler Lokalhelden, den Motocross-Fahrer Rudi Scheen, die Aachenerin Claudia Ostländer, die zu der Zeit als einzige Fahrerin die Rennfahrer-Szene aufmischte, und berichtete in einem großen Feature über die »Bunte Liga«, den Versuch, eine Art alternative studentische Fußballliga in der Region zu initiieren. Die »Bunte Liga« war dann auch Thema meines Staatsexamens. Kurz darauf verließ ich die Uni ohne Wehmut.

Ich arbeitete wie im Rausch, viele Stunden täglich, experimentierte mit Schnitten und Montagen, wie ich sie aus Musikvideos kannte. In der Welt der Sportfilme waren diese Techniken noch neu. Die ersten guten Kritiken gaben mir zusätzlich Auftrieb. Eine Mutter schrieb mir, sie habe zusammen mit ihrem Sohn, dem nach einem Unfall ein Bein abgenommen werden musste, meinen Beitrag über den einbeinigen Weit- und Hochspringer Gunther Belitz gesehen. Der Film habe ihrem Sohn neuen Lebensmut gegeben.

In solchen Momenten sah es so aus, als könne meine Arbeit einen Sinn jenseits der Quote und der Suche nach Anerkennung haben. Filme machen zu dürfen, in Eigenregie und über Themen und Menschen, die mich interessierten, empfand ich als Privileg. Alles lag in meiner Hand, von der Idee über die Gestaltung und den Ton bis zum Schnitt. Ich sah mich als ein zeitgenössischer Geschichtenerzähler.

Viel Zeit und Energie investierte ich in den Dreißig-Minuten-Film »Hoch fliegen, tief fallen« für den ZDF-»Sportspiegel«, ein Doppelporträt der besten deutschen Hochspringer dieser Zeit, meinen Bruder Carlo und seinen Freund, den Olympiasieger Dietmar Mögenburg. Damals hatte die Leichtathletik begonnen, sich zu professionalisieren. Die Dreharbeiten nahmen ein Jahr in Anspruch. Ich hatte dem Film ein Zitat von Elias Canetti vorangestellt: »Wie lange muss man sagen, wer man ist, bis man es wirklich wird?« Diese Frage nach der eigenen Identität, dem Prozess der Veränderung und Selbstfindung, hat mich lange beschäftigt. Für mich bedeutete es vor allem: Werde der, der du im tiefsten Inneren bist, lebe nicht fremdbestimmt an dir selbst vorbei.

John McEnroe spielte in einer anderen Liga als meine bisherigen Protagonisten. Beinahe ein Jahr hatte es gedauert, bis ich seine Zusage bekam, ich hatte mich regelrecht in dieses Projekt verbissen. Das erste Interview mit dem Weltstar im deutschen Fernsehen war ein Coup, der meine Position bei den Sportredaktionen und in der neuen Produktionsfirma, für die ich mittlerweile arbeitete, stärken würde. Diese Chance durfte ich mir nicht verderben.

Kurz vor dem Interview wurde die Anspannung unerträglich. Mein Puls raste, meine Finger zitterten, Schweiß stand auf meiner Stirn. Ich war kurz davor, die Kontrolle zu verlieren. Sicher, in so einer Situation aufgeregt und angespannt zu sein ist nicht nur normal, es kann sogar motivieren, die Sinne und die Konzentration schärfen. Aber nicht diese Art der Nervosität, sie war unkontrollierbar, alles beherrschend, destruktiv und belastend. Unmöglich, in diesem Zustand ein Interview zu führen!

Ich ging an die Bar des Cafés, bestellte einen doppelten Cognac und kippte ihn mit einem Schluck hinunter. Nach wenigen Augenblicken breitete sich die Wärme des Alkohols in meinem Magen aus und dämpfte meine Nervosität und die Angst vor dem Versagen. Mein Puls normalisierte sich halbwegs, und meine Hände gehorchten mir wieder. Jetzt war ich einsatzfähig.

Das Interview wurde ein Erfolg. Wir sprachen über Wut, seine Liebe zur Literatur und seine deutschen Wurzeln. Am Ende bedankte sich John McEnroe für das angenehme Gespräch und lud mich zum Essen ein. Als der Beitrag schließlich in der

»Sportschau« lief und in verschiedenen Zeitungen ausführlich zitiert wurde, wuchs ich vor Stolz einige Zentimeter. Die Freude an der Arbeit und meiner Leistung berauschte mich stärker als der Cognac. Nie wäre ich auf die Idee gekommen, den Alkohol als Problem zu sehen, im Gegenteil, er war Teil der Lösung: ein Baustein meines Erfolges, ohne den ich der Situation wohl nicht gewachsen gewesen wäre.

## Hoch fliegen

Carlo sah mich mit glasigem Blick an. »Meinst du, ich kann das schaffen?« Er saß in kurzer Sporthose und ärmellosem Hemd auf der Holzbank in der Umkleidekabine der Sporthalle der Hauptschule Simmerath. Die Anspannung ließ ihn zittern, Gänsehaut überzog seinen gesamten Körper, einem Erstickenden gleich zog er an seiner Zigarette. 1,97 Meter pure Emotion, auf mich wirkte er wie eine Art archaisches Wesen, roh, aufgewühlt, ungeschützt – ein zwei Meter großer Embryo. »Klar schaffst du das. Du gehst jetzt da raus und springst«, sagte ich. Die Latte lag auf 2,40 Meter, 1987 eine Demarkationslinie des Hochsprungs. Ein Sprung über diese Höhe war bis zu diesem Tag, dem 16. Januar 1987, noch niemandem gelungen, der Weltrekord.

Seit drei Jahren organisierten wir an einem Januarwochenende das Hochsprung-Meeting Simmerath. Alles hatte mit einer Party begonnen, die Carlo 1983 zusammen mit seiner Familie und befreundeten Hochspringern feiern wollte. Als absehbar war, dass sich tatsächlich eine große Zahl an Topathleten unter den Gästen befinden würde, beschlossen wir spontan, der Feier ein Springen in der örtlichen Sporthalle voranzustellen. Mittlerweile zog die Veranstaltung – möglicherweise auch die inzwischen legendäre Party im Anschluss – alljährlich die Hochsprungerelite in unser kleines Eifeldorf. Alle kamen: die deutschen Topspringer Dietmar Mögenburg, Gerd Nagel und Ralf Sonn, der Schwede Patrik Sjöberg, die Amerikaner Dwight Stones und Jerome Carter, der polnische Olympiasieger Jacek Wszoła, der Russe Rudolf Powarnizyn und Javier Sotomayor aus Kuba, der den Hochsprungweltrekord zwei Jahre später auf 2,43 Meter schrauben und vor den Olympischen Spielen 2000 wegen Kokaindopings gesperrt werden würde. Ihm mussten wir seine Antrittsgelder in bar aushändigen, unbemerkt von seinem Trainer und Betreuer. Sonst wäre er, wie im kommunistischen und diktatorisch regierten Kuba üblich, gezwungen gewesen, das Geld seinem Verband auszuhändigen. Also falteten wir die Geldscheine so klein wie möglich, verbargen sie in der Handfläche und übergaben sie ihm heimlich bei der Begrüßung.

Schon das Springen selbst war eine große Party. In der Sporthalle herrschte Diskothekenlautstärke, jeder Springer lief zu seiner persönlichen Begleitmusik an. Das Meeting war ein Familienprojekt, meine Eltern verschickten die Einladungen, Carlo rekrutierte die Athleten, meine Freundin entwarf die Plakate. Meine Aufgabe war es, gemeinsam mit Carlo im Vorfeld Sponsoren zu finden und vor allem die Halle und das anschließende Fest vorzubereiten und für einen reibungslosen Ablauf der Veranstaltung zu sorgen. Ich war für jede Heftklammer, jedes Lautsprecherkabel, jeden Stuhl und jede Werbebande verantwortlich, verlegte mit Hilfe von Freiwilligen, die ich im örtlichen Sportverein rekrutiert hatte, die Matten und sorgte für den Aufbau der Sprunganlage. Viel Zeit blieb dafür nicht, der Umbau der Halle musste in einem Tag und einer Nacht vonstattengehen. Ich arbeitete unter Hochdruck. Alles sollte perfekt sein.

Der Wettkampf in seinem Heimatdorf, vor den Augen seiner Familie, hatte die Nerven meines Bruders aufs Äußerste strapaziert. Wenige Stunden vor Beginn des Springens hatte er unter Fieberschüben gelitten und sich noch geweigert, sein Bett zu verlassen. Seine Anspannung übertrug sich auf uns. Mein Vater verließ die Halle, noch bevor Carlo anlief. Er fuhr in die nächste Kneipe und genehmigte sich ein Bier und einen Schnaps zur Entspannung.

Ich fieberte mit meinem Bruder. Sah, wie er die Laufbahn betrat. Und zunächst stockte, mit wütendem Blick in die Runde sah. Meine Freundin hatte versehentlich die falsche Musik eingelegt, ein Sakrileg. Als dann die ersten Töne von Europes »The Final Countdown« aus den Boxen dröhnten, versank er in sich selbst, sein Gesicht eine Maske vollständiger Konzentration. Er lief an. Dieses Mal würde er es schaffen, der Rekord würde fallen. Dessen war ich mir schon bei seinen ersten Schritten sicher. Tatsächlich, er übersprang die 2,40 Meter im ersten Versuch, überwand als erster Mensch diese magische Grenze. Laut schreiend riss er die Arme hoch, tobte wie ein Derwisch durch die Halle. Ich rannte auf ihn zu, riss ihn in meine Arme. Er war aufgelöst und fassungslos, beinahe verstört, konnte das Glücksgefühl kaum verarbeiten. Mir ging es ähnlich. Mein kleiner Bruder war Weltrekord gesprungen. Er war jetzt einer von denen, die wir früher gemeinsam im Fernsehen bewundert hatten, Sportler, die in einer anderen Welt zu existieren schienen. Es war schier unfassbar. Auf diesen Augenblick schien alles in seinem Leben hingelaufen zu sein.

In diesem Moment fühlte ich mich meinem Bruder tief verbunden. Ich sah den erwachsenen Athleten und gleichzeitig den kleinen Kerl, den ich als Dreijähriger auf der Ladefläche meines Plastiktraktors transportiert hatte. Den Jungen, mit dem ich in unserem Garten um die Wette gelaufen war, den Teenager, an dessen Seite ich Handball gespielt hatte. Carlo, der Schulverweigerer, mein sensibler, schüchterner Bruder, hatte seinen Platz in der Welt gefunden, mehr noch, er hatte es dort bis ganz nach oben geschafft, in jeder Hinsicht. Das vor allem löste eine wilde Freude in mir aus.

Die folgende Party war so himmelstürmend wie die Sprünge zuvor. In großer Runde aßen und tranken wir in einer Gaststätte im Nachbarort, im Anschluss feierten wir im engen Kreis im Haus meiner Eltern weiter. Die Stimmung war ausgelassen und euphorisch, ein Gewirr unterschiedlicher Sprachen erfüllte den Raum, aber jeder schien jeden zu verstehen, alle Grenzen waren verschwunden, Herkunft, sportliche Konkurrenz, nichts davon spielte mehr eine Rolle. Wir waren Freunde, Familie, lachten und tranken. Ich schwebte durch den Raum, genoss die Wärme, die Nähe, das Miteinander, den Zusammenhalt, flog einer Flipperkugel gleich von einem zum anderen. Meine gute Laune warf ich in vollen Händen wie Kamelle unter das Feiervolk, die anderen griffen freudig zu. Bald war ich ein Zentralgestirn der Party, die anderen Gäste kreisten in meiner Umlaufbahn, mein Magnetismus, so schien es mir, hielt alles und jeden in Bewegung.

Ich war wie losgelöst, berauscht, glückdurchströmt, trank Champagner, Bier, Malteser. Der Alkohol war Entspannungsmittel, Stimmungsbeschleuniger, Kommunikationstreibstoff und Belohnung. Ich hatte diese Veranstaltung, die im Weltrekord meines Bruders gipfelte, und die dazugehörige Party organisiert, hatte sozusagen das Feld bestellt, auf dem die sportlichen und festlichen Höhepunkte dieses Tages gedeihen konnten. Jetzt konnte ich mich gehen lassen. Wer hart arbeitete, hatte jedes Recht, ebenso hart zu feiern. Mehr noch, beides war untrennbar miteinander verbunden. Ich wollte allen zeigen, wie eine Hochleistungsparty auszusehen hatte, und nebenbei, wie viel ich vertrug. Die anderen sprangen vielleicht höher als ich, aber beim Feiern und Trinken konnte niemand mit mir mithalten. Ich war der Hochleistungsorganisator, der Hochleistungsstimmungsmacher und der Hochleistungstrinker unter den Hochleistungssportlern. Kurz, ich war in meinem Element.

Dass mein Bruder, selbst kein Asket und weit davon entfernt, sich von Sport-Puristen seine Zigaretten und sein Bier madig machen zu lassen, mich zunehmend nervös und angespannt beobachtete, immer auf dem Sprung, eine mögliche Entgleisung zu verhindern, bemerkte ich nicht. Auch nicht, dass ich immer eine Spur lauter, schriller, exzessiver und aufgedrehter war als die anderen, alle Aufmerksamkeit auf mich zog und kurz davor stand, die Latte des Kontrollverlusts zu reißen. Meine alkoholsatte Euphorie war wie ein großer Hund, der unter dem Gejohle der anderen Gäste ausgelassen Kunststücke vorführte, allen durch die Beine wuselte, laut bellend an ihnen hochsprang und ihnen durch das Gesicht leckte; auch dann noch, wenn deren Begeisterung verflogen und der Jubel verstummt war.

Bat Carlo mich, mich zu mäßigen, lachte ich ihn aus. Mir ging es doch prächtig, alles war gut, ich sorgte für Stimmung, hatte mich unter Kontrolle und amüsierte mich darüber hinaus königlich! Die anderen tranken doch auch, und ohne jemanden wie mich war eine Party nur ein Kaffeekränzchen. Den Kater würde ich locker wegstecken, schließlich war ich Sportler, jung und stark.

Am nächsten Tag waren Carlo und Jacek Wszoła als Studiogäste ins »Aktuelle Sportstudio« geladen, Patrik Sjöberg und ich begleiteten die zwei. Das ZDF bezahlte uns jungen Kerlen Übernachtung und Abendessen in einem teuren Hotel, wir fühlten uns wie Fremdkörper inmitten der distinguierten älteren Herren im Anzug. Und wir ließen es gehörig krachen – zum 5-Gänge-Menü tranken wir Champagner und Cognac, nach dem Essen zündete sich jeder von uns eine dicke Zigarre an. Ein wenig fühlten wir uns wie Rockstars.

Das Leben war ein einziger Rausch, alles floss, war in Bewegung. Unsere Partys und Besäufnisse waren nie hohler Selbstzweck, sie waren eingebettet in den Sport, die Erfolge; in arbeitsreiche und nüchterne Wochen, die in neue, aufregende Erfahrungen mündeten.

Ein Jahr später, als Carlo in Berlin mit 2,42 Meter abermals einen neuen Hallenweltrekord aufgestellt hatte, waren wir zum Ball des Sports eingeladen. Wir kamen etwas zu spät, Carlo hatte noch eine Dopingprobe abgeben müssen. Der Fahrdienst chauffierte uns mit einem S-Klasse-Mercedes nach Mainz, auf dem roten Teppich erwartete uns das Blitzlichtgewitter der Fotografen. Carlo stand im Zentrum der Aufmerksamkeit, er war ein Star und wurde hofiert. Ich war an der Seite meines Bruders inmitten des Trubels, unterhielt mich mit Richard von Weizsäcker, der uns, als Bundespräsident Schirmherr der Veranstaltung, mit Handschlag begrüßt hatte. Später am Abend stand ich mit Udo Jürgens an der Bar, wir prosteten uns zu und kamen ins Gespräch. Der kleine Carlo und der kleine Bernd waren in der großen Welt angekommen, eine unglaubliche Erfahrung. Ich war wie im Rausch, geblendet vom großen Glanz und schönen Schein. Eine Art Droge, die die Eitelkeit nährt.

**Thränhardt, du Tier!**

Der Rolls-Royce stand im absoluten Halteverbot, keine zwanzig Meter vom Eingang des Nijinsky entfernt. Metalliclackierung, getönte Scheiben und blitzendes Chrom, ein Klischee auf vier Rädern. Wir waren zu viert, der Besitzer des Rolls-Royce, ein Unternehmer aus Düsseldorf, den ich nur flüchtig kannte, saß auf dem Fahrersitz, neben ihm Dieter, ein erfolgreicher Schauspieler; der breite Paul, ein Zuhälter, und ich saßen auf dem Rücksitz. Ich hatte nur eine vage Vorstellung davon, was mich erwartete.

Im Laufe des Abends hatte ich beobachtet, wie Dieter und die beiden anderen immer wieder für einige Minuten die Diskothek verließen und ziemlich aufgekratzt zurückkamen. Ich hatte geahnt, dass irgendetwas im Gange war, das ich keinesfalls verpassen durfte. Also hatte ich mich ihnen dieses Mal wie selbstverständlich angeschlossen. Keiner schien sich darüber zu wundern.

Der Rolls-Royce-Besitzer zog ein Tütchen mit weißem Pulver aus dem Handschuhfach, streute etwas davon auf einen Spiegel, hackte es mit seiner Kreditkarte klein und formte zwei Linien daraus. Dann rollte er einen Fünfzigmarkschein zu einem Röhrchen, steckte sich das eine Ende in sein rechtes Nasenloch, verschloss das linke mit seinem Finger und zog mit einem energischen Schnaufen eine Pulverlinie in seine Nase. Dann wiederholte er die Prozedur mit seinem linken Nasenloch und reichte sämtliche Utensilien an Dieter weiter. Ich sah gebannt zu, prägte mir jede seiner Bewegungen ganz genau ein. Schließlich wollte ich später keinen Fehler machen. Kokain kannte ich bisher nur aus Filmen und Büchern, dass es Koks auch in meiner unmittelbaren Umgebung geben musste, war mehr als naheliegend, aber bisher hatte ich nichts davon bemerkt.

Der Spiegel und das Tütchen wurden nach hinten gereicht. Wie ein gelehriges Zirkusäffchen hackte ich das Pulver, rollte den Geldschein und schnupfte die weiße feinkörnige Linie; so, wie ich es Minuten zuvor gesehen hatte. Die Härchen auf meinem Arm hatten sich vor Aufregung aufgestellt, aber ich gab mich abgeklärt und routiniert. Niemand sollte meine innerliche Anspannung spüren und mich als Novize enttarnen.

Schon dieses Ritual nahm mich gefangen. Ein magischer Moment – wir waren ein Geheimbund, wagemutige Verschwörer, die die Grenzen der Spießergesellschaft weit hinter sich ließen und sich über die ahnungslosen Trinker im Inneren des Clubs erhoben. Jetzt war ich endgültig in der Welt von Hemingway, Miller, Kerouac und Burroughs angekommen.

Dann knallte das Kokain in mein alkoholisiertes Hirn. Wärme durchflutete mich, breitete sich in meinem gesamten Körper aus. Gleichzeitig erfüllten mich eine große Ruhe und Klarheit. Ich fühlte mich nicht benebelt, wie ich es vom Haschisch und auch vom Alkohol kannte. Im Gegenteil, es war, als hätte ich alle Fesseln abgeworfen.

Mein Denken und Fühlen waren von kristalliner Reinheit und Schärfe, alle Hemmungen waren verschwunden, ich war unantastbar, entgrenzt, auf magische Weise eng mit allem verbunden, mit meinen Mitverschwörern im Auto, meinen Freunden an der Bar, das Koks hatte mich in das Zentrum meines Universums katapultiert. Nach diesem Moment, so schien es, hatte ich mich mein gesamtes Leben gesehnt.

Der Club vibrierte vor Energie. Eine dunkle, warme Höhle, in der nichts Bedrohliches existieren konnte. So ähnlich musste sich der Fötus im Mutterleib fühlen. Meine Füße schienen den Boden kaum zu berühren, die Frauen leuchteten, ich selbst leuchtete, war ein Magnet, der die Menschen anzog, in meinen Bann schlug. Alles war von nie gekannter Intensität. Die Luft flirrte vor sexueller Spannung. Ich flirtete mit jeder Frau in meiner Nähe, alles war purer Sex, jedes Wort, jeder Blick, jede Berührung. Verheißung und Verführung, Kopfpornokino, überwältigend und rauschhaft. Ich war nach Hause gekommen. Angekommen in dem Leben, von dem ich als Teenager gelesen und geträumt hatte.

Begonnen hatte alles mit meinem Umzug nach Köln rund zwei Jahre zuvor. Gegen das studentisch geprägte, aber eher provinzielle Aachen mit seinen Maschinenbaustudenten und seinem chronischen Männerüberschuss war Köln ein Eldorado, in jeder Hinsicht. 1985 zog ich in eine Wohnung in der Breiten Straße im Zentrum der Stadt. Die Straße, gesäumt von Restaurants, Cafés, Kneipen und Geschäften, war für Autos gesperrt. Hier flanierten hauptsächlich Einheimische oder die Köln-Kenner unter den Besuchern, der Großteil der Touristen bevölkerte eher die Hohe Straße und die Schildergasse.

Meine Wohnung war siebzig Quadratmeter groß und lag über einem Café, auf den ersten Blick machte sie nicht sehr viel her: angestoßener Sechziger-Jahre-Chic, zwei Zimmer, ein kleines, aber ordentliches Bad mit hässlich gemusterten Kacheln. Auch die Küche war winzig, aber ich hatte ja nicht vor, darin viel Zeit zu verbringen. Mein Frühstück, ein Croissant und einen Kaffee zur Zigarette, bekam ich im Café im Erdgeschoss, an dessen Hintereingang mein Hausflur anschloss. Schon nach wenigen Wochen stapelten sich die Kuchenteller in meiner Küche. Mittags aß ich meist in den umliegenden Restaurants. Und beobachtete unter meiner Sonnenbrille die Frauen, die vorüberflanierten. Vor allem im Sommer ein Anblick, von dem ich nie genug bekam.

Mein Wohnzimmer bot genügend Raum für ein großes Bücherregal, mein Schlafzimmer ging auf den Innenhof, mit Blick auf ein Flachdach und die Lüftungsschächte des Cafés. In warmen Sommernächten kletterte ich aus dem Fenster, das Flachdach wurde mein persönlicher innerstädtischer Dachgarten. Zugegeben, statt Wiesen, Blumen und Bäumen gab es Dachpappe, Ziegelmauern, Ventilatoren und Metallrohre, aber unter dem Sternenhimmel spielte das keine große Rolle. Urbane Romantik, mit der ich auch bei den Frauen, die ich nachts mit zu mir nahm, punkten konnte. Die Wohnung war ein Hauptgewinn für mich.

In gewisser Weise hatte der Umzug meine Welt verengt: Beinahe alle Wege waren kurz – das WDR-Gebäude, das Büro der

Produktionsgesellschaft, mit der ich kooperierte, Studios und Schnitträume, alles war nur wenige Gehminuten von meiner Wohnung entfernt. Da in den Redaktionen meist nicht vor zehn Uhr gearbeitet wurde, kam ich sogar dann noch pünktlich zu meinen Terminen, wenn ich bis neun oder halb zehn schlief. Frühes Aufstehen hasste ich seit meiner Schulzeit. Zum anderen hatte der Umzug meine Welt wunderbar erweitert. Nach kurzer Zeit wusste ich, in welchen Lokalitäten die sogenannte Szene verkehrte. Ich war neugierig und kontaktfreudig, kam schnell mit Menschen ins Gespräch. Was in Köln zugegebenermaßen nicht besonders schwierig ist – wer hier keine Kontakte knüpft, leidet wahrscheinlich an einer schweren Sozialstörung. Beinahe täglich traf ich interessante und aufregende Menschen, den Schauspieler Jo Bolling, den ich aus der »Lindenstraße« kannte, lernte ich in einem Café kennen, den Sänger und Extremsportler Joey Kelly oder die Entertainerin Hella von Sinnen an der Bar eines Clubs.

Einer meiner engsten Freunde war Tom Gerhardt, ein Lokaljournalist, der Philosophie und Germanistik studiert hatte und von einer Karriere als Comedian träumte. Als ich ihn kennenlernte, spielte er vor dreißig Besuchern, einige Jahre später war er der Star einer eigenen Comedy-Serie im Privatfernsehen. In Köln öffnete sich eine Tür in eine neue, schillernde Welt. Eine, die schier grenzenlose Aufregung und Spaß verhieß, in der alles möglich zu sein schien. In den ersten Wochen und Monaten stand ich noch staunend am Rand, dann tauchte ich immer tiefer in diese Welt ein, kopfüber und mit leuchtenden Augen.

Meine Begeisterung für den Sport hatte ich mir bewahrt. Ich spielte regelmäßig Handball in einer Journalisten-Mannschaft, und am Wochenende traf ich mich mit Carlo oder Dietmar Mögenburg zu einem Tennis-Match, oder wir spielten Basketball mit Sportstudenten und dem späteren Bundestrainer Dirk Bauermann. Danach ließen wir im Wellnessbereich des Interconti die Woche ausklingen und läuteten gleichzeitig das Partywochenende ein.

Das Hotel lag nur wenige Gehminuten von meiner Wohnung entfernt, der Wellnessbereich inklusive Sauna war im obersten Stockwerk untergebracht und, was vielen Kölnern nicht bekannt war, öffentlich zugänglich. Ende der Achtziger hatte, neben zahlreichen Sportlern, die Medienszene die Sauna für sich entdeckt. Ob Verleger, Journalist, Filmemacher oder Sportmanager, hier traf man die interessantesten Menschen. Zusätzlich zur Sauna, den Ruheräumen und der Bar gab es einen Billardtisch, man konnte Backgammon spielen oder sich massieren lassen. Wir spielten um Geld, das erhöhte die Spannung. Ein paradiesischer Ort, in dem Carlo, Dietmar und ich viele Stunden verbrachten. Mein Bruder feierte dort sogar seinen dreißigsten Geburtstag.

Die Hotelsauna fungierte auch als eine Art kollektives Außenbüro, hier wurden Projekte entwickelt und Verträge ausgehandelt, die jeweiligen Mitarbeiter riefen bei wichtigen Belangen an der Bar der Sauna an. Bald hinterließ auch ich die Telefonnummer der Bar des Wellnessbereichs im Büro und bei meinen Geschäftsfreunden. An den Wochenenden war die Interconti-Sauna das Basislager, von dem aus wir in die Restaurants, die Clubs und Diskotheken ausschwärmten.

Mit Dieter, dem Schauspieler, war ich auf der Toilette des Palm Beach ins Gespräch gekommen, einer Diskothek, in der sich allabendlich einige Hundert Jahre Knast versammelten. Uns verband neben der starken Affinität zum Sport vor allem unser Lebensstil – also die Affinität zu hochprozentigem Alkohol, schönen, in der Regel jüngeren Frauen und rauschhaften Nächten. »Es krachen lassen«, wie Dieter unser nächtliches Unterhaltungsprogramm beschrieb, das in der Regel mit einem doppelten Wodka-Tonic am Tresen des Nijinsky begann und, wenn die Diskotheken schlossen, in der nahegelegenen Currywurstbude und schließlich im Klein Köln endete, einer berüchtigten Milieu-Kneipe, angefüllt mit Boxern, Zuhältern und Nachtgespenstern aller Art. Dieter hatte sich schnell angewöhnt, mich mit »Thränhardt, du Tier!« oder »Thränhardt, du Verbrecher!« willkommen zu heißen, natürlich dröhnend laut. Zur Begrüßung klatschten wir uns ab, klopften uns mit großer

Geste gegenseitig auf die Schultern und umarmten uns. Mir gefielen diese Rituale, auch wenn diese Körperlichkeit unter Männern neu für mich war.

Ich war fasziniert von dem Biotop, in dem ich mich bewegte, umgeben von erfolgreichen Schauspielern und Musikern, von Journalisten und Schriftstellern, Plattenproduzenten und Sportlern, von Intellektuellen und Pseudointellektuellen, Unternehmern und Ganoven. In unserem Kreis gab es einen Schriftsteller, der Krimis schrieb, und den Chefredakteur einer Tageszeitung. Oder Bentley-Boris, der ein großes Vermögen verwaltete, besagte Autos sammelte und gerne und viel trank. Ein sehr zurückhaltender, liebenswürdiger Mann, immer geschmackvoll gekleidet, der meist abseits stand, das Geschehen aufmerksam beobachtete und treffsicher kommentierte. Frauen gegenüber war er sehr zuvorkommend, ein wirklicher Kavalier. Im Suff verlor er allerdings schon mal den Überblick. Einmal brachte er es fertig, im Vollrausch einen seiner Bentleys zu verlegen: An einem Wochenende hatte er sich in Monte Carlo so besoffen, dass er vergaß, dass er mit seinem Wagen dorthin gefahren war, den Bentley in einer Tiefgarage stehen ließ und nach Köln zurückflog. Dort suchte er tagelang seinen Wagen und meldete ihn schließlich als gestohlen. Seinen Irrtum bemerkte er erst Wochen später, als er eine saftige Rechnung des Tiefgaragenbetreibers aus Monte Carlo bekam.

Da wir für Stimmung und Umsatz sorgten, waren wir in den Clubs und Diskotheken hofierte Stammgäste. Nie musste ich in einer Schlange stehen, die Türsteher begrüßten uns mit Handschlag und lotsten uns am wartenden Fußvolk vorbei. Die Getränke gingen sogar hin und wieder aufs Haus. Das Koks, das ich zunächst nur sporadisch an den Wochenenden nahm, leider nicht. Kokain war in den Clubs und Diskotheken, in denen ich die Nächte verbrachte, allgegenwärtig. Im Nijinsky gab es eine Art lebenden Kokskiosk, Stefan, der Dealer, eine Institution im Kölner Nachtleben. Graumeliert und mit adrettem Sakko stand er Abend für Abend am Tresen, immer an derselben Stelle. Er sah aus wie ein Versicherungsvertreter oder

Geschäftsmann. Seine Geschäfte tätigte er zu meiner Überraschung wie selbstverständlich am Tresen. Nur Anfänger, lernte ich bald, wickelten ihre Drogenkäufe in dunklen Ecken vor der Tür der Diskothek ab.

Im Alten Wartesaal trank ich mit Tom, dem zukünftigen Fernsehkomiker, Joey Kelly und einem erfolgreichen Gastronom Whisky an der Bar, wir stellten den Frauen nach, und der eine oder andere verschwand zwischendurch auf ein Näschen Koks auf die Toilette. Joey, der Ausdauersportler, nahm keine Drogen, hielt sich auch mit Alkohol eher zurück und verschwand in der Regel nicht weit nach Mitternacht. Wenn die Diskothek in den frühen Morgenstunden schloss, feierten wir anderen in der nahegelegenen Wohnung des Gastronomen weiter, lümmelten auf dem Sofa oder im Pool und redeten uns die Köpfe heiß. Wenn ich nach Hause ging, stach die Morgensonne in meine Augen. Was für ein Leben! Die anderen, die Langweiler, gingen zur Arbeit. Ich, die extrem coole Sau, kam nach Hause, aufgedreht und beseelt.

So ein Leben hatte ich mir immer gewünscht. »Lieber den Jahren mehr Leben geben als dem Leben mehr Jahre«, wusste schon Curd Jürgens. So sah ich das auch – ich wollte so viel Aufregung, so viel Genuss und Stimulation in die Tage und Nächte pressen wie eben möglich. Grenzen überschreiten, in jeder Hinsicht, umgeben von schillernden, aufregenden Menschen. Ich war im Epizentrum des prallen Lebens angekommen, es waren meine »Stillen Tage in Clichy«.

In dem Film »From Dusk Till Dawn« gibt es eine Szene, in der die beiden Hauptdarsteller eine Bar betreten, das »Titty Twister«. Dort tanzen halbnackte Frauen lasziv auf den Tischen, und verwegene Kerle in Lederjacken schütten grölend den Alkohol in sich hinein oder lecken ihn von den Frauenbäuchen. »Das könnte meine Stammkneipe werden«, sagt eine der beiden Hauptfiguren bei diesem Anblick. Als ich den Film sah, verstand ich genau, was er meinte. Jetzt fühlte es sich an, als lebte ich im »Titty Twister«. Zur Ruhe kam ich kaum, wieso auch?

In meinem Leben spielten Sex und Erotik eine große Rolle. Genau genommen war ich ja sexuell eher ein Spätentwickler, mit Anfang dreißig hatte ich einiges nachzuholen. Obwohl ich mich meist in einer festen Beziehung befand, hatte ich zusätzlich regelmäßig Affären und One-Night-Stands. Ich war Filmemacher mit illustrem Freundeskreis und einer gehörigen Portion Selbstbewusstsein, bei den Frauen kam ich gut an.

Wie ein Spätpubertierender führte ich eine gedankliche Strichliste mit meinen Eroberungen, war stolz auf jede neue Kerbe in meinem imaginären Colt. An dem Tag, an dem ich zum ersten Mal mit zwei verschiedenen Frauen hintereinander Sex hatte, war die Kerbe besonders tief. Ich träumte von einer perfekten Woche – das bedeutete, an sieben aufeinanderfolgenden Tagen Sex mit sieben verschiedenen Frauen zu haben. An manchen Wochen kam ich diesem Ziel sehr nahe, ganz erreicht habe ich es nie.

Zudem hatte ich jetzt endlich die Gelegenheit, all die aufregenden Sexszenen, die mich in den Büchern von Anaïs Nin oder Harold Robbins so fasziniert und erregt hatten, einem Realitätstest zu unterziehen. Ich hatte zum Beispiel gelesen, es sei die ultimative Stimulation, sich vor der Penetration Kokain auf die Eichel zu streuen. Das erwies sich als maßlos übertrieben. In meiner Nase, erkannte ich schnell, war das Kokain definitiv besser aufgehoben. Aber von solchen Rückschlägen ließ ich mich nicht entmutigen, es gab noch so viel zu entdecken, so viele Körper und Praktiken zu erforschen!

Das Kokain stachelte meine sexuelle Gier zusätzlich an. Nicht immer schaffte ich es mit meiner jeweiligen Eroberung bis in meine Wohnung. Es kam vor, dass wir auf dem Nachhauseweg auf einer Motorhaube oder in einer Baustelle übereinander herfielen. Ich war ein Getriebener in Sachen Sex.

Bald begannen meine rauschenden Wochenenden, sich immer wieder auch in die Woche auszudehnen. Hin und wieder gab es Momente, in denen ich mich fragte, ob dieses Leben nicht auch Nachteile hatte: wenn ich nach durchgemachter Nacht bei hellem Sonnenschein in dem Café unter meiner Wohnung saß, halbkomatös, sensorisch überfordert vom geschäftigen Treiben auf der Straße und gequält vom Sonnenlicht, das trotz meiner Ray Ban schmerzhaft in mein Hirn stach, während die anderen wach und vergnügt zu Mittag aßen, sich unterhielten oder Hand in Hand an den Schaufenstern vorüberschlenderten.

Aber diese Zweifel verflogen schnell. Nach wenigen Stunden Schlaf und einem langen Spaziergang war ich wieder einsatzfähig und in der Lage, mich voller Elan meinen Filmprojekten zu widmen oder Sport zu treiben. Lange Regenerationsphasen benötigte ich nicht, ich war jung und sportlich, außerdem fleißig und erfolgreich. Sicher, ich trank viel und nahm Drogen, aber ich war kein Versager und Verlierer, meine Karriere nahm im Gleichschritt mit meinem Alkohol- und Drogenkonsum Fahrt auf. Das Gleiche galt für die meisten meiner Freunde und Saufkumpane. Wir waren Gewinner; erfolgreich, lebendig, umschwärmt und hatten einfach eine Unmenge Spaß.

Mit Dieter teilte ich neben der Begeisterung für Frauen und Alkohol ein Faible für die Kölner Halbwelt. Seit meiner Jugend war mein Kopf angefüllt mit den romantisierten Bildern von aufrichtigen Gaunern, die es mit dem Gesetz nicht so genau nahmen, sich über hohle gesellschaftliche Konventionen erhoben und sich einem eigenen Ehrenkodex, eigenen moralischen Grundsätzen verpflichtet fühlten. Ganze Kerle, die der stumpfsinnigen Spießerexistenz den Rücken gekehrt hatten und in ihrer eigenen, schillernden und aufregenden Welt lebten. Ihnen fühlte ich mich verbunden, auch wenn ich mein Geld auf legale Weise verdiente. Vor allem das Rotlichtmilieu, die Welt der Zuhälter und Huren, zog mich an. Ein Gegenuniversum, geprägt von allgegenwärtigem Sex, klaren Regeln und lässigen Sprüchen, bevölkert von allzeit verfügbaren Frauen und dem, was ich unter echten Männern verstand.

Ich traf Typen wie den Automaten-Franz, dessen Name eigentlich schon alles sagte, was man über ihn wissen musste;

oder den breiten Paul, ein Freund von Dieter, Türsteher und Gelegenheitszuhälter, dessen Nachnamen ich nie erfuhr. Ein glatzköpfiger Hüne, der brutal und gnadenlos zuschlug, wenn es nötig war, auf mich aber immer einen eher gutmütigen Eindruck machte und meistens gute Laune verbreitete. Einer, auf den man sich verlassen konnte, wenn es Ärger gab. Aber eben auch jemand, der selbst den Ärger anzog.

Eines Morgens rief er mich voller Panik im Kokswahn an. »Du musst mich hier rausholen«, sagte er mit aufgeregter, aber gedämpfter Stimme. »Paul, was ist los?«, fragte ich. Er behauptete, seine Wohnung – die im zehnten Stock eines Hochhauses lag – sei von einem Sondereinsatzkommando der Polizei umstellt, seit 24 Stunden bewege er sich nur auf dem Bauch kriechend durch die Räume. Wenn die Beamten ihn durch das Fenster sähen, würden sie ihm den Kopf wegschießen. Keine Ahnung, welche Art Hilfe er sich da von mir erwartete. Da ich mich gerade in einem wichtigen Meeting befand, konnte ich die Angelegenheit leider nicht weiterverfolgen. Wenige Tage später traf ich ihn im Nachtleben wieder, einige Stunden Schlaf hatten die Bedrohung durch das SEK anscheinend beseitigt.

Bei aller Faszination für die Halbwelt und meiner Nähe zu Luden, Dealern und Gaunern war ich nie ganz Teil ihres Universums, blieb stets eine Art freundlich geduldeter Zaungast. Was uns verband, war eher Kameraderie denn Freundschaft, wir waren eine Interessengemeinschaft in Sachen Drogen, Alkohol, Sex und rauschhaften Nächten. Wie die meisten meiner Nichtganovenfreunde betrachtete ich diese Welt, ihre Regeln und Rituale mitunter auch mit ironischer Distanz. Manchmal fühlte ich mich wie ein Besucher im Zoo. Zum Beispiel begrüßten uns die Türsteher und unsere Zuhälterkumpane statt mit »Wie geht's?« in der Regel mit der eher rhetorischen Frage: »Fotzentechnisch alles klar?« Eine Frage, die nur eine Antwort zuließ und später Einzug in Toms Bühnenprogramm fand.

Eine Art besondere Freundschaft verband mich dagegen mit Manni Gatzke, einem ehemaligen Autoschieber, der lange im Gefängnis gesessen hatte und als Türsteher arbeitete. Die Resozialisation, eine Integration in ein sogenanntes geregeltes Leben, war dem Ex-Knacki nicht gelungen, aber in der Kölner Halbwelt genoss er großes Ansehen. Seine Lebensgeschichte faszinierte mich. Manni war ein anständiger Kerl, zuverlässig, hilfsbereit und loyal zu seinen Freunden, »ein Korrekter«, wie es in Halbweltkreisen hieß. Außerdem war er sehr belesen und ein hervorragender Schachspieler. Er erschien mir wie ein Mann, der im Leben einfach nur einige Male falsch abgebogen war. Nächtelang saßen wir zusammen, spielten Schach, diskutierten über Nietzsche und Schopenhauer und philosophierten über das Leben und den ganzen Rest, meist angetrieben vom Kokain. Manni wusste immer, wo es das beste Koks gab. Auch sonst verfügte er über exzellente Unterweltkontakte, was mir bei dem einen oder anderen Filmprojekt von Nutzen war.

Natürlich hatte auch er eine andere, dunklere Seite. Manni hatte die Gesetze der Straße verinnerlicht. Zudem war er groß und ein beeindruckendes Kraftpaket. Er ging keiner Schlägerei aus dem Weg, im Gegenteil. Einmal rempelte ihn ein harmloser Betrunkener im Vorübergehen an, Manni schlug ihm mit der flachen Hand so heftig aufs Ohr, dass es den Kerl, der nicht wusste, wie ihm geschah, von den Füßen hob. Ein anderes Mal stürzte sich Manni, ohne eine Sekunde zu zögern, auf drei Männer, von denen er sich provoziert fühlte. Er schlug zu, schnell, gnadenlos und mit kühler Präzision. Die drei waren groß und breit, aber so überrumpelt von der Geschwindigkeit und Brutalität des Angriffs, dass sie sich bald in Sicherheit brachten.

Anfangs sah ich in diesen Gewaltexzessen Kollateralschäden, die eben dazugehörten. Zumal ich selbst nie Ziel der brutalen Ausbrüche war. In den folgenden Jahren lernte ich zunehmend die unromantischen und ernüchternden Seiten von Halbwelt und Milieu kennen. Ich sah, wie überdrehte Türsteher aufsässige Gäste niederknüppelten oder Dealer ihre Konkurrenten und säumige Kunden zu einem blutigen Klumpen Fleisch prügelten. Und 2000 wurde Aaron, ein Dealer, der mich eine Zeitlang mit Kokain versorgt hatte, auf offener Straße vor meinen Augen erschossen. Da war meine Faszination für dieses Milieu längst gestorben, meine Nähe zu Dealern und Zuhältern nur noch schale Gewohnheit oder bloße Notwendigkeit.

## Advantage Emotion

Als ich den Raum betrat, spürte ich den Blick meines Bruders. Nicht nötig, in sein Gesicht zu sehen. Ich sah diesen Blick nicht zum ersten Mal, spürte nicht zum ersten Mal die Fassungslosigkeit, das hilflose Entsetzen und die Wut, die darin lagen. Ein Blick, von dem ich mitunter meinte, er würde mir bis ins Rückenmark fahren und meinen Kopf auf eine Stange spießen, mein Innerstes zu Asche verbrennen. In den vergangenen Jahren hatte ich gelernt, mich dagegen abzuschirmen, hatte es lernen müssen.

Es war kurz nach neun an einem Donnerstagmorgen im Herbst 1991. Die Besprechung mit der Geschäftsführung des noch neuen Bezahlsenders Premiere war für neun Uhr angesetzt, in den Büroräumen einer Produktionsfirma, mit der ich seit kurzem zusammenarbeitete. Ich erschien als Letzter, obwohl ich nur wenige Minuten entfernt wohnte. Die Verspätung hätte Carlo mir wohl nachgesehen, Pünktlichkeit gehörte auch nicht unbedingt zu seinen Stärken. Was ihn schier rasend machte, war mein derangierter Zustand. Mein Gesicht sah aus wie nach einem Heißmangelunfall, gerötet und zerfurcht, meine Hände zitterten, ich schwitzte wie ein Vieh, trotz Klimaanlage. Ströme von Schweiß sickerten in meinen Hemdkragen, durchtränkten meinen teuren Anzug, der mich bestenfalls ansatzweise seriös erscheinen ließ.

Der Termin am heutigen Vormittag war immens wichtig für uns beide. Die Arbeit eines ganzen Jahres und eine Menge Geld standen auf dem Spiel. Es ging um unser bisher bedeutendstes und aufwendigstes Projekt: Ein Jahr lang hatten wir Boris Becker, den mehrfachen Wimbledon-Sieger und damals populärsten deutschen Sportler, mit der Kamera begleiten dürfen, eine Sensation für einen Journalisten zu dieser Zeit. Premiere hatte sich das Erstausstrahlungsrecht für das neunzigminütige Feature gesichert, die Vorverträge waren schon unterschrieben. Aber dann hatte es Probleme gegeben, die Geschäftsführung hatte Änderungen und Nachverhandlungen gefordert.

Das Mammutprojekt stand auf der Kippe. Auch wenn Carlo und ich offiziell gemeinsam als Produzenten firmierten, waren die Verhandlungen mit den TV-Sendern in erster Linie meine Aufgabe. Ich war derjenige, der für alles Organisatorische zuständig war, der die Fäden in der Hand und das Projekt auf der Schiene zu halten hatte. Carlo war das öffentliche Gesicht unserer gemeinsamen Firma, er pflegte die Kontakte zu Boris und den anderen Sportlern und bewarb unseren Film bei den Sendern und in den Medien. Es wäre also mehr als vernünftig gewesen, ausgeschlafen und im Vollbesitz meiner körperlichen und geistigen Kräfte zu diesem Treffen zu erscheinen. Wäre es gewesen, klar doch.

Ich aber hatte mich in der Nacht zuvor wie so häufig gegen das trockene Brot der Vernunft und für ein üppiges Fünf-Gänge-Menü nächtlichen Spaßes entschieden. Die Nacht hatte im Neuschwanstein begonnen, einer Diskothek am Kölner Ring. Das Neuschwanstein war mein angestammter Mittwochnachttermin. Mein Nachtleben beschränkte sich nicht mehr auf das Wochenende, meine Woche war mittlerweile klar durchgetaktet – montags ging ich ins Bluemonday, mittwochs ins Neuschwanstein, Freitag und Samstag ins Nijinsky, das mittlerweile Übernacht hieß. Die Nächte endeten meist in den Morgenstunden des nächsten Tages. Am Wochenende flossen die Nächte ineinander, kurzzeitig illuminiert vom Tageslicht.

In dieser Nacht hatte ich, wie so häufig, an der Bar eine Frau kennengelernt. Wir hatten getrunken, geflirtet, gekokst, die Luft flirrte vor sexueller Spannung. Wir ließen uns treiben, durch die Nacht, die Clubs und Diskotheken, getragen von Lust, Rausch und Ekstase, befeuert von Alkohol und Kokain. Keine Chance für die zaghafte Stimme in meinem Hinterkopf, die mich warnte und zur Vernunft mahnte. Sie wurde übertönt vom Rauschen und Flirren der Nacht. Gegen sechs Uhr morgens fielen die langbeinige Schöne und ich auf meinem Sofa übereinander her.

Als unser Trieb befriedigt und die Frau gegangen war, wurde die Stimme in meinem Hinterkopf vernehmlicher. War ich von allen guten Geistern verlassen? In gut zwei Stunden stand eines der wichtigsten Gespräche meines bisherigen Berufslebens an, und ich stand komplett neben mir. Mein Körper fühlte sich an, als sei ich auf einer Streckbank von einer Dampfwalze überfahren worden, meinem Kopf ging es nicht besser. Nicht einmal auf eine halbe Stunde Schlaf konnte ich hoffen, trotz meiner Erschöpfung war ich aufgewühlt, mein Puls hämmerte in meinen Ohren. Ich war schweißgebadet, immer noch rauschte Alkohol durch meine Blutbahn, von der aufputschenden Wirkung des Kokains waren leider nur noch der hämmernde Puls und die Schlaflosigkeit geblieben. Eine Nase Koks für den Kickstart am Morgen hätte möglicherweise geholfen. Aber in der Nacht hatte ich andere Prioritäten. Vorausdenken, einteilen, egal ob es um Drogen oder Energie ging, mich einschränken, gar verzichten? Unvorstellbar!

Nach einer halben Stunde unter der Dusche fühlte ich mich noch immer nicht besser. Trotzdem, ich musste diesen Termin einhalten. Absagen war keine Option. Ich war schließlich nicht krank. Sei ein Kerl, sagte ich mir. Wer wie ein Tier feiern kann, muss auch wie eines schuften. Solange es mir trotz meiner nächtlichen Exzesse gelang, wenn es darauf ankam, verlässlich gute Arbeit abzuliefern und mein sporadisch aufflackerndes schlechtes Gewissen in besonderen Einsatz und Tatendrang umzumünzen, war in meinen Augen alles in bester Ordnung mit meinem Leben. Und wenn ich morgens um neun etwas zerrupft aussah, wer konnte es mir verdenken? Ich war schließlich kein Bausparer mit Doppelhaushälfte, ich war Filmemacher, ein Kreativer, ein Lebemann. Und ein erfolgreicher noch dazu! Ausschweifende, orgiastische Nächte, hin und wieder über die Stränge zu schlagen, waren in gewisser Weise Teil meiner Berufsbeschreibung. Zu meinem Selbstbild gehörten sie definitiv. Meine Abstürze waren vorübergehende Episoden, im schlechtesten Fall lästig, mehr nicht.

»War das wieder nötig?«, fragte Carlo. Das Gespräch mit der Geschäftsführung von Premiere war beendet, wir standen auf der Straße und rauchten. »Du bist doch total bekloppt.« Seine anfängliche Wut war verebbt und einem resignierten, mitleidigen Groll gewichen, der mir nur noch Nadelstiche versetzte, statt mich zu durchbohren. Trotz meines Zustands hatte ich unsere Position überzeugend vertreten, meine Schweißausbrüche hatte ich mit einer nicht auskurierten Grippe erklärt. Gemeinsam hatten die Brüder Thränhardt die Katastrophe abgewendet, das Projekt war wieder auf einem guten Weg. Ich hatte das Ruder herumgerissen, die Scharte ausgewetzt, mich rehabilitiert, wieder einmal. Ich war wieder obenauf. Mein Leben war wie der Ritt auf einem Wildpferd, alles war gut, solange ich mich auf seinem Rücken hielt. Aber Abwürfe waren bei einem derart rasanten Ritt nicht immer zu vermeiden. Es kam darauf an, danach nicht jammernd im Staub liegenzubleiben, sondern sich schnell wieder in den Sattel zu schwingen. In meinen Augen war das die Königsdisziplin. Die Ampeln in meinem Leben standen auf Gelb, doch statt zu bremsen, gab ich Vollgas. Wie hinter dem Steuer meines Wagens. Bremsen war was für Verlierer.

Carlo hatte Boris Becker gegen Ende seiner Hochsprungkarriere kennengelernt, im Rahmen eines Davis-Cup-Spiels. Ich hatte den aufsteigenden Tennisstar 1986 kurz für meinen Dokumentarfilm über Carlo und Dietmar Mögenburg interviewt, damals war er mir noch wie ein schüchterner, von der öffentlichen Aufmerksamkeit überforderter Junge erschienen. Interviews gab er nicht gerne. Boris war als Kind Stotterer gewesen, und auch wenn es ihm mit viel hartem Training gelungen war, die Sprechstörung zu überwinden, waren Interviews lange eine Belastung für ihn.

Boris und Carlo mochten sich auf Anhieb, der Leistungssport verband die beiden. Möglich auch, dass Boris in Carlo so etwas wie einen großen Bruder und Vertrauten sah. Er besuchte uns hin und wieder in der Eifel, schlief im Haus meiner Eltern und ging mit Carlo auf den Tennisplatz. Mein Bruder half Boris dabei, seine Kondition zu verbessern. Auch ich freundete mich mit ihm an, bald gehörten Carlo und ich zum inneren Kreis um das deutsche Davis-Cup-Team. Wir fuhren bei jeder sich bietenden Gelegenheit zu den Wettkämpfen.

Aber nicht nur die sportlichen Höchstleistungen begeisterten mich. Sicher, mein Leben war alles andere als bieder und spartanisch, aber das hier war eine andere Gewichtsklasse. Beim Davis Cup 1989 bekam ich beste Plätze für das Turnier sowie ungehinderten Zutritt zum gesamten Gelände und wurde vom Limousinenservice chauffiert. Nach dem Halbfinalsieg in München, dessen Höhepunkt das epochale, zweitägige Match markierte, bei dem es Boris gelang, sich aus schier aussichtsloser Position gegen Andre Agassi – Boris lag zwei Sätze und ein Break hinten – zurück ins Spiel und schließlich zum Sieg zu kämpfen, war für die abschließende Feier das Park Café in München angemietet. Im VIP-Bereich wurden Kaviar, Hummer und Champagner kredenzt. Ich, der Flüchtlingsjunge aus der Eifel, der noch wenige Jahre zuvor sein spärliches BAföG mit Kellnerjobs aufbessern musste, um sich Karten für die billigsten Plätze des World Team Cups leisten zu können, gehörte dazu, trank und feierte mit Boris Becker, Eric Jelen, Charly Steeb und Patrik Kühnen, Deutschlands Vorzeigesportlern, und wurde hofiert wie ein Prominenter. So hatte ich mir die Leichtigkeit des Seins immer vorgestellt, purer Genuss, das genaue Gegenteil von unerträglich. Barrieren, die lange unüberwindlich erschienen, lösten sich auf.

Nachdem die Feier beendet war, zogen wir weiter in die nahe gelegene Münchner Nobeldisco P1. Vor der Tür stand, abseits einer wartenden Horde Fotografen und Fans, Uwe Ochsenknecht, der kurz zuvor mit dem Film »Männer« zum nationalen Star aufgestiegen war. Der Schauspieler war ziemlich aufgebracht, zu seinem großen Pech war der Türsteher des P1 wohl kein Freund des deutschen Unterhaltungsfilms, er hatte »Männer« nicht gesehen und auch sonst keinen Film des Schauspielers. Ochsenknechts Gesicht und Name waren ihm unbekannt. Der Türsteher verweigerte dem Schauspieler, dessen äußeres Erscheinungsbild anscheinend nicht den Ansprüchen des P1 entsprach, den Zutritt.

Wir nahmen ihn in unsere Mitte. »Der gehört zu uns«, sagte einer gönnerhaft. Der Türsteher ließ auch Ochsenknecht passieren und lotste uns an der Schlange der Wartenden vorüber in den VIP-Bereich des P1, begleitet vom Kreischen der Fans und den Blitzlichtern der Fotografen. Ich fühlte mich wie Gulliver in Lilliput. Regeln waren für die anderen, die Kleinwüchsigen unten am Boden. Für uns galten sie nicht. Auch wenn ich wusste, dass mein Status nur geliehen war und die Sonderbehandlung nicht mir galt, genoss ich den Rummel, den Glanz, infizierte mich mit dem süßen Gift der Bedeutsamkeit und des privilegierten Lebens. Ich kippte Champagner und Wodka, jeder Schluck ließ mich weiter wachsen. Ich war euphorisiert und enthemmt, auf der Tanzfläche rissen wir uns die verschwitzten Hemden vom Körper, ich stieß mit den Männern an und tanzte und flirtete mit den Frauen. Die Nacht schien in goldenes Licht getaucht.

Nach dem Finalsieg in Stuttgart im Dezember fuhren wir mit dem Davis-Cup-Team und einigen anderen zu einem Kurzurlaub nach Ischgl. Wir waren zu zehnt, das kleine, schicke Sporthotel war vollständig für uns reserviert. Wir fuhren Ski und lümmelten in der Sauna; wir tafelten, tranken und feierten ausgelassen im großen Rittersaal, Eric Jelen erzählte schweinische Witze.

Vor allem mit Michael Westphal, der anderthalb Jahre später an Aids sterben würde, verstand ich mich prächtig. Keine Ahnung, ob er zu diesem Zeitpunkt noch nichts wusste von dem Virus, das seine Karriere und sein Leben zerstören würde, oder ob er gerade wegen des Virus' noch so viel Aufregung und Spaß in die letzten Jahre pressen wollte wie möglich.

Es waren paradiesische Tage. So, wie ich es auch von unseren Hochsprungmeetings kannte – rauschende Feste nach sportlichen Höchstleistungen. Leistungen, die ich zumindest mental und moralisch unterstützt hatte. Ich genoss die Gemeinschaft, eine Nähe, die nicht auf Zufälligkeiten wie Verwandtschaft oder Nachbarschaft beruhte, sondern selbstgewählt war und durch gemeinsame Interessen und Erfahrungen gefestigt wurde. Dass diese Wahlfamilie eine eher exklusive Gruppe war, machte es natürlich nicht schlechter.

Einer in der Truppe erregte meine Aufmerksamkeit. Ein ehemaliger Tennisprofi, der einige Jahre zuvor als großes Talent gegolten, irgendwann aber auf dem Court den Anschluss verloren und seine Karriere beendet hatte. Jeden Abend soff er bis zur Besinnungslosigkeit. Während wir anderen lachten und Spaß hatten, war er bald nicht mehr ansprechbar und drohte jeden Moment vom Stuhl zu kippen. Trotzdem soff er weiter, unfähig, ein Maß zu finden. Am darauffolgenden Morgen, wenn wir anderen uns nach ausreichend Schlaf und einer Dusche auf der Skipiste austobten, war er kaum in der Lage, auf seinen Beinen zu stehen.

Auch wenn ich zugegebenermaßen mehr trank als die anderen – diese Art zu trinken hatte nichts mit mir und meinem Leben zu tun. Da war keine Spur mehr von Vergnügen, Genuss und Hedonismus. Der ehemalige Tennisprofi war umweht von Verzweiflung, Traurigkeit und Tragik. Dieses düstere, erbärmliche Gesicht des Alkohols erschreckte mich. Ein Gesicht, das ich einige Jahre später zu meinem großen Entsetzen tagtäglich im Spiegel sehen würde.

Die Idee zu einem Langzeit-Porträt hatten Carlo und ich Boris in einem Restaurant in Mainz unterbreitet. Das Projekt wurde bei gutem Essen und erstklassigem Wein mit Handschlag besiegelt. Boris Becker ließ sich auf unsere Filmidee ohne Vorbehalte ein. Ein großer Glücksfall. Für meinen Bruder, der auf der Suche nach neuen Betätigungsfeldern war, da seine eigene sportliche Karriere sich langsam dem Ende zuneigte; und für mich, den selbständigen TV-Journalisten, erst recht.

Gleichzeitig war das Projekt auch eine immense Herausforderung. Sicher, ich hatte schon Dutzende Filme realisiert; für die ARD-»Sportschau« oder »Sport im Westen« hatte ich die Fußballer Thomas Häßler und Ulf Kirsten, die Tennisprofis Ivan Lendl und Stefan Edberg, den Golfer Bernhard Langer oder den Stabhochspringer Sergej Bubka porträtiert. Mein bis dahin aufwendigster Film war eine dreißigminütige Dokumentation über Anabolikamissbrauch in der Bodybuilder-Szene gewesen, teilweise mit versteckter Kamera gedreht. Dabei hatten mir nicht zuletzt meine Halbweltkontakte gute Dienste geleistet.

Aber das hier war ein anderes Kaliber, eine andere Welt. Mit regelmäßigen Beiträgen für die »Sportschau« spielte ich journalistisch schon in der Bundesliga, aber dieses Projekt war Champions League, Halbfinale mindestens. Neunzig Minuten Film, ein Jahr mit Boris Becker, das bedeutete eine Weltreise für unser Team – Monte Carlo, London, Melbourne, Adelaide, New York, dazwischen Stuttgart, Dortmund, München, Hunderte von Flugstunden, Tausende Kilometer im Auto und viele Dutzend Hotelnächte. Ein logistischer Kraftakt, nah an der Grenze zum Alptraum. Noch nie hatte ich in solchen Dimensionen denken, planen und drehen müssen. Ich arbeitete unter Hochspannung, handelte Deals mit der Lufthansa und Mercedes aus, die uns Gratisflüge und Dienstwagen zur Verfügung stellten; fand Geldgeber und eine Produktionsfirma, die sich beteiligte und ihr Equipment in das Projekt mit einbrachte, Fernsehsender, die den Film zeigen wollten. Meine Euphorie und meine Anspannung waren immens.

Zwischendurch ließ ich wie gewohnt nachts in den Diskotheken und Clubs Dampf ab. Trieb ich es besonders wild, arbeitete ich in den Tagen darauf umso verbissener. Auch, um mein Gewissen zu besänftigen. Immer wieder verordnete ich mir eine Auszeit, Tage, Wochen, manchmal Monate, in denen ich mir nur einige wenige Flaschen Bier oder Gläser Wein am Abend gestattete. Ein Umschalten, das mir nicht schwerfiel.

Der erste Drehtag sollte in Melbourne stattfinden, im Vorfeld der Australian Open im Dezember 1990. Dank meines Lufthansa-Deals flog ich zusammen mit Boris in der ersten Klasse. Zum ersten Mal in meinem Leben, der Flug hätte mehr als 20.000 Mark gekostet, unter normalen Umständen unbezahlbar für mich. Die First, oben im Buckel des Jumbo-Jets, erinnerte mich eher an ein Luxushotel denn an ein Flugzeug – bequeme, großzügige Liegesitze, reichlich Bein- und Kopffreiheit und erstaunlich schmackhaftes Essen, zu dem ein guter Wein serviert wurde. Ich trank eine Flasche nach der anderen. Sonderlich wohl fühlte ich mich trotz aller Annehmlichkeiten nicht. In der Nacht zuvor hatte ich kaum geschlafen, meine Flugangst, die in den vergangenen Jahren immer stärker geworden war, hatte ich am Morgen mit massivem Einsatz von Kokain und Alkohol bekämpft, ohne durchschlagenden Erfolg. Vor dem Abflug hatte ich noch zwei Valium eingeworfen. Als die Wirkung des Kokains langsam nachließ und das Valium und der Wein die Kontrolle übernahmen, schlief ich mit dem Kopf an Boris' Schulter ein.

Irgendwann weckte mich meine Blase. Der Wein drückte unerbittlich. Ich wankte auf die Toilette, sank auf die Schüssel und schlief während des Pinkelns sofort wieder ein. Die Stewardess, erfuhr ich später, bemühte sich eine Stunde lang verzweifelt, mich zu wecken und zum Verlassen der Toilette zu bewegen. Irgendwann brach einer ihrer Kollegen die Tür auf, und ich wurde zurück auf meinen Sitz verfrachtet. Ich bemerkte von alldem nichts. Als ich eine Stunde später wach wurde, fühlte ich mich etwas besser. Kurz vor der Landung in Australien war ich wieder einsatzfähig und führte noch im Flugzeug das geplante Interview mit Boris.

In Melbourne konzentrierte ich mich auf die Arbeit, tagsüber ließ ich die Finger vom Alkohol, trank nur abends Bier oder Wein zum Essen. Dass ich immer zwei oder drei Gläser mehr trank als die anderen, war kein Problem. Ich fiel ja nicht aus der Rolle. Die Arbeit ging gut voran, in der trainingsfreien Zeit lümmelten wir in der Sonne oder vergnügten uns am Strand. Boris und ich spielten häufig Schach auf der Terrasse eines Restaurants, im Schatten der Palmen. Ich gewann die meisten Spiele, aber Boris war sehr ehrgeizig. Einmal hatte er sich so in eine Partie verbissen, dass er den für sechs Uhr abends angesetzten Trainingsbeginn immer wieder nach hinten verschob. Sein Trainer, Bob Brett, rief jede halbe Stunde an und drängte.

Aber Boris wimmelte ihn immer wieder ab, »es dauert noch, ich komme später.« Das Training begann schließlich mit zweistündiger Verspätung. Brett war entnervt, aber machtlos. Schließlich war er der Angestellte, Boris der Chef, der sein Gehalt bezahlte.

In Monte Carlo, wo Boris und sein Manager Ion Tiriac zu dieser Zeit lebten, wohnten mein Team und ich in einer weitläufigen Wohnung, die einem Freund Tiriacs gehörte. Ich verbrachte viel Zeit mit dem kantigen Manager, spielte mit ihm einige Bälle auf dem Tenniscourt und saß neben ihm, wenn er am Steuer seines neuen Ferrari – dem teuersten, den der italienische Sportwagenhersteller zu jener Zeit produzierte – durch die Tunnel und Straßen der Stadt heizte, die einmal im Jahr der Formel 1 als Rennstrecke dienten. Für Tiriac schien jeder Tag Renntag zu sein, das Geräusch des Motors, zurückgeworfen von Haus- und Tunnelwänden, war ehrfurchtgebietend. Ein Kerl, ein Leben nach meinem Geschmack!

Zu Beginn hatte sich Tiriac von unserem Filmprojekt gar nicht begeistert gezeigt. Er hatte sich übergangen gefühlt, verständlicherweise, schließlich waren die ersten Vereinbarungen ohne sein Wissen zwischen Boris und uns getroffen worden. Vielleicht ein erster Versuch der Abnabelung des Sportlers von seinem dominanten und herrischen Manager. Vor Drehstart hatte ich mich mit Tiriac im Kölner Restaurant La Société getroffen; ohne seinen Segen, das wusste ich, hätte unser Film keine Chance gehabt.

Tiriac hatte mir schon bei unserer ersten Begegnung 1988 bei den Olympischen Spielen in Seoul imponiert. Ein Kriegsflüchtling aus Rumänien, der sich nach ganz oben gekämpft hatte. Einer, der als Jugendlicher sein erstes Geld mit dem illegalen Verkauf von Zigaretten verdient hatte, damals zu den mächtigsten Männern im Tenniszirkus gehörte und Millionendeals einfädelte. Der sich in der Geschäftswelt genauso beinhart zu behaupten wusste wie in der Halbwelt. Mit diesem abgezockten, erfahrenen Kerl auf Augenhöhe zu verhandeln, beeindruckte mich. Zumal er mich zu mögen schien. Da viel vom Ausgang dieses Treffens abhing – und Tiriac mich auch einschüchterte –, hatte ich mich mit zwei schnellen Gläsern Rotwein an der Hotelbar für das Gespräch gewappnet.

Am Ende gab Tiriac grünes Licht für das Projekt, wohl um das schon damals kriselnde Verhältnis zu seinem wichtigsten Klienten nicht weiter zu belasten. Meine Verhandlungskünste und mein Charisma hatten wohl eine eher untergeordnete Rolle gespielt. Doch Tiriac war ein launischer und wankelmütiger Mensch. Ein Jahr später, vier Wochen vor der geplanten Premiere des Films, änderte er seine Meinung erneut. Er ließ uns untersagen, den Film zu senden. In einem vierzigseitigen Fax einer New Yorker Kanzlei, unterschrieben von einem Anwalt italienischer Abstammung, dessen Name mich an Mafiafilme denken ließ, drohte er mit einer Konventionalstrafe in Höhe von einer Million Dollar bei Zuwiderhandlung. Das daraufhin anberaumte Gespräch mit Boris, Tiriac und Carlo in München wurde hitzig. Der Manager bestand darauf, Boris hätte keinen Filmvertrag mit uns schließen dürfen, schließlich halte seine Firma die Rechte an dem Sportler. Boris war empört, beharrte darauf, selbst Herr seiner Entscheidungen zu sein. Er setzte sich durch. Wohl der Anfang vom Ende der Arbeitsbeziehung mit seinem Manager.

In Monte Carlo war ich Tiriacs Gast, kein unerwünschter Störenfried. Abends saßen wir häufig in großer Runde in einem angesagten mexikanischen Restaurant, eine Glaskaraffe mit Margherita auf dem Tisch. Anschließend wechselten wir ins Jimmy'z, die Prominentendisco von Monte Carlo. Dort lernte ich Prinz Albert und seine Schwester Caroline kennen. Meine Mutter war fassungslos, als ich ihr am nächsten Tag betont beiläufig erzählte, wie ich die Hand des Prinzen geschüttelt und mich angeregt mit ihm unterhalten hatte. Solche Menschen kannte sie nur aus den Illustrierten.

In Monte Carlo ließ ich es hin und wieder krachen. Die Stadt war Einladung und Verführung für mich. Vor allem das Jimmy'z zog mich an, die lässige Eleganz, mit der Männer wie der Fiat-

Erbe und Großindustrielle Gianni Agnelli in den Kissen lümmelten, umringt von traumschönen Frauen. Ein Refugium der Reichen, Schönen, Sorglosen, der Gewinner. Hier fühlte ich mich wohl, auch wenn ich spürte, dass ich nicht wirklich dazugehörte.

Eines Nachts, Carlo hatte sich schon gegen Mitternacht verabschiedet und mein Kameramann wenig später, trank ich dort bis in die frühen Morgenstunden. Alkohol und Frauen fand ich verlässlich an der Bar, und in Sachen Kokain waren mir, wie in so ziemlich allen Clubs, in denen ich verkehrte, die Türsteher behilflich. Als ich das Jimmy'z verließ, abgefüllt und überdreht, eine ebensolche Schöne im Arm, strahlte die Morgensonne. Da ich mir die Wohnung mit dem Filmteam teilte, vergnügten wir uns in der Tiefgarage, auf den weichen Ledersitzen meines geliehenen Mercedes.

Gegen neun Uhr, kurz bevor der Dreh beginnen sollte, stieß ich zu meinem Team. Geschlafen hatte ich nicht, wieder einmal. Ich fühlte mich zerschlissen, verfluchte mich selbst – wieder einmal. Du blödes Arschloch, sagte ich mir. Das kann doch nicht dein Ernst sein! Du hast hier einen Job zu erledigen, und dir ist es wichtiger, mit irgendeiner Frau abzustürzen.

Die Blicke meines Bruders sagten ungefähr dasselbe. Den gesamten Tag über kämpfte ich verbissen gegen die Erschöpfung und den Kater an. Ich gewann, gerade so. Mit größter Kraftanstrengung gelang es mir, den Zusammenbruch bis zum Abend hinauszuzögern und meinen Zustand zu kaschieren. Mittlerweile hatte ich Routine darin entwickelt, meine Arbeitstage in ramponierter Verfassung durchzustehen. Am nächsten Tag war ich wieder auf dem Damm, auf meine Regenerationsfähigkeit war Verlass. Wie meistens nach nächtlichem Kontrollverlust riss ich mich in den folgenden Tagen zusammen und stürzte mich mit dem gleichen Feuereifer in die Arbeit, mit dem ich mich zuvor in den Rausch und den Exzess gestürzt hatte.

Während unserer Tennisweltreise gelangen uns Aufnahmen, auf die ich sehr stolz war – Boris in Wimbledon im Umkleideraum oder auf dem Center Court, dem Mekka des Tennissports, seinem »Wohnzimmer«, wie er es nannte. Boris ganz hibbelig vor Aufregung nach dem ersten Zusammentreffen mit seinem Idol Björn Borg, der in Monte Carlo ein Comeback versuchte und seinen jungen Bewunderer zum gemeinsamen Training einlud. Boris, erschüttert und aufgelöst nach seiner Final-Niederlage gegen Michael Stich in Wimbledon, verletzt von den Kommentaren in der Presse, die ihn abschrieben und seinen Konkurrenten zum neuen Helden ausriefen. Boris in New York auf der Straße, wo er zufällig Zeuge eines tödlichen Schusswechsels wurde. Persönliche und intime Szenen, die wohl nur möglich waren, weil Boris uns nicht in erster Linie als Journalisten, sondern als Freunde, Teile seiner Wahlfamilie, ansah. Mir lag viel an dieser Nähe, nicht nur wegen des Films. Als Tennisfan dabei zu sein, wie ein Freund im Endspiel von Wimbledon steht, war unbeschreiblich. Seine Freude über die Siege und die maßlose Enttäuschung und den Ärger nach Niederlagen hautnah mitzuerleben, an seiner Seite zu sein bei der Siegesfeier oder der Frustbewältigung in der Hotelbar, ihn zu stützen und aufzubauen, mit ihm zu fiebern, zu feiern und zu leiden. Zu erleben, wie dieser junge Mann, mit Anfang zwanzig weltberühmt und bewundert, hofiert und steinreich, darum rang, der Überforderung Herr zu werden und nicht die Bodenhaftung zu verlieren. Und am Ende des Tages wie selbstverständlich neben dem Volkshelden am Pissoir zu stehen.

Dieses Jahr der Dreharbeiten war von unglaublicher Intensität, das aufregendste Jahr meines bisherigen Lebens. Silvester feierte ich am Strand von Adelaide, zusammen mit Carlo, Boris, Patrik Kühnen und dem Filmteam. Momente, Erinnerungen, die ich nicht missen möchte. Ich lebte meinen Traum. Und bezahlt wurde ich auch noch dafür.

Einige Kritiker sollten unserem Film »Advantage Emotion« später Heldenverehrung und mangelnde journalistische Distanz vorwerfen. Möglicherweise nicht ganz zu Unrecht, um Distanz ging es mir nicht, war es mir nie gegangen. Ich suchte die Nähe, die Verbundenheit. Arbeit und Privates flossen da unweigerlich ineinander.

Nach Beendigung der Dreharbeiten verbrachte ich vierzig Nächte im Schneideraum. Nachts standen die Räume häufig leer, daher war die Miete deutlich niedriger als tagsüber. Oder ich saß bis in die Morgenstunden über meinen Papieren und Verträgen, rechnete, kalkulierte, plante, Stunde um Stunde, Nacht für Nacht, in wunderbarer Selbstvergessenheit und berauscht von der Arbeit. Nur die Begeisterung – und die eine oder andere Kanne Kaffee – hielten mich wach. Wenn die Sonne aufging, fiel ich erschöpft, aber beseelt ins Bett. War die Arbeit getan, suchte und fand ich Zerstreuung und Entlastung in den Diskotheken und Kneipen. Konnte es ein aufregenderes Leben geben?

Kurz nach der erfolgreichen Nachverhandlung mit Premiere gab es wieder Ärger mit dem Sender, dieses Mal ging es um Neben- und Zweitverwertungsrechte. Die Auseinandersetzung war so eskaliert, dass wir nur noch über unsere Anwälte miteinander kommunizierten. Zum wiederholten Mal war unser Vorzeigeprojekt existentiell bedroht. Für mich eine große Belastung, der ich mit meinen üblichen Bewältigungsstrategien – Alkohol, Koks und rauschhafte Nächte – Herr zu werden versuchte. Eines Morgens nach durchfeierter Nacht kam mir die rettende Idee. Ich hatte erfahren, dass der damalige Geschäftsführer von Premiere, Lothar Hunsel, ein Frühaufsteher war. Als ich nach Hause kam, war es sechs Uhr morgens, ich war wie manisch, mein Selbstvertrauen und mein Ego waren ins Unermessliche aufgepumpt vom Kokain. Ich beschloss, Hunsel um halb sieben anzurufen und von Mann zu Mann, von Frühaufsteher zu Frühaufsteher, mit ihm Klartext zu reden.

Ich bekam ihn tatsächlich ans Telefon. Dank des Kokains gelang es mir, hellwach zu wirken. Und ziemlich überzeugend: »Ich würde gerne mit Ihnen über diese unerquickliche Vertragsgeschichte reden«, sagte ich. »So kommen wir doch nicht weiter. Wollen wir nicht die Anwälte zurückpfeifen, uns treffen und als vernünftige Männer in einem Gespräch klären, wie wir die Kuh vom Eis bekommen?« Er zeigte sich von der Idee begeistert, meine kernige Ansprache und Macher-Attitüde kamen an. »Toller Vorschlag, das machen wir«, antwortete er. Wenige Tage später flog ich zusammen mit Carlo zu Premiere nach Hamburg, alle Probleme wurden im Gespräch geklärt. Ein Erfolg, den ich nicht zuletzt einer durchzechten Nacht und dem Kokain verdankte.

Ein Jahr später half mir das Kokain, einen sechzigstündigen Schnittmarathon für einen Imagefilm im Auftrag der Software-Firma SAP durchzustehen. Hasso Plattner, einen der Firmengründer und zu der Zeit schon Milliardär, hatte ich zufällig in der Hotellobby in Wimbledon kennengelernt, während der Dreharbeiten mit Boris. Wir waren ins Gespräch gekommen, ein halbes Jahr später, nach aufwendiger Drehbuchentwicklung, langen Vorgesprächen und Recherchen, hatte ich den Auftrag für den hochdotierten Imagefilm in der Tasche. Am Ende war die Zeit knapp geworden, die einzige Möglichkeit, den Film termingerecht fertigzustellen, bestand darin, drei Tage durchzuarbeiten, eigentlich ein unmögliches Unterfangen. Mit Kokain lief alles prima, der Kunde war zufrieden. Carlo konnte kaum glauben, dass mir in dieser Irrsinnsaktion tatsächlich ein guter Film gelungen war. Mein Leben befand sich in einem wunderbaren Gleichgewicht. Zumindest sah ich das so.

Sicher, manchmal glich mein Leben dem sprichwörtlichen Ritt auf der Rasierklinge – zu einem Gespräch mit dem Vorstandsvorsitzenden des Bekleidungskonzerns S. Oliver hatte ich unrasiert, verschwitzt, in zerknautschter Jeans und mit ebensolchem Gesicht anreisen müssen. In der Nacht zuvor hatte ich schwer gesoffen, war anschließend im Ruheraum der Interconti-Sauna eingeschlafen und erst kurz vor dem anberaumten Treffen wach geworden. Mit dem Taxi schaffte ich es gerade eben, den Termin einzuhalten, für Körperpflege und Garderobe blieb keine Zeit mehr. Dennoch gelang es mir, das Treffen erfolgreich zu gestalten. Hin und wieder, nach besonders zerstörerischen Abstürzen, wenn ich zu sehr über die Stränge geschlagen und dem, was ich als meine Schwächen ansah, nachgegeben hatte, beschlich mich das schlechte Gewissen. Aber da am Ende meist alles gutging, verfiel ich schnell wieder in die vertrauten

Muster. Die ersten Anzeichen, dass die Balance immer instabiler wurde, wollte ich nicht sehen.

Im Gegenteil, schließlich nahm mein Leben zunehmend Fahrt auf, beruflich wie privat. Mittlerweile war ich häufig Gast bei großen Sportveranstaltungen und Galas wie dem Bambi. Ich unterhielt mich angeregt mit Wolfgang Schäuble und Uschi Glas, lernte Hape Kerkeling und den Schlagersänger Patrick Lindner kennen.

»Advantage Emotion« wurde auf der größten Fernsehmesse Europas in Cannes gezeigt, ich drehte Filme für die ARD, den WDR, RTL und VOX, darunter einen Trailer für »Gottschalk Late Night«, porträtierte Tom Gerhardt, Heike Drechsler sowie – gemeinsam mit Carlo – Henry Maske, Franzi van Almsick oder Dieter Baumann für den MDR und war in einer Folge der ZDF-Krimiserie »Eurocops« als Statist zu sehen. Mit Nino de Angelo, den ich nachts in den Kölner Kneipen kennengelernt hatte, nahm ich als Produzent eine zu Recht vergessene Single auf. Ich hatte meinen Platz gefunden, beruflich, im Nachtleben und letztendlich auch im Universum der Prominenten und Erfolgreichen.

## Gute Vorsätze oder der Weg zur Hölle

Was genau meine Neugier weckte und mich veranlasste, dem Mann auf die Toilette zu folgen, konnte ich nicht sagen. Ich saß an meinem Stammplatz im Moderne Zeiten, einem meiner Stammrestaurants, nur wenige Gehminuten von meiner Wohnung entfernt. Der Mann war ein landesweit bekannter Musiker, an diesem Abend war sein autobiographisches Buch, in dem er sich mit seinem jahrelangen Kokainkonsum auseinandersetzte, in Köln der Öffentlichkeit vorgestellt worden, begleitet von großem Medieninteresse. Das Buch und der Mann hatten mich sehr beeindruckt, seine Präsenz, sein Erfolg und seine Lebensgier auf der einen Seite, die gnadenlose Aufrichtigkeit, mit der er Bilanz gezogen hatte, ohne zu beschönigen und sich selbst zu schonen, auf der anderen. Ich hatte mich sogar an einigen Stellen wiedererkannt. Außerdem nötigte es mir Respekt ab, dass es ihm, wie er im Buch und vor den Journalisten ausführlich erklärte, in einer großen Anstrengung gelungen war, sich von seiner Sucht zu befreien.

Anlässlich der Präsentation hatte ich den Autor am frühen Abend kennengelernt und mich einige Zeit angeregt mit ihm unterhalten, auch über unser gemeinsames Thema Kokain. Ein beeindruckender Kerl, der auch bei den Frauen im Saal sichtlich gut ankam. Wir verstanden uns bestens.

Später am Abend sah ich ihn im Restaurant wieder. Zusammen mit einer Handvoll Verlagsmenschen und einigen Bewunderern, meist weiblichen Geschlechts, aß der Autor an einem großen Tisch am anderen Ende des Raumes. Irgendwann ging er auf die Toilette. Eigentlich nichts Besonderes, aber aus irgendeinem Grund war ich alarmiert. Kurz entschlossen folgte ich ihm. Als ich vor der geschlossenen Toilettentür stand, hörte ich wohlbekannte Geräusche – das leise Klopfen, das entsteht, wenn das Kokain kleingehackt wird, das feine Schaben, mit dem es zur Linie zusammengeschoben wird, schließlich ein entschlossenes Schniefen.

Ich klopfte an die Tür. Koksen ohne mich? Keine Chance! »Hallo«, sagte ich, »hier ist der liebe Bernd, Teilen ist Freundschaftspflicht.« Er öffnete die Tür, sah mich kurz an. »Klar, kein Problem, komm rein.« Nachdem jeder von uns zwei Linien Koks gezogen hatte, fühlte ich mich ihm noch verbundener als zuvor.

Spät in der Nacht traf ich ihn zufällig in einer Bar wieder. Irgendwann landeten wir bei Manni. Wir spielten Schach und erörterten, angetrieben vom Kokain, voller Furor die Weltpolitik. In den Morgenstunden bestellte ich beim Escort-Service eine Prostituierte. Dummerweise gefiel die Frau mir nicht, unter anderem, weil ihr ein Schneidezahn fehlte. Ich wollte nicht darüber nachdenken, wie sie ihn verloren hatte. So endete der Abend ohne Sex. In den Jahren, die folgten, habe ich immer wieder über diese Nacht nachgedacht. Auf der einen Seite war ich zunächst beeindruckt, mit welcher Selbstsicherheit und Chuzpe, so schien es mir, der Musiker die Erwartungen der Öffentlichkeit, die er mit seinem Buch geweckt hatte, ignorierte, sich über all die braven Spießer erhob und tat, was ihm gefiel. Ein Teufelskerl! Aber irgendwo ganz hinten in meinem Kopf saß auch ein Stachel. Was war eine öffentliche Abrechnung mit der Sucht wert, wenn sie so konterkariert wurde? Und, vielleicht noch wichtiger – wie viel waren gute Absichten und Entscheidungen wert? Endeten so alle Ausstiegsversuche? Nicht, dass ich damals schon an Ausstieg gedacht oder auch nur ansatzweise die Notwendigkeit dafür gesehen hätte. Trotzdem war ich irritiert. Aber ich schob diese Irritation schnell beiseite.

## Dosissteigerung

In der ersten Hälfte der neunziger Jahre lebte ich drei parallele Leben. Ende 1991 hatte ich mein Junggesellenparadies mit direkter Nachtlebenanbindung in der Breite Straße aufgegeben und war mit meiner neuen Freundin und ihren beiden Kindern aus einer früheren Beziehung in ein luxuriöses Haus in Junkersdorf gezogen, einer ruhigen, exklusiven Siedlung im Kölner Speckgürtel, viel Grün, gute Schulen und Sportplätze vor der Haustür.

Barbara war eine ehemalige Leistungssportlerin; als wir uns trafen, hatte sie ihre aktive Karriere beendet. Sie war einige Jahre jünger als ich und stammte ebenfalls aus dem Osten. Wir hatten uns im Blue Monday kennengelernt, meinem allmontäglichen Jagdrevier. Ich hatte mich leidenschaftlich in sie verliebt, schon nach wenigen Monaten war ich zu meiner eigenen Überraschung bereit gewesen, meine Wohnung aufzugeben und mit ihr zusammenzuziehen.

Der Vermieter, dem auch meine Wohnung in der Innenstadt gehörte, hatte mir das Haus angeboten. Aus irgendeinem Grund hielt er mich wohl für einen seriösen Mieter. Als er nach wenigen Jahren seinen Irrtum bemerkte, weigerte er sich, unseren auslaufenden Mietvertrag zu verlängern, und wir zogen gemeinsam nach Glessen, ein Dorf nahe Bergheim, zwanzig Kilometer von der Kölner Innenstadt entfernt. Eine Tatsache, die mich Ende der Neunziger meinen Führerschein kosten würde.

Ich verbrachte viel Zeit mit Barbara und den Kindern in unserer Vorortidylle, spielte mit ihnen Fußball in unserem Garten. Vor allem mit Nicole, der dreijährigen Tochter, verband mich eine innige Beziehung. Sie jauchzte vor Freude, wenn ich sie auf dem Rücken liegend mit meinen Füßen hoch in der Luft hielt und sie fliegen ließ. Hatte ich die Nacht über im Schneideraum gearbeitet, bemühte ich mich, morgens rechtzeitig zum gemeinsamen Frühstück zu Hause zu sein, anschließend brachte ich die beiden in die Schule oder den Kindergarten. Ich empfand die Kinder und unseren Familienalltag als Bereicherung, vor allem in den ersten Jahren unserer Beziehung.

Gleichzeitig führten Barbara und ich ein hedonistisches und in vielerlei Hinsicht ausschweifendes Leben. Sex spielte in unserer Beziehung eine wichtige Rolle. Wir wetteiferten geradezu darin, Grenzen zu überschreiten, unseren Erfahrungshorizont zu erweitern und gemeinsam sexuelle Phantasien auszuleben. Exzessiver Sex gab mir wie kaum etwas anderes das Gefühl, lebendig zu sein. All die wilden Nächte in den Clubs, der Alkohol und das Kokain waren oft nicht viel mehr als ein Vorspiel, das Präludium zum großen, orgiastischen Finale. Und wie bei Alkohol und Kokain benötigte ich immer stärkere Reize, immer größere Dosen, wollte ich das Erregungslevel hochhalten und den Thrill spüren, den meine ersten sexuellen Erfahrungen mir verschafft hatten. Diesen Rausch mit einer Partnerin zu teilen, für die Sex einen ähnlichen Stellenwert hatte, war für mich eine neue Erfahrung. Eine Erfahrung, die unsere Beziehung prägte. Der tabulose, offene Umgang mit unseren Bedürfnissen und geheimsten Sehnsüchten schweißte Barbara und mich eng zusammen.

Wenn die Kinder bei ihrem leiblichen Vater waren, verbrachten wir ganze Tage und Nächte nackt im Bett, auf dem Nachttisch eine Flasche Wodka und eine Schachtel Zigaretten, fickten uns die Seele aus dem Leib, tranken, rauchten, koksten, schilderten unsere wildesten Phantasien und planten deren Umsetzung. Unser Schlafzimmer war ein Kokon, aufgeladen mit sexueller Energie, wir verschmolzen miteinander in diesem Mikrokosmos, in dem nur unsere Bedürfnisse und der Rausch existierten. Der Alkohol und vor allem das Kokain wirkten dabei wie ein Brandbeschleuniger.

Immer wieder war auch Barbara die treibende Kraft bei unseren Ausschweifungen, ebenfalls eine neue Erfahrung für mich. Eines Abends hatte sie eine Freundin zu uns nach Hause eingeladen, wir leerten eine Flasche Wein nach der anderen. Nach Mitternacht drängte Barbara ihre angetrunkene Freundin, bei uns zu übernachten. Erst nach und nach dämmerte mir, was sie im Sinn hatte. Barbara übernahm die Initiative. Sie legte sich in die Mitte, streichelte und küsste ihre Freundin. Verführte die andere Frau und bezog mich dann mit ein.

Zum ersten Mal lag eine andere Frau mit uns im Bett, ich war erregt und gleichzeitig angespannt. Eine Szene wie aus Klein-Bernis feuchten Jungmännerträumen oder den Büchern, die ich als junger Mann wie im Fieber gelesen hatte. Wie würde sich der wahr gewordene Männertraum in der Realität anfühlen? Der Geruch der anderen Frau, ihre Haut, ihre Stimme, ihre Fremdheit erregten und verunsicherten mich.

Als ich mit ihrer Freundin schlief, sah Barbara uns dabei zu. Eine andere Frau lag nackt und stöhnend unter mir, aber für Barbara und mich war es ein Moment großer Nähe und Vertrautheit, ein Beweis gegenseitigen Vertrauens. Wir teilten alle Begierden, alle Gier, alle Lust; gemeinsam wollten wir die Grenzen unseres Verlangens ausloten, uns austoben. So, dachten wir, hätte keiner von uns einen Grund, sexuelle Befriedigung und Abenteuer außerhalb der Beziehung zu suchen.

Barbaras Freundin fühlte sich am nächsten Morgen weniger wohl. Sie schämte sich und konnte uns kaum in die Augen sehen. Nach diesem Tag brach sie den Kontakt zu Barbara ab. Unsere Experimentierfreude minderte diese Erfahrung nicht.

Auch außerhalb des Bettes war unser gemeinsames Leben von einem hohen Erregungslevel geprägt. Wir besuchten mondäne Veranstaltungen wie den Ball des Sports, aßen im Maca-Ronni mit unseren Freunden und ließen uns durch die Kölner Nächte treiben. Das Maca-Ronni war ein sogenannter Promi-Italiener, an dem zwischenzeitlich auch Alfred Biolek und später Howard Carpendale beteiligt waren. Das Restaurantkonzept war denkbar einfach: Der Wirt gewährte prominenten Gästen einen kräftigen Preisnachlass, wenn sie, gut sichtbar für die normalen Gäste und Flaneure postiert, im Restaurant aßen. Die Wände waren mit Fotos behängt, auf denen er Arm in Arm mit seinen illustren Gästen in die Kamera grinste. Da auch Kölner Lokalreporter zu den Stammgästen gehörten, fanden sich sowohl Promis als auch die, die man in Köln dafür hielt – in die Kategorie fielen Barbara und ich wohl –, und das Restaurant selbst ständig in den Medien wieder. Für Touristen oder Kölner Flaneure auf Promi-Sightseeing war das Maca-Ronni ebenso die erste Adresse wie für Stars, die beruflich in Köln zu tun hatten. Für die hiesigen Künstler, Kreativen, Ganoven und andere Nachtschwärmer war es Bühne und erweitertes Wohnzimmer, zu den Stammgästen zählten Nino de Angelo, Tom Gerhardt und die Fußballprofis des FC Köln, man traf Hella von Sinnen oder Dirk Bach, aber auch Typen wie Bentley-Boris oder Manni, den Autoschieber.

Aber all das genügte mir nicht. Zusätzlich trieb ich mich mit meinen Feierkumpanen in den Clubs und Diskotheken herum. Keine Überraschung, dass meine drei Leben im Laufe der Zeit häufig kollidierten. An einem Sonntag fuhren wir mit den Kindern ins Phantasialand, der Tag erschien mir nach einer schlaflosen, alkohol- und koksgesättigten Nacht wie das Fegefeuer, die Sommersonne verdampfte mein Hirn, die Schreie der Kinder schienen mein Trommelfell zu zerfetzen, jeder Clown war eine bösartige Kreatur, aus Alpträumen geboren. Nach einem großen Bier auf Ex und dem Rest Kokain, den ich zu meiner Erleichterung in der Hosentasche gefunden hatte, wurde der Tag etwas erträglicher.

Zu Peters Einschulung kam ich gerade noch rechtzeitig. Die Nacht zuvor und die ersten Stunden des Morgens hatte ich wieder einmal nicht im Bett verbracht. Jetzt stand ich inmitten all der vor Stolz schier platzenden, herausgeputzten Eltern, meine Kleidung und mein Gesicht trugen die Spuren der Nacht, der Schweiß brach mir aus allen Poren, mein Kopf fühlte sich an, als würde er bei jeder unvorsichtigen Bewegung explodieren, meine Augen quollen aus den Höhlen, es fehlte nicht viel, so schien es mir, und sie hätten von innen an die Gläser meiner Sonnenbrille gestoßen. Den Schein zu wahren kostete mich große Anstrengung, aber in der Regel gelang es mir, zumindest rudimentär. Meine Energie, meine Belastbarkeit erschienen mir unendlich.

Barbara und ich stritten häufig. Wir waren beide gleichermaßen aufbrausend wie verletzlich, mit verhängnisvollem Hang zu cholerischen Ausbrüchen, Jähzorn und Handgreiflichkeiten. Der Alkohol- und Kokainmissbrauch taten ihr Übriges. Fühlte sich einer von uns gekränkt, schlug er um sich, mit allen zur Verfügung stehenden Mitteln. Wir wussten genau, wie und wo wir den anderen besonders tief und schmerzhaft treffen konnten, und von diesem Wissen machten wir reichlich Gebrauch. Wir zerfleischten uns, verbissen uns ineinander wie tollwütige Hunde. Immer wieder endete so ein Streit in Handgreiflichkeiten, anschließend lagen wir uns weinend in den Armen. Der Sex danach war umso intensiver. Eine Amour fou, wir liebten, wir fickten und wir schlugen uns.

Als einer dieser Beziehungskämpfe mit einem blauen Auge und Gesichtsprellungen für Barbara und ihrem kurzzeitigen Auszug endete, wurde die Lokalpresse aufmerksam. Für ein Boulevardblatt erfanden wir eine wilde Geschichte über einen Stalker, der Barbara aufgelauert, geschlagen und bis vor unser Haus verfolgt habe, woraufhin sie zum Schutz Unterschlupf bei einer Freundin gesucht habe.

Ich hatte Barbara, die Frau, die ich liebte, geschlagen, einmal hatte ich sie auch die Kellertreppe hinuntergeschubst. Das und vieles andere bereute ich aufrichtig, spätestens am nächsten Morgen. Doch letzten Endes betrachtete ich diese Momente des Kontrollverlustes als eine Art bedauerlichen, aber nicht immer vermeidbaren Kollateralschaden, den ein Leben, eine exzessive Beziehung, wie wir sie führten, eben nach sich zog. Schließlich stand Barbara mir in ihren Wutausbrüchen kaum nach. »You always pay the price«, das hatte schon mein Held Ernest Hemingway gewusst. So gelang es mir, mit mir und dem, was ich tat, leben zu können, ohne mich selbst hassen zu müssen.

## Alkoholiker? Nein danke!

Mitte der neunziger Jahre geriet mein Leben von Jahr zu Jahr mehr aus der Balance, meine Abstürze häuften sich und wurden immer zerstörerischer. Noch war ich meist dazu in der Lage, das Feierbiest in mir anschließend für einige Tage, Wochen oder sogar Monate an die Kette zu legen und mein Leben zumindest halbwegs in der Spur zu halten. Unter großen Anstrengungen schaffte ich es, mich zu disziplinieren und auf meine Arbeit zu konzentrieren, etwas Sport zu treiben und ein zumindest in groben Zügen strukturiertes Leben zu führen. Vor Geschäftsfreunden oder Bekannten, die ich nur sporadisch oder bei gesellschaftlichen Anlässen traf, hielt ich die Fassade gerade so aufrecht. Aber der Krafteinsatz, der dafür notwendig war, stieg kontinuierlich. Die Abnutzungserscheinungen nahmen zu, und die Einschläge kamen näher.

Silvester 1995 wurde ich verhaftet. Ich hatte meine Geldbörse in der Diskothek verloren und den Verlust erst im Taxi bemerkt. Zudem war ich stockbesoffen. Der Taxifahrer warf mich höllisch genervt aus dem Wagen, ich pöbelte ihn an und trat wütend gegen die Wagentür. Nur Minuten später wurde ich von vier Polizisten auf den Boden geworfen und in Handschellen gelegt. Die Polizisten waren, wie Silvester üblich, im Dauereinsatz und rechneten mit dem Schlimmsten. Ich war ein betrunkener Randalierer, großgewachsen und potentiell gefährlich, sie gingen wenig zimperlich mit mir um. Meine lautstarke Empörung machte es nicht besser. Den Rest des Morgens verbrachte ich in einer Ausnüchterungszelle, geschockt, wütend und vor Hilflosigkeit und Selbstmitleid in Tränen aufgelöst.

Einige Monate später zog Carlo erstmalig die Reißleine. Für den Sender Pro 7 hatten wir den »Taff Promi-Fitness-Test« entwickelt. In dieser Reihe, die im Rahmen der Sendung »Taff« ausgestrahlt werden sollte, führte Carlo kurze Interviews mit Prominenten und maß sich in unterschiedlichen sportlichen Wettkämpfen mit ihnen. Ich war für die Arbeit hinter den Kulissen zuständig, die Akquise der Prominenten, die Organisation und Terminplanung. Und ich hatte gute Arbeit geleistet, die Riege unserer Kandidaten war hervorragend besetzt: Neben alten Freunden und Weggefährten wie Heiner Lauterbach, Hella von Sinnen, Dirk Bach und Reinhold Beckmann hatte ich Otto Waalkes, Stefan Raab und Günther Jauch verpflichtet.

Mein vielleicht größter Coup war es, Gerhard Schröder für unsere Sendung gewonnen zu haben. Damals war der spätere Bundeskanzler noch Ministerpräsident von Niedersachsen, mir war es mit viel Einsatz und Unverfrorenheit gelungen, seinen Staatssekretär und schließlich Schröder selbst zur Teilnahme zu überreden. Wobei der Staatssekretär die eigentliche Herausforderung darstellte, Schröder, der in seiner Zeit als Bundeskanzler bekennen würde, zum Regieren benötige er nur »Bild, BamS und Glotze«, war schon damals eine Rampensau und medialen Auftritten und Inszenierungen gegenüber sehr aufgeschlossen. Nach den Dreharbeiten in Hannover saßen wir in seinem Büro, rauchten Zigarren und tranken Rotwein. Wir verstanden uns auf Anhieb.

In dieses Projekt hatte ich viel Zeit und Energie investiert, die erste Staffel der insgesamt dreißig Folgen war abgedreht, für mich ein guter Grund zu feiern. Nach meinem üblichen nächtlichen Dreisprung mit reichlich Alkohol, Kokain und Sex war ich zum Flughafen gefahren, wie so häufig übernächtigt und am Ende meiner Kräfte, aber fest überzeugt, irgendwie über den Tag zu kommen. Es war 8.30 Uhr am Morgen, in einer halben Stunde würde unser Flugzeug nach München starten.

»Das ist jetzt nicht dein Ernst«, sagte Carlo. »Hast du mal in den Spiegel gesehen?«

»Wieso, ist doch alles in Ordnung, es ist nur etwas spät geworden«, antwortete ich.

»Keine Chance«, sagte mein Bruder entschieden. »So fliegst du nicht mit.«

Ich gab mich beleidigt und verletzt, aber in Wahrheit war ich erleichtert. Keine Ahnung, wo ich die Kraft, diesen Termin durchzustehen, hätte hernehmen sollen. Ganz zu schweigen von meiner Flugangst, die in den vergangenen Jahren stetig größer geworden war. Mein Fehlen auf der Pressekonferenz würde kaum auffallen, Carlo war das öffentliche Gesicht der Sendung. Trotzdem, dieses Projekt war mein Baby, ich hatte dafür hart gearbeitet, und jetzt hatte ich mich selbst darum gebracht, die Früchte meiner Arbeit, die Aufmerksamkeit der Medien und die Zufriedenheit des Senders zu genießen. Zudem war es ja bisher meine Paradedisziplin gewesen, nach orgiastischen Feiernächten zumindest den Eindruck von Arbeitsfähigkeit zu vermitteln. Dass es mir dieses Mal nicht gelungen war, beunruhigte mich.

Wie bei einem Auto, das permanent im roten Drehzahlbereich gefahren wird, setzte mein Motor immer mal wieder aus. Genau genommen stand ich kurz vor einem Kolbenfresser. Eine Tatsache, vor der es mir kaum noch gelang, die Augen zu verschließen. Immer wieder sickerte für Momente die Erkenntnis in mein Bewusstsein, dass ich mein Leben so nicht dauerhaft weiterführen konnte. Meist führten solche Überlegungen aber eher zu Larmoyanz als zu Veränderung, bestenfalls zu guten Absichten. Als die Beziehung zu Barbara zerbrach und sie mitsamt den Kindern auszog – ich blieb allein zurück in unserem Haus, das mir leer und kalt erschien, gestrandet in einem Dorf, mit dem mich nichts verband –, wurden die Schatten dunkler.

Immer häufiger floh ich aus diesem Haus, das mir bedrückend und deprimierend erschien. Nach durchfeierten Nächten übernachtete ich immer wieder in einem Hotel, zurück in die Glessener Einöde zu fahren erschien mir unerträglich. Einmal mietete ich mich mitsamt einer südamerikanischen Sängerin, die ich im Bruegel, einer Bar mit Live-Musik am Kölner Ring, kennengelernt hatte und die meine Vorliebe für Kokain und exzessiven Sex teilte, gleich für das gesamte Wochenende im Dorint Hotel ein. Bald gaben sich meine Feierkumpane die Klinke in die Hand, es hatte sich schnell herumgesprochen, dass es in unserem Hotelzimmer genügend zu trinken und die eine oder andere Nase Kokain gab. Wir waren die durchgeknallte kölsche Version von John Lennon und Yoko Ono, eine Art »Bed-In«, mit Drogen, Alkohol und Sex anstelle einer politischen Aussage. Das Wochenende endete damit, dass wir bei einem Escort-Service eine ungarische Prostituierte für einen Dreier bestellten.

Nach solchen verzweifelten Versuchen, mein hedonistisches Hallodrileben wieder aufflackern zu lassen, war die Rückkehr in mein Haus und in die Realität meines Alltags niederschmetternd. Der einzige Lichtblick, den mein Zuhause bot, war ein schwarzer Kater. Der Streuner, der ebenso unstet zu leben schien wie ich, war mir zugelaufen. Ich nannte ihn Pirat. Manchmal verschwand Pirat für Tage, dann wieder wich er mir nicht von der Seite, schlief auf meinem Bauch oder trottete bei Spaziergängen hinter mir her.

Ohne Alkohol hielt ich es in meinem Haus kaum eine Stunde aus. Einmal gingen meine Vorräte spät in der Nacht zu Ende. Für mich war es unvorstellbar, die Nacht ohne Alkohol zu überstehen. Die einzige Gaststätte im Ort hatte seit Stunden geschlossen, die nächste Nachttankstelle war Dutzende Kilometer entfernt. Also zog ich Schuhe und Jacke über und stapfte suchend durch die dunklen Straßen. Irgendwann sah ich ein erleuchtetes Fenster. Ich klingelte. »Entschuldigen Sie die Störung«, sagte ich. »Mein Name ist Bernd Thränhardt, ich wohne eine Straße weiter. Ich habe gerade überraschend Besuch bekommen und keinen Alkohol im Haus. Würden Sie mir eine Flasche Wein leihen?«

Der Mann sah mich konsterniert an. »Ich habe nur eine Flasche Asbach Uralt da«, sagte er.

»Das ist sogar noch besser!«, sagte ich, lächelte und bedankte mich für die Nachbarschaftshilfe. Zu Hause ertränkte ich meine Scham im Weinbrand.

Es kostete mich mehr und mehr Anstrengung, die Abgründe, die sich auftaten, zu ignorieren. Einige Male rief ich sogar bei Selbsthilfegruppen an und erkundigte mich nach Terminen für das nächste Treffen, zu denen ich nie ging.

Eines Nachts sah ich Nicolas Cage als gescheitertem Drehbuchautor und Alkoholiker Ben Sanderson in »Leaving Las Vegas« dabei zu, wie er sich in eine Prostituierte verliebte und planmäßig zu Tode soff. Als der Film zu Ende war, hatte ich zwei Flaschen Whisky intus und schwamm in einem Meer aus Alkohol, Tränen und Selbstmitleid. Die CD mit Mozarts »Requiem«, die ich in ohrenbetäubender Lautstärke spielte, verstärkte meine düstere Stimmung.

In diesem Moment dämmerte mir, dass auch mein Leben auf eben dieses Ende zulief. Am darauffolgenden Morgen, die Verzweiflung hatte sich tief in mir festgebissen, suchte ich nach einem Ausweg, einem anderen als dem, den mein Alter Ego Cage im Film gewählt hatte. Ich fand die Telefonnummer eines bayerischen Klosters. Der Mönch bewies eine Engelsgeduld mit dem betrunkenen Anrufer, über Stunden sprach er mir Trost zu und bot mir an, innerhalb der Klostermauern Rückzug, Ruhe und Beistand zu suchen. »Sie können jederzeit kommen«, sagte er ein ums andere Mal, »unsere Tür steht Ihnen offen.«

Als ich auflegte, war ich fest entschlossen, am nächsten Tag in dieses Kloster zu flüchten. Ein Entschluss, der nicht einmal einen halben Tag überdauerte.

Einmal schaffte ich es tatsächlich bis in eine Klinik. Ich hatte mich in einer Fachklinik für Psychotherapie im nahegelegenen Zülpich angemeldet, meine Reisetasche gepackt und war mit meinem roten Mustang vorgefahren, erfüllt von besten Absichten. Die Mitarbeiterin an der Anmeldung bat mich, kurz Platz zu nehmen und auf den Arzt zu warten, der für die Aufnahme zuständig war. In diesem Moment betraten drei Männer das Gebäude, jeder trug eine Einkaufstüte. Die Männer waren in ihren Vierzigern und Fünfzigern, in meinen Augen sahen sie alt und heruntergekommen aus. »Hallo, Sie sind bestimmt ein Neuer«, begrüßte mich einer der drei freundlich.

»Nein, nein, ich habe hier nur etwas zu erledigen, ich bin gleich wieder weg«, antwortete ich. Und verließ fluchtartig die Klinik. Draußen atmete ich tief durch. Hier gehörte ich nicht her, nicht unter diese Menschen. So einer war ich nicht, kein versoffener Penner, kein Alkoholiker. Ich öffnete das Dach meines Cabrios und fuhr durch den sonnigen Frühsommertag zu meinen Eltern in die Eifel. Ich kam auch ohne Klinik und vor allem ohne die Gesellschaft dieser deprimierenden Gestalten zurecht; einige Tage valiumgestützte Bettruhe, Sonne, Bewegung und gutes Essen – mein ganz persönliches Instandsetzungsprogramm –, und ich würde wieder auf dem Damm sein. Bis zu meinem nächsten Absturz, aber so weit wollte ich nicht denken.

Im Juli 1997 feierte Carlo seinen vierzigsten Geburtstag. Dank mir geriet die Feier zu einem mittleren Desaster. Gemeinsame Feste haben in unserer Familie immer eine große Rolle gespielt, nicht erst seit unseren Hochsprungmeetings. Naheliegend, dass Carlo seinen Vierzigsten in großem Stil feiern wollte, mit seiner Familie, seinen Freunden und Weggefährten der vergangenen Jahrzehnte. Die Feier fand in einem Golfclub im Westerwald statt, dessen Direktor, ein ehemaliger Hockeyspieler, ein Freund meines Bruders war. Am Nachmittag wurden ein Golf- und ein Tennisturnier für die Gäste veranstaltet, ganz in der Tradition unserer Hochsprungmeetings sollte auch diese Geburtstagsfeier eine rauschhafte Verbindung von Sport, Essen, Trinken und Unterhaltung werden.

Maria, seit Ende des vorherigen Jahres meine Freundin, und ich trafen am frühen Nachmittag ein. Mittlerweile trank ich auch tagsüber; vor allem wenn ich nicht arbeiten musste, ließ ich mich gehen. Freizeitvergnügen ohne Alkohol war kaum vorstellbar, auch einen Kurzurlaub mit Maria wenige Wochen zuvor hatte ich mit einer Flasche Wodka täglich aufgepeppt. Meine regelmäßigen Selbstentgiftungsversuche im Haus meiner Eltern waren quälender geworden, trotz des Valiums marterten mich Krämpfe, Schweißausbrüche, Schlaflosigkeit und depressive Schübe. Jede Nervenfaser schrie nach Erlösung durch den Alkohol, ein schmerzhaftes Reißen in jedem Muskel meines Körpers, meine Beine versagten den Dienst, und meine Haut schien in Flammen zu stehen. Gleichzeitig fühlte ich mich taub und abgestorben, es fühlte sich so an, als gehörten meine Gliedmaßen nicht zu mir. Dass ich bei jeder dieser Entgiftungen mein Leben riskierte, da ich mich nicht zuverlässig vor Delirium oder Krampfanfällen schützte, die im schlimmsten Fall tödlich enden konnten, war mir nicht bewusst. Meine überforderte Mutter kümmerte sich aufopfernd um mich, stand meinen Ausfallserscheinungen aber immer hilfloser und verzweifelter gegenüber. Mein Vater sah mich nur wortlos und mit sorgenvollem Blick an.

Wie so häufig war ich zu spät, das Golfturnier hatte schon begonnen. Ich hastete zum ersten Abschlag. Und legte sofort einen Zwischenstopp ein – Carlo war es gelungen, eine irische Whisky-Destille als Sponsor für die sündteure Veranstaltung zu gewinnen. Dieser Sponsor ließ am Eingang kleine Whisky-Fläschchen als Wegzehrung verteilen. Ich griff beherzt zu, stopfte mir mehr als ein Dutzend dieser Fläschchen, die ich aus den Minibars in Hotels kannte, in die Tasche. Die ersten beiden kippte ich auf dem Weg zum Grün auf Ex. Bei meinem ersten Abschlag traf ich den Ball nicht. Die Umstehenden hielten meinen Fehlschlag für eine gelungene humoristische Einlage. Ich bestärkte sie in diesem Glauben.

Im Verlauf des Turniers leerte ich meinen Whiskyvorrat vollständig, am Ende war ich so betrunken, dass ich den Golfball kaum noch sehen konnte, von treffen ganz zu schweigen. In meinem Elan bremsen konnte mich das nicht. Ich schwang den Golfschläger, alberte herum, machte Witze und gab den Clown. Fehlschlag, Tripple Bogey oder Birdie, alles war Grund zu ausgelassener Heiterkeit und lautem Gelächter.

Vor dem Abendessen, das in einem großen Zelt serviert wurde, stand eine Filmvorführung auf dem Programm. Mein Geburtstagsfilm für Carlo, ich hatte altes Filmmaterial neu zusammengeschnitten und vertont, hatte Sportstars wie Ivan Lendl und John McEnroe schwärmerische und parodistische Sätze über meinen Bruder in den Mund gelegt. Ich war ziemlich stolz auf diesen Film.

Carlo kam wie immer zu spät. Als sich die Gäste zur Filmvorführung versammelten, stand er noch auf dem Tenniscourt und beendete sein letztes Match. Ich war äußerst aufgeräumter Stimmung und ließ mich von Carlos Fehlen nicht aus dem Konzept bringen. Im Gegenteil, wenn der Gastgeber es vorzog, Tennis zu spielen, dann würde ich eben in die Bresche springen und die Gäste unterhalten. Ich riss die Veranstaltung an mich. Kommentierte meinen Film, streute Scherze und bissige Bemerkungen ein. Ich spielte den Entertainer und zog eine One-Man-Show ab, befragte in einer Art improvisiertem Talk die Gäste; ich war witzig, schlagfertig, geistreich, angetrieben vom Whisky. Das anfängliche Gelächter spornte mich zusätzlich an. Ich war in meinem besoffenen Elan nicht zu bremsen, auch als mein Bruder längst frisch geduscht auf seiner Feier erschienen war und mir warnende Blicke zuwarf, gab ich das Heft nicht mehr aus der Hand. Dass einige der Gäste mich irritiert ansahen und mein Auftritt mittlerweile eher laut als lustig und eher peinlich als unterhaltsam war, bemerkte ich nicht. Wie so häufig fand ich kein Maß.

Einige Stunden und viele Gläser später kippte meine Stimmung. Das geschah immer häufiger, wenn ich getrunken hatte, ich war extrem dünnhäutig und schnell kränkbar. Meine vor mir hergetragene Selbstsicherheit stand auf sehr wackeligen Füßen, ein falsches Wort, ein falscher Blick ließen mich explodieren. Oft war Eifersucht der Anlass. Es genügte, dass Maria einen anderen Mann länger ansah, als es mir angemessen erschien. Andererseits reagierte ich ebenso wütend, wenn sie es wagte, meine eindeutigen Flirtversuche mit anderen Frauen zu kritisieren. An diesem Abend eskalierte unser Streit, ich zerrte Maria roh aus dem Zelt, wir schrien uns an, in der Lobby, vor den Augen aller. Mein Bruder, seine Feier, die anderen Gäste, nichts davon spielte eine Rolle in diesem Moment. Nur meine Wut und Verletzung zählten. Am Ende stieß ich Maria wutentbrannt und grob von mir weg, dann verzog ich mich in unser Zimmer.

Am nächsten Tag war meine Scham grenzenlos. Carlo stellte mich nicht einmal zur Rede, ich spürte seine Verletzung und Enttäuschung in jedem Blick, jeder Geste. Den Rest des Tages gelang es mir unter großer Anstrengung, meinen Alkoholkonsum auf einige Gläser Wein zu beschränken und nicht weiter aus der Rolle zu fallen. Auch Maria hatte mir verziehen, wieder einmal. Den Abend verbrachten wir mit der Familie und im engsten Freundeskreis, eine harmonische Feier, in deren Verlauf auch Carlo nach und nach seine Anspannung ablegte. Trotzdem, die Schatten der vorangegangenen Nacht verzogen sich nie vollständig.

## Maria

Maria war Ende zwanzig, mehr als zehn Jahre jünger als ich. Sie wohnte in Grevenbroich, nach der Trennung von ihrem langjährigen Partner im Haus ihres älteren Bruders. Im Herbst 1996 hatten wir uns im Übernacht kennengelernt, einer meiner Stammdiskotheken. Die schlanke, junge Frau mit den strahlenden blauen Augen und den langen roten Haaren war mir sofort aufgefallen. Sie arbeitete für eine Werbeagentur, ihr Bruder führte ein Restaurant. Wenn sie mich nach der Arbeit besuchte, brachte sie mir oft Essen mit. Maria trank nicht übermäßig, Kokain hatte sie nie probiert. Wenn wir zusammen waren, trank auch ich etwas maßvoller, meist Wein oder Bier.

Maria war schon als junge Frau an Krebs erkrankt. Ein Jahr bevor wir uns kennenlernten, war ihr ein Tumor entfernt worden, und sie hatte sich einer Chemotherapie unterzogen. Zunächst hatte alles gut ausgesehen, der Krebs hatte nicht gestreut und Maria sich schnell erholt. Sie war eine lebendige, lebensfrohe und einfühlsame junge Frau. Im Dezember, wir waren seit einigen Monaten ein Paar, wurde erneut eine Geschwulst festgestellt. Ich hielt am Krankenhausbett ihre Hand und sprach ihr Mut zu. Gemeinsam würden wir das durchstehen. Als sie nach der Operation aus der Betäubung erwachte, begrüßte ich sie mit einem Kuss, einem Blumenstrauß und einer Flasche Champagner. Der Tumor, hieß es, sei gutartig gewesen. Danach fühlte ich mich ihr noch enger verbunden, wir spielten zusammen Golf, besuchten Klassik-Konzerte oder unternahmen stundenlange Spaziergänge in der Eifel, Hand in Hand, versunken in lange Gespräche und bedürfnisloser Zweisamkeit. Zu ihrem dreißigsten Geburtstag lud ich sie in die Präsidentensuite eines Sporthotels in Montabaur ein, der damalige Geschäftsführer war ein Freund von mir.

Ich liebte sie leidenschaftlich. Eines Abends hatte ich mehr als hundert Zettel in meinem Wohnzimmer ausgelegt, auf jedem hatte ich einen Grund für meine Liebe zu ihr notiert. Die Stunden und Tage, die wir zusammen in meinem Haus in Glessen verbrachten, waren paradiesisch. Eine solche Verbundenheit und Innigkeit hatte ich lange mit keiner Frau mehr erlebt. Das war die eine Seite. Aber auf die Momente der Ruhe und Zweisamkeit folgte immer zuverlässig ein Sturm, der nicht selten einige Verwüstung anrichtete. Egal, wie wohl ich mich mit ihr fühlte, lange hielt ich es in unserer Paaridylle nie aus. Nach kurzer Zeit zog es mich in die Stadt, ins Nachtleben, zu meinen Feierkollegen. Es zog mich zum Exzess, zum Kokain, zum Besäufnis. Ohne hielt ich es kaum einen Tag aus. Dieser unkontrollierbare Mr. Hyde in mir, das Nachtungeheuer – das war die andere Seite.

Hatte ich getrunken und gekokst, schrie alles in mir nach Sex. Da Maria im dreißig Kilometer entfernten Grevenbroich lebte und arbeitete, kam es vor, dass wir uns einige Tage nicht sahen. An manchen dieser Tage bestellte ich mir über den Escort-Service eine Frau ins Haus, oder ich jagte in den Clubs und Diskotheken nach One-Night-Stands. Ich gab mir keine Mühe, meine Eskapaden mit anderen Frauen oder meinen Alkohol- und Kokainkonsum vor Maria zu verbergen, im Gegenteil. Schließlich waren all das wichtige Bestandteile meines Alltags und meiner Persönlichkeit. Jede Frau, mit der ich lebte, musste mich genau so akzeptieren, daran ließ ich keinen Zweifel.

Für Maria war dieser Teil meines Lebens kaum zu ertragen. Ich hielt Verabredungen nicht ein oder verabschiedete mich mit »In einer Stunde bin ich wieder da«, ließ sie im Restaurant oder in meiner Wohnung sitzen und verschwand für den Rest der Nacht im Alkohol- und Drogennirvana. Einmal verließ ich am späten Nachmittag die Wohnung mit den Worten »Ich muss nur mal kurz in die Stadt« und kehrte erst am nächsten Vormittag zurück, in Begleitung eines schwarzen Basketballprofis, den ich in der Nacht in der Disco kennengelernt hatte, und einer Hure. Aufgekratzt schlug ich Maria einen Vierer mit den beiden vor. Sie war fassungslos, ich konnte ihre Empörung nicht begreifen. Das Kokain und mein überdrehter Zustand ließen für mich keinen Zweifel daran zu, dass eine lustvolle und aufregende neue Erfahrung auf uns wartete, die uns beiden Befriedigung und eine Menge Spaß verschaffen würde. Für Maria war das Leben mit mir immer häufiger kein Spaß mehr.

Ein anderes Mal hatte ich sie gedrängt, gemeinsam die Dienste einer zwanzigjährigen Studentin, die ich vom Nacktputzservice kannte, in Anspruch zu nehmen. Nach anfänglichem Zögern ließ sie sich mir zuliebe auf den Dreier ein. Die Nacht endete im Fiasko, Maria brach verstört und weinend zusammen. Die Zumutungen und Verletzungen brachten sie immer wieder an den Rand ihrer Belastbarkeit.

Im Sommer 1997, einige Wochen nach Carlos Geburtstag, war diese Grenze schließlich überschritten. Maria schrieb mir einen sechzehnseitigen Brief, in dem sie unsere Beziehung rekapitulierte. Eindringlich schilderte sie ihre Liebe zu mir und die Verletzungen, die ich ihr zugefügt hatte. Sie bedankte sich für die wundervollsten Stunden ihres Lebens und schrieb, wie sehr sie sich ein normales, harmonisches Leben mit mir wünschen würde. Ein Leben, von dem sie mittlerweile wisse, dass sie es mit mir niemals würde führen können. Sie schrieb, dass sie sich von mir trennen müsse, weil sie kurz davor sei, an unserer Beziehung zu zerbrechen. Dass ich sie und ihre Gefühle immer wieder mit Füßen getreten hätte und für mich nur die Befriedigung meiner Bedürfnisse zähle, ohne Rücksicht und auf Kosten der Menschen, die mich liebten. Dass sie es nicht mehr ertragen könne mitanzusehen, wie ich mich zugrunde richten würde.

Ihr Brief traf mich ins Mark. Ich liebte sie und wollte sie nicht verlieren. Ich trank zwei oder drei Gläser Cognac und legte zwei kleine Flaschen des Branntweins als Wegzehrung in den Kofferraum, dann fuhr ich nach Grevenbroich. Es musste mir gelingen, sie umzustimmen. Nüchtern fühlte ich mich diesem Gespräch, der Konfrontation mit Maria und ihrem Leid, nicht gewachsen. Kurz vor dem Haus ihres Bruders bog ich in einen Feldweg, kippte einen der Flachmänner in einem Zug hinunter und steckte mir ein Pfefferminzbonbon in den Mund, um den Alkoholgeruch zu überdecken.

Maria saß im Garten. Anfangs weigerte sie sich, mit mir zu reden. Ich ließ nicht locker, schwor ihr meine Liebe, erinnerte sie an unsere schönen gemeinsamen Momente und versprach ihr, mein Leben zu ändern. Nach Stunden war sie bereit, mir noch eine Chance zu geben. In ihrem Zimmer schliefen wir miteinander. Diese zweite Chance würde ich nicht wieder ruinieren.

## Im Reparaturbetrieb

Das Schild, das am Rande eines schmalen, baumbestandenen Privatwegs stand, war nicht besonders auffällig. Trotzdem erregte es meine Aufmerksamkeit. »Waldklinik« stand darauf zu lesen, »Privatklinik für Psychiatrie, Psychotherapie und Psychosomatik. Individuelle Hilfe bei Angststörungen, Burnout, Suchterkrankungen, Schlaf- und Zwangsstörungen«. Waldklinik, das Wort klang gut. Individuelle Hilfe bei Schlafstörungen klang sogar noch besser. Ich konnte mich kaum erinnern, wann ich das letzte Mal tief und fest durchgeschlafen hatte und ausgeruht aufgewacht war. Nachts kam ich stundenlang nicht zur Ruhe, und wenn ich irgendwann in einen unruhigen Schlaf fiel, war der von schlechten Träumen durchsetzt, bei jedem Geräusch schreckte ich hoch, schweißverklebt und mit rasendem Puls. Auf den naheliegenden Gedanken, dass meine Schlafstörungen in engem Zusammenhang mit meinem Lebensstil stehen könnten, mit durchfeierten Nächten, Kokain, Valium und Alkohol, kam ich nicht. Besser gesagt, ich ließ solche Überlegungen nicht gelten und erstickte sie im Ansatz. Zugegeben, hin und wieder schlug ich übel über die Stränge, aber ansonsten lief alles prima – ich hatte eine Menge Spaß, reichlich aufregenden Sex und Erfolg im Beruf. Alles andere waren Kollateralschäden. Ich schlief einfach nur schlecht. Ich entschied, mir diese Klinik anzusehen.

Es war ein sonniger Frühlingstag, Maria und ich waren am frühen Nachmittag zu einer Fahrradtour im Grevenbroicher Umland aufgebrochen. Noch klammerte sie sich an die schönen, vertrauten und friedlichen Momente unserer Beziehung. Aber gemeinsame Tage wie dieser, entspannt, harmonisch und bei Sonnenschein, waren trotz meiner Veränderungsbeteuerungen selten.

Die Klinik gefiel mir auf Anhieb. Ein umgebautes altes Wasserschloss im nachgeahmten Barock-Stil mit Türmchen und Erkern, idyllisch und abgeschieden an einem See gelegen, inmitten von Wiesen und Wäldern, eher Wellnesshotel denn

Klinik. Auf dem Patientenparkplatz standen neben gepflegten Mittelklasse-Limousinen teure Sport- und Geländewagen. Hier könnte ich es aushalten, dachte ich. »Vielleicht sollte ich mich in dieser Klinik anmelden«, sagte ich. Maria war von der Idee begeistert.

Als ich im November 1998, einige Monate nach unserer Radtour, in einem Taxi an der Klinik vorfuhr, mit Sportkleidung und Wanderschuhen im Gepäck, war ich bester Stimmung. Ich hatte mich für einen vierzehntägigen Aufenthalt entschieden, die kürzeste Therapiezeit, die die Klinik anbot. Das, dachte ich, sollte genügen, mich wieder fit zu machen. Eine Art Intensivtrainingslager mit angeschlossenem Reparaturbetrieb, in dem ich meine Schlafstörungen in den Griff bekommen würde – und nebenbei lernen könnte, weniger zu trinken. Auch wenn ich noch nicht bereit war, meinen Alkohol- und Kokainkonsum als lebensbedrohlich anzusehen, von Sucht nichts hören wollte und alle besorgten Ratschläge bezüglich meines Lebenswandels ignorierte oder mit lässiger Geste verwarf – der Gedanke, dass es von Vorteil sein könnte, weniger zu trinken und wieder mehr Kontrolle über mein Leben zu gewinnen, war mir ja schon einige Male gekommen.

In der letzten Zeit waren meine Ausfälle, auch in der Öffentlichkeit, immer häufiger und drastischer geworden. Monate zuvor hatte ich, besoffen und so zugekokst, dass mir immer wieder weiße Bröckchen aus der Nase rieselten, eine Filmpremiere in Köln besucht. Zusammen mit einem bekannten Kölner Musiker und Bandleader saß ich in einer der vordersten Reihen, wir waren komplett überdreht, der Film auf der Leinwand, »Ballermann 6« von meinem Freund Tom Gerhardt, interessierte uns wenig, auch nicht, dass Produzent Bernd Eichinger aus einer dunklen Ecke die Reaktionen des Publikums beobachtete. Wir waren in unserem eigenen Film, lachten dröhnend, unterhielten uns in Stadionlautstärke und gestikulierten wild, die anderen Premierengäste waren schwer entnervt. Wir störten uns nicht an deren Beschwerden, schließlich amüsierten wir uns prächtig. In den folgenden Tagen, erzählte mir Carlo, war er von verschiedenen wohlmeinenden Bekannten und Freunden angesprochen worden: »Bernd hat sich wieder zum Affen gemacht.«

Vielleicht auch ein Grund dafür, dass mein Bruder mich in diesem Jahr zum ersten Mal seit vierzig Jahren nicht zu seinem Geburtstag eingeladen hatte. Eine aus seiner Sicht notwendige, wenn nicht überfällige Konsequenz. Ich hatte seinen Vierzigsten beinahe ruiniert, den Einundvierzigsten wollte er unbelastet und ohne Angst vor meinen Ausfällen feiern. Eine für mich sehr schmerzhafte Entscheidung. Dass Carlo in seiner hilflosen Verzweiflung den Rat von Suchttherapeuten gesucht hatte, wusste ich nicht. Auch nicht, dass die ihm dringend geraten hatten, mir gegenüber klarere Grenzen zu ziehen.

Meine Beziehung mit Maria war nicht lange nach unserer Radtour zu Ende gegangen. Ich hatte auch meine zweite Chance innerhalb kürzester Zeit vertan. Meine guten Vorsätze waren bald in Vergessenheit geraten, und ich hatte mein Leben weiter so gelebt, wie ich es gewohnt war, sexuelle Ausschweifungen mit anderen Frauen inklusive. Eines Abends, Maria hatte nach einem Streit, in dem ich ausfallend und verletzend geworden war, seit Tagen vergeblich versucht, mich telefonisch zu erreichen – ich ging nicht ans Telefon, wenn sie anrief, oder legte auf, sobald ich ihre Stimme hörte –, klingelte es an meiner Wohnungstür. Ich wälzte mich gerade nackt auf dem Sofa, zusammen mit einer ebenfalls nackten Frau, die ich am Morgen nach einer durchsoffenen Nacht mit zu mir genommen hatte. Mir war sofort klar, dass Maria draußen stand, zerrissen von Verzweiflung und hilfloser Sorge um mich. Mit einem Mal schämte ich mich fürchterlich.

Glücklicherweise waren die Rollläden heruntergelassen, niemand konnte in die Wohnung sehen. Aber ich hatte die Musik laut aufgedreht, Maria wusste also, dass ich zu Hause war. Da ich auf ihr Klingeln und Klopfen nicht reagierte, vermutete sie wohl, dass ich nicht allein war. Sie trommelte gegen meine Rollläden, schrie nach mir, beschimpfte mich, verletzt, wütend und enttäuscht.

Ich stellte mich tot. Irgendwann ging sie. Ich warf die andere Frau aus meiner Wohnung und soff mich ins Koma, von Selbstekel zerfressen. Du krankes widerliches Arschloch, dachte ich. Wie kannst du einen Menschen, der dich liebt, so behandeln? In Wahrheit tat ich mir vor allem selbst leid. Nach diesem Abend war unsere Beziehung endgültig zu Ende, die Verwüstung, die ich angerichtet hatte, konnten auch meine Beteuerungen und Liebesschwüre nicht mehr beseitigen.

Es war wohl tatsächlich an der Zeit, etwas zu unternehmen. Wenn ich ehrlich zu mir selbst war, musste ich zugeben, dass ich ein Alkoholproblem hatte. Ein Problem, für dessen Lösung ich mir von den Ärzten und Therapeuten in der Klinik Hilfe erwartete. Schließlich zahlte ich, beziehungsweise meine Krankenkasse, für den Aufenthalt einen Tagessatz von mehr als 500 Mark.

Auf dem Weg in die Klinik hatte ich den Taxifahrer an einer Tankstelle anhalten lassen und mir eine Flasche Wodka und eine Flasche Orangensaft als Wegzehrung gekauft. Ich hatte bewusst darauf verzichtet, mit meinem eigenen Wagen anzureisen. Sicher, es wäre wohl vernünftig gewesen, den Klinikaufenthalt nüchtern anzutreten. Aber dieser Gedanke war mir gar nicht gekommen. Schließlich musste ich meine Entscheidung, mein altes Leben hinter mir zu lassen und ein neues zu beginnen, angemessen feiern. Außerdem verursachte mir diese Entscheidung insgeheim auch Unbehagen. Ich war angespannt, hatte schlicht Angst vor vierzehn abstinenten Tagen. Es war lange her, dass ich zuletzt so lange komplett nüchtern gewesen war. Aber diese Angst konnte ich mir nicht eingestehen. Also spülte ich sie hinunter und trank mich in Stimmung. Ich scherzte gutgelaunt mit dem Taxifahrer und gab mich aufgeräumt, als sei ich auf dem Weg in den Wellness-Urlaub. Die Flasche Wodka hielt ich beinahe wehmütig in meiner Hand, der Abschied fühlte sich an wie die Trennung von einer langjährigen Geliebten. Als ich aus dem Taxi stieg, war die Flasche beinahe leer. Von Angst oder Unwohlsein keine Spur mehr. Da ich mittlerweile an den Alkohol gewöhnt war, wirkte ich verhältnismäßig nüchtern. Zumindest erschien ich mir so.

Auch im Inneren machte die Klinik einen hervorragenden Eindruck. Das Interieur erinnerte an ein Viersternehotel – die Eingangshalle mit der geschwungenen, hölzernen Freitreppe, der mit aufwendigen Schnitzereien verzierte Empfangstresen, die großen Flügeltüren aus gebeizter Eiche, die marmorgekachelte Toilette und der opulente Frühstücksraum, eine Art Rittersaal mit großer Tafel in der Mitte. Die Angestellten am Empfang erschienen mir äußerst freundlich und verbindlich, wie ich es von hochklassigen Hotels gewohnt war. Nett hier, dachte ich. So schön gediegen. Ich war bester Stimmung. »Hier bin ich, dann macht mich mal gesund«, sagte ich zu der Schwester am Empfang. Nachdem ich die Aufnahmepapiere ausgefüllt hatte, wartete ich auf meinen Zimmerschlüssel, lümmelte lässig auf der bequemen Ledercouch und scherzte aufgekratzt mit jedem, der die Empfangshalle betrat. Ich war in Bestform.

Mein Zimmer war komfortabel und geschmackvoll eingerichtet, Bett und Schreibtisch aus Massivholz, ein geräumiges Duschbad, das Fenster gab den Blick frei auf die weitläufige Parkanlage mit alten Bäumen und kopfsteingepflasterten Wegen. Hier ließ es sich aushalten.

Doch nach einigen Stunden begann meine gute Laune zu versickern. Ich saß in meinem Zimmer und spürte, wie der Alkoholpegel in meinem Blut langsam sank. Meine Hände begannen zu zittern, kalter, stinkender Schweiß brach aus allen Poren. Kein Alkohol, kein Valium, nichts, was die Symptome gelindert hätte. Der Alkohol ging, die Angst kam. Und die Erkenntnis. Der schlimmste Entzug meines Lebens, der erste, den ich bewusst erlebte. Hier, in der Klinik, in der Abgeschiedenheit des Zimmers, gab es nichts, was mich vor dem Eingeständnis geschützt hätte, vor dem bisher Undenkbaren und Unsagbaren. Ich erlebte einen Entzug. Ich war Alkoholiker. Aber wie war das möglich? Alkoholiker, das waren doch die Penner am Bahnhof, die abgerissenen, verwelkten Männer mit ihren Plastiktüten im Krankenhausfoyer oder bestenfalls die Prominenten, von deren Ausfällen ich in den Illustrierten las. Mit diesen Gestalten hatte ich doch nichts gemein! Aber ich war hier, in der

Klinik, gemartert von Entzugserscheinungen. Und ich brauchte Medikamente, ganz dringend.

Aber ich bekam nichts. Bei der Eingangsuntersuchung hatte ich 2,5 Promille Alkohol im Blut, der Arzt hatte angeordnet, dass ich erst Medikamente erhalten sollte, wenn mein Alkoholpegel deutlich gesunken wäre. Jede Stunde klopfte ich aufs Neue am Schwesternzimmer, bettelte zitternd um Medikamente: »Ich halte das nicht aus, ich drehe durch.« Medikamente bekam ich nicht.

Stattdessen Mitgefühl und Aufmunterungen. »Halten Sie durch, Sie schaffen das schon.«

Ohne das Verständnis und die freundliche Zuwendung der Schwestern und Pfleger hätte ich die Nacht nicht durchgestanden. Der Alkoholpegel in meinem Körper sank trotz der quälenden Entzugserscheinungen nur langsam. Zitternd, frierend und schwitzend lag ich unter einem Deckenstapel auf meinem Bett, meine Gedanken jagten sich. Ich hatte Angst, nackte Angst. Schwor mir verzweifelt, nie wieder einen Tropfen Alkohol zu trinken, wenn ich diesen Entzug überstanden hatte. Falls ich ihn überstehen würde. Immer wieder trieben mich der Schmerz und eine gleißende Unruhe aus dem Bett, unmöglich, eine halbwegs bequeme Liegeposition zu finden. Ich ging wenige Schritte durch den Raum, mehr ließen die Erschöpfung und meine zitternden Beine nicht zu. Meine Haut, meine Knochen, Sehnen und Muskeln, nichts schien zusammenzupassen, alles in mir spannte, zerrte, schmerzte. Die Minuten dehnten sich endlos. Erst in den frühen Morgenstunden war mein Promillepegel so weit gesunken, dass ich meine Tabletten bekam; Benzodiazepin zur Beruhigung, ein Mittel gegen die Krampfanfälle und Distraneurin gegen die Entzugssymptome. Langsam kam ich zur Ruhe und fiel in einen unruhigen Schlaf. Wenige Stunden später war ich wieder wach, keine Chance, erneut in den Schlaf zu flüchten. Es war sechs Uhr morgens, trotz der Medikamente war ich zittrig und wackelig auf den Beinen. Ich stank nach Schweiß; nachdem ich geduscht und mir frische Kleidung angezogen hatte, fühlte ich mich kaum besser. Die durchlittene Nacht hatte mich tief erschüttert. Jetzt und hier konnte ich mir nichts mehr vormachen, nichts mehr beschönigen. Der Entzugsschmerz hatte die Selbsttäuschung weggeätzt, zumindest für den Augenblick. Dass dieser Zustand nicht lange andauern sollte, ahnte ich nicht.

Als ich den Frühstücksraum betrat, war es, als würde ich in ein unbekanntes Gebiet vordringen, meine persönliche Terra incognita. Ich fühlte mich mehr als fremd, in jeder Hinsicht – ich war dünnhäutig, nackt und ausgeliefert, all meiner sonstigen Schutzmechanismen beraubt. Und mit ihnen meiner oft mit großer Geste zur Schau gestellten Souveränität und Selbstsicherheit. Unsicher musterte ich die anderen Patienten im Frühstückssaal, versuchte, sie einzuschätzen, mich zurechtzufinden.

»Weshalb bist du hier?«, fragte mich einer am üppigen Buffet neugierig, aber freundlich. »Depri oder Alki?«

Seine Direktheit verunsicherte mich. »Schlafstörungen und Alkohol«, antwortete ich etwas vage und für meine Verhältnisse ziemlich kleinlaut.

»Zum ersten Mal hier?«, fragte er.

Die Frage irritierte mich. »Ja, klar«, sagte ich. Zum ersten und letzten Mal, da war ich mir sicher. Der Mann lächelte milde, er war Alkoholiker und zum dritten Mal in der Klinik. Eine Aussicht, die mir wenig einladend erschien. Bei mir, schwor ich mir, würde es anders laufen! Als ich bei dem Versuch, eine Tasse Kaffee an den Tisch zu tragen, kläglich am unkontrollierbaren Zittern meiner Hände und Arme scheiterte, musste ich meinen Mitpatienten bitten, mir behilflich zu sein. Es war nicht mein erster Tremor. Einige Monate zuvor hatte ich mit Dieter, meinem Schauspielerkumpel, nach einer durchfeierten Nacht mittags im Moderne Zeiten gesessen und ein Bier bestellt. Beinahe zeitgleich begannen unser beider Hände so zu zucken, dass wir unsere Biergläser kaum halten konnten. Damals haben wir den Tremor mit je zwei doppelten Wodka-Lemon, die wir mit einem Strohhalm tranken, bekämpft und ihn weiter nicht beachtet. Vor zwei Wochen dann war ich in einer Bank und sollte eine Unterschrift leisten, als meine Hände zu zittern begannen. Unmöglich, den Kugelschreiber zu führen; unter einem Vorwand verließ ich hastig die Bank, tief erschrocken. Nun gelang es mir nicht einmal, aus der Kaffeetasse zu trinken, meine Arme schienen ein Eigenleben zu führen. Erst als ich die nur halb gefüllte Tasse fest in beide Hände nahm, war es mir unter großen Anstrengungen möglich, sie zitternd zum Mund zu führen und in vorsichtigen Schlucken auszutrinken. Für mich ein unsagbar peinlicher Moment, den ich hilflos mit flauen Witzen zu überspielen versuchte, meine ungehorsamen Hände erschienen mir wie Verräter, die jedem im Raum meinen Zustand mit brutaler Deutlichkeit offenbarten. Für meine Tischnachbarn war mein Zittern wohl etwas Vertrautes und ein Stück Normalität, niemand schien darauf zu achten.

Es forderte höchste Konzentration, die Marmelade auf mein Brötchen zu schmieren und das schwankende Brötchen in meinen Mund zu lavieren, ohne die Marmelade großflächig in meinem Gesicht zu verteilen. Dennoch aß ich es mit Heißhunger. Mein erstes Frühstück seit langem, das diesen Namen verdiente. In den vergangenen Jahren hatte mein Appetit mehr und mehr nachgelassen, am Ende war jede Mahlzeit für mich in erster Linie eine Art Alkoholbeilage gewesen; nüchtern, ohne Alkohol, bekam ich keinen Bissen hinunter.

Nach dem Frühstück wurde mir Blut abgenommen und ein EEG erstellt. Augenblicklich war die Angst wieder da. Welche – möglicherweise irreparablen – Schäden hatten mein fortgesetztes Saufen und Koksen meiner Leber und meinem Gehirn zugefügt? Ich hatte Glück, auch wenn meine Leberwerte astronomisch erhöht waren, mein Gehirn und meine Leber zeigten keine dauerhaften Schäden.

Mein Zustand besserte sich schnell. Schon am zweiten Tag gelang es mir, meinen Frühstückskaffee mit nur noch leicht zittrigen Händen selbst an meinen Platz zu tragen und einhändig an meinen Mund zu führen. Nach wenigen Tagen ließen die quälende innere Unruhe und Rastlosigkeit langsam nach. Mein Puls, der anfangs mit einem Tempo durch meinen Körper jagte, dass ich meinte, meine Ader würde aus der Haut treten, beruhigte sich. Möglich, dass meine gute körperliche Konstitution mir half, schließlich hatte ich lange und sehr intensiv Sport getrieben. In der Klinik bekämpfte ich die Anspannung mit Bewegung, dreimal täglich unternahm ich ausgedehnte Spaziergänge um den Kliniksee.

Auch meine Stimmung stieg stetig. Mehr noch als die therapeutischen Angebote der Klinik wie Einzelgespräche, autogenes Training oder Ergotherapie half mir der freundliche, unaufgeregte und selbstverständliche Umgang meiner Mitpatienten mit mir und meinen Entzugssymptomen, meinen Zustand zu akzeptieren und mit der Situation zurechtzukommen.

Therapeutische Kliniken sind eine Art Brutkasten für Freundschaften und Beziehungen, hier finden Verbrüderungen oder Paarbildungen in Rekordzeit statt. Das gemeinsame Leid verbindet, die besondere Situation, psychisch und sozial, der Verlust des Alkohols, draußen Liebhaber, Seelentröster und Leibwächter in einem, befeuert die Sehnsucht nach Nähe und Gemeinschaft, nach Zugehörigkeit. Aus Leidensgenossen werden schnell Verbündete, eine Schicksalsgemeinschaft. Zumal das Therapieprogramm nur einige Stunden des Tages füllte.

Besonders zwei meiner Mitpatienten waren mir auf Anhieb sympathisch. Willi, einen ehemaligen Polizisten, führten seine Depressionen seit einigen Jahren immer wieder für vier bis sechs Wochen in die Klinik. Ein Mann mit scharfem Blick und scharfer Zunge, der sich selbst aber nie ganz in die Karten sehen ließ. Hans, der Alkoholiker vom Frühstücksbuffet, war Geschäftsmann, groß, breit, mit rosigem Gesicht und selbstbewusstem Auftreten. Ein ganzer Kerl und Lebemann, mit ausgeprägtem Hang zu lockeren Sprüchen, Witzeleien und Selbstironie, in dem ich mich schnell wiedererkannte. Wir freundeten uns an, die beiden halfen mir, dem Neuling, mich in der Klinik zurechtzufinden. Bald waren wir drei das Zentrum einer Clique, bei den Mahlzeiten saßen wir in der immer gleichen Tischrunde zusammen, eine Art Psychostammtisch.

Da war Richard, dem ein Prozess und eine längere Haftstrafe bevorstanden, da er mit windigen Geschäften Millionen gemacht hatte. Er erhoffte sich, dass ihm in der Klinik Unzurechnungsfähigkeit oder zumindest Haftunfähigkeit bescheinigt werden würde. Helena war eine überversicherte Anwältin, die in regelmäßigen Abständen in der Klinik ihre Depressionen behandeln ließ und nebenbei von dem Tagegeld ihren Traum vom Eigenheim finanzierte. Helmut, ein schwer depressiver Geschichtsprofessor, klug und hochgebildet, der Gedichte aus dem Altgriechischen übersetzte und beständig über lateinische und griechische Wortursprünge dozierte, war seit fünf Jahren Waldklinik-Stammgast. Stefan, ein Alkoholiker, der als Beamter im Ordnungsamt arbeitete, wirkte wie ein lebendes Klischee: Gepflegt, Brille mit Goldrand und immer adrett gekleidet, bearbeitete er dauernd seinen Pullunder, den er über dem Oberhemd trug, mit einer Flusenbürste.

Wir witzelten, lachten, gerne über uns selbst, und nahmen damit unserer eher dramatischen Lebenssituation die Schwere. Was hätte es mir schon genutzt, jammernd in der Ecke zu sitzen und Asche auf mein Haupt zu streuen? Schon nach wenigen Tagen war ich wieder in meinem Element, unterhielt wie gewohnt die ganze Gruppe mit flapsigen Sprüchen und Anekdoten aus meinem bewegten Leben. Die anderen waren fasziniert und ließen sich mitreißen. Bernd, der Filou und Lebemann, der lässige bunte Hund und Entertainer bekam wieder mehr und mehr Oberwasser. Bernd, der Alkoholiker, der verzweifelte und verängstigte Trinker und Kokser, der dabei war, sein Leben in den Gulli zu saufen, verblasste Stück für Stück.

Stefan, der Mann vom Ordnungsamt, begleitete mich häufig bei meinen Runden um den See. Gemeinsam fütterten wir die Enten. Als wir erfuhren, dass die jährliche Entenjagd bevorstand, beschlossen wir einzuschreiten. Die Enten waren uns ans Herz gewachsen, für Jäger dagegen hatte ich noch nie etwas übrig gehabt. Über Nacht mutierten wir zu militanten Tierschützern: Unsere Entenfreunde durften nicht sterben!

Stefan besorgte in der Stadt eine Batterie Silvesterkracher, im Morgengrauen legten wir uns zu viert im Ufergebüsch auf die Lauer. Als die Jagdgesellschaft, mehr als zwei Dutzend Bewaffnete in grüner Uniform und mit rosigen, erwartungsfrohen Gesichtern, sich auf Schussweite an den Teich herangepirscht hatte und gerade ihre Waffen in Anschlag bringen wollte, warfen wir unsere Böller. Ein unglaubliches Getöse, das die Enten aufschreckte und in die Flucht schlug. Die Jäger waren nicht weniger alarmiert. Wütend stellten sie uns statt der Enten nach, wollten uns zur Rechenschaft ziehen. Wir brachten uns in die Klinik in Sicherheit. Da die Klinikleitung selbstverständlich keine Patientennamen herausgab, musste die aufgebrachte Jagdgesellschaft unverrichteter Dinge wieder abziehen. Auch die folgende »Anzeige gegen Unbekannt wegen Störung des Jagdfriedens«, eine absurde Formulierung, blieb ohne Konsequenzen. Wir saßen lachend und aufgekratzt in meinem Zimmer. Was für ein Spaß! Was für ein Sieg! Wir waren die verschworene Gemeinschaft der Entenretter und hatten den spießigen Jagddödeln eine lange Nase gezeigt. Ich näherte mich wieder meiner Normalform.

Diesen Eindruck hatte wohl auch mein Bruder, als er mich in der Klinik besuchte. Ich erwartete ihn im Speisesaal, aufgeregt, aber darum bemüht, der Situation einen Anschein von Normalität zu verleihen. Carlo sah sich um, hob die Augenbrauen und sagte süffisant: »Der Herr lässt es sich aber gutgehen.« Eine Suchtklinik hatte er sich offensichtlich anders vorgestellt. Erst saufen, dann auf krank machen und sich in einem Luxussanatorium verwöhnen lassen – so sah es für ihn aus. Dass meine innere Verfassung im Gegensatz zum Luxus in der Klinik stand, dass die gediegene Umgebung mir half, meine innere Verwüstung, Unordnung und Unbehaustheit besser auszuhalten, sagte ich ihm nicht. Stattdessen versicherte ich ihm, dass ich fest entschlossen war, mit dem Trinken Schluss zu machen, und dass ich hier Tricks und Techniken lernen würde, die mir dabei helfen würden.

In den stillen Momenten stahl sich die Angst zurück. Allein auf meinem Zimmer, ohne Ablenkung durch Therapeuten oder Mitpatienten; nachts, wenn das Gelächter und die Stimmen verklungen waren, die Geschichten in meinem Kopf in der

Dunkelheit ihren Glanz verloren und die Erinnerung nur noch drohende Schatten warf, überfiel sie mich. Dann war es wieder da, dieses Wort, Alkoholiker, mit ihm die Haltlosigkeit und die Verlorenheit. Die Verzweiflung nahm sich mit Macht den Raum, den ich ihr tagsüber nicht zugestehen wollte, beschattete mein Denken, legte sich bleischwer auf meinen Brustkorb, nahm mir den Atem.

In der Nacht wucherten Alpträume: Ich werde gejagt. Der Verfolger hält eine Machete in der Hand. Ich habe Todesangst, laufe um mein Leben. Aber meine Beine versagen, knicken unter meinem Körper weg. Verzweifelt versuche ich zu entkommen, krieche über den Boden. Keine Chance, der Verfolger holt mich schnell ein. Ich liege am Boden, wehrlos und starr vor Angst. Der andere beginnt, mich in Stücke zu schneiden, setzt seine Machete immer an den Gelenken an. Zuerst trennt er meine Hände ab, dann die Unterarme. Der Schmerz und die Panik treiben mich wieder auf die Beine, ich versuche zu flüchten, mit blutigen Armstümpfen. Kein Entkommen möglich, nach wenigen Schritten ist er wieder hinter mir, wirft mich zu Boden. Schneidet in meine Fußgelenke, trennt die Füße ab. Dann die Unterschenkel, die Oberschenkel. Ich bin nur noch ein Torso, roh, blutig, schreiend und zuckend vor Schmerz und Angst. Dann wache ich auf.

Spätestens beim Frühstück, mit dem ersten lockeren Spruch, dem ersten Scherz in der Runde, verblassten die Panik und die Alpträume zu einem Schatten am Rande meiner Wahrnehmung. Über diese dunklen Nächte, über die Angst und Verzweiflung sprach ich nie.

Auch in den therapeutischen Sitzungen mied ich dieses unangenehme Thema weitgehend. Der Chefarzt und Leiter der Klinik erschien mir narzisstisch und distanziert. Er erging sich gerne in philosophischen Exkursen, zitierte den Schriftsteller Jean Paul – »Der Süchtige kann nicht wollen« – oder fachsimpelte mit mir über seine Sammlung teurer Uhren. Mir kam das gelegen. Schließlich bedeuteten diese Themen für mich ungefährliches und vertrautes Terrain. Einen wie auch immer gearteten Erkenntnisgewinn verschafften mir diese anregenden Gespräche allerdings nicht. Mit mir, meinem Leben und meinen Problemen hatten sie eher wenig zu tun. Sicher, ich umriss kurz meine Gedanken und Gefühle der ersten Entzugsnacht und bekräftigte meine Entscheidung, mit dem Trinken aufzuhören. Aber dabei beließ ich es. Der Chefarzt bestärkte mich in meiner Entscheidung. Das war's. Allerdings wurde mir schnell klar, dass mit einer Privatklinik gutes Geld zu verdienen sein musste, die Uhr am Handgelenk des Chefarztes kostete mehrere Zehntausend Mark.

Neben den im Zweitagesrhythmus stattfindenden Einzelsitzungen leitete der Chefarzt auch das autogene Training. Die Entspannungsübungen fanden im Gewölbekeller der Klinik statt. An meinem zweiten Kliniktag lag ich auf einer weichen Matte auf dem Boden, die Augen geschlossen, umgeben von meinen Mitpatienten. Der Chefarzt sprach mit leiser, sanfter Stimme, doch statt zu entspannen, wurde ich von Minute zu Minute angespannter. Meine zuckenden Arme und Beine weigerten sich, ruhig und schwer zu werden, das allgegenwärtige Ticken der Armbanduhren und die tiefen Atemzüge um mich herum trieben mich schier in den Wahnsinn. Meine Platzangst machte es nicht besser. Nach wenigen Minuten erlitt ich eine Panikattacke und verließ fluchtartig den Raum.

Im Gegensatz zu mir schienen meine Mitpatienten durchaus vom autogenen Training zu profitieren. Ich suchte stattdessen mein Heil in der Bewegung, meine Spaziergänge am See verschafften mir zuverlässig die Entspannung, die mir in den Klinikkatakomben verwehrt blieb. Ich entschied, dem autogenen Training dauerhaft fernzubleiben. Der Chefarzt gab sich Mühe, mich von einer weiteren Teilnahme zu überzeugen. Aber da der zweite Versuch ebenso endete wie der erste, akzeptierte er meine Entscheidung. Das Gleiche galt für die Ergotherapie; an therapeutischem Töpfern, Batiken und Basteln verspürte ich nicht das geringste Interesse.

Zusätzlich zu den regelmäßigen Chefarzt-Sitzungen fand täglich ein Einzelgespräch mit meiner Bezugstherapeutin statt, das ich eher pflichtschuldig absolvierte. Auch der Sinn dieser Gespräche erschloss sich mir nicht. Ich hatte ja schon entschieden, mit dem Trinken Schluss zu machen, damit war doch alles klar. Welchen Sinn hatte es, Tintenkleckse zu interpretieren, frei zu assoziieren oder über meine Kindheit zu reden? Geschweige denn über meine Ängste. Vor allem daran kein Gedanke. Im Grunde verhielt ich mich in der Klinik wie bei einem Bewerbungsgespräch. Ich stand unter permanenter Anspannung, fühlte mich von den Therapeuten beobachtet und bewertet, war ständig auf der Hut und darum bemüht, das Richtige zu tun und zu sagen. Über allem schwebte die Frage: Was wollen die von mir? Auf die Idee, dass ich es war, der hier etwas wollen sollte, kam ich nicht. Ich war zu bemüht, nicht aus meiner Rolle zu fallen, ein gutes, positives Bild abzugeben, bei den Therapeuten und meinen Mitpatienten. Schließlich sah ich mir das Ganze aus der sicheren Distanz an – Bernd, der Journalist, recherchiert in Sachen Suchtklinik. Mit mir hatte der Klinikalltag immer weniger zu tun. So hielt ich mir letzten Endes die Therapie vom Leib.

Dazu kam, dass meine Therapeutin jung war, ungefähr Ende zwanzig, und hübsch. Zu jung und zu hübsch. Zum einen nahm ich sie nicht ernst, was wollte sie mir, einem gestandenen Kerl von Anfang vierzig, Lebemann, erfolgreicher Filmemacher, belesen, weitgereist und mit mehr Lebenserfahrung – auch in Sachen Erotik – als ihr gesamter Freundeskreis, erzählen? Ein Selbstbild, an dem ich nach wie vor voller Überzeugung festhielt und an dem ich keinen Zweifel zuließ. Dass dieses Selbstbild seit Jahrzehnten eng mit dem Alkohol verwoben war, ignorierte ich erfolgreich. Die Versuche meiner Therapeutin, unsere Gespräche in diese Richtung zu lenken, wiegelte ich ab. Zum anderen bemühte ich mich nach Kräften, meine Therapeutin mit meiner Männlichkeit und Weltläufigkeit, meiner Eloquenz und Verstandesschärfe zu beeindrucken und sie zu manipulieren – wie ich es bei reizvollen Frauen meistens tat. Über meine Ängste, Alpträume und Verzweiflung zu reden, passte da natürlich nicht ins Konzept. Okay, ich lebte auf der Überholspur, manchmal schlug ich über die Stränge, und ich trank zu viel, kein Problem, das zuzugeben. Schließlich war ich hier, weil ich mit dem Trinken aufhören wollte. Die Therapeutin empfahl mir, ein Foto, das mich in übelster alkoholisierter Verwüstung zeigte, zu Hause an meine Kühlschranktür zu pinnen, als allgegenwärtige Warnung. Immerhin, eine brauchbare Idee, dachte ich.

Schon nach einer Woche hielt ich mich für geheilt. Ich fühlte mich unausgelastet, ließ mir meine Steuerunterlagen kommen und vervollständigte meine Steuererklärung. Die Klinik verließ ich wie geplant nach vierzehn Tagen. Eine Verlängerung des Aufenthalts wäre kein Problem gewesen, aber mehr als diese vierzehn Tage konnte ich unmöglich freischaufeln, draußen wartete schließlich ein aufregendes, erfülltes Leben voller Termine und Projekte auf mich. Und dass ich auch ohne Alkohol prima klarkam, hatte ich ja schon begriffen. Ich fühlte mich bestens vorbereitet für mein nüchternes Leben, würde meinen Alltag wieder aufnehmen und den Alkohol weglassen. So einfach war das. Ich hatte meine Lektion gelernt.

**Genuss und Abstinenz**

Nach meiner Generalüberholung in der Klinik stürzte ich mich wieder voller Elan in mein Leben und meine Arbeit. Ich drehte Beiträge für den DSF, porträtierte den Fußballprofi Toni Polster, den Manager Rudi Assauer, den Diskuswerfer und Olympiasieger Lars Riedel, produzierte einen Imagefilm für eine große deutsche Bank und organisierte mit meinem Bruder ein Golfturnier in Pulheim bei Köln. Gemeinsam mit dem Fernsehjournalisten Claus Hinrich Casdorff, ehemals Redaktionsleiter und Moderator des Polit-Journals »Monitor« und der Interviewreihe »Ich stelle mich« und ein Idol meines Vaters, plante ich eine gemeinsame Firma, die Medientraining für Unternehmen anbieten sollte.

Ich war erfüllt von Energie und Tatendrang, spürte, wie sehr das permanente schlechte Gewissen und das ständige Ringen darum, den Kontrollverlust zu vermeiden und die Fassade aufrechtzuerhalten, mich beansprucht hatten. Ohne diesen kräftezehrenden Eiertanz und die Abstürze fühlte ich mich wie von einer schweren Last befreit. Auch die aufgequollene Säufervisage, die mich noch vor wenigen Wochen aus dem Spiegel angestarrt hatte, glich von Tag zu Tag wieder mehr einem Menschen. Na also, dachte ich. So schwierig war es doch gar nicht, nicht zu saufen!

Zumindest nicht tagsüber. Abends, wenn ich mit Iris, meiner neuen Freundin, im Restaurant saß, oder nachts mit Freunden am Tresen, fühlte ich mich isoliert. In solchen Momenten gelang es mir nur unter großer Anstrengung, abstinent zu bleiben. Dennoch, ich war erfüllt von Optimismus, Euphorie und guten Absichten.

Sogar mein Verhältnis zu Maria normalisierte sich. Kurz nach meiner Entlassung aus der Waldklinik hatte ich sie angerufen. Wir hatten uns getroffen, ich hatte mich für alle Verletzungen, die ich ihr zugefügt hatte, entschuldigt. Keine Ahnung, woher Maria die Kraft und die Nachsicht nahm, mir zu verzeihen. Unsere Partnerschaft war vorüber, unwiederbringlich, aber wir wurden Freunde und sind es bis heute geblieben. Das war mehr, als ich hatte erhoffen können.

Ende 1998 begann ich die Verwirklichung eines langgehegten Traums. Seit meiner Kindheit hatte ich eine große Affinität zu Büchern. Nicht nur, dass ich gerne las und Bücher in vielen Lebensphasen meinen Blick auf die Welt und die Menschen entscheidend geprägt hatten – ich liebte auch ihre haptische Seite, genoss es, ein Buch in die Hand zu nehmen, es aufzuschlagen, darin zu blättern, wichtige Stellen zu markieren, es in mein Regal zu stellen, zu verschenken oder zu verleihen. Etwas, das mit Filmbeiträgen, so sehr ich meine Arbeit mochte, nicht möglich war. Da ich kein Autor war, sondern als Filmer eher visuell geschult, sollte mein Buchprojekt ein Bildband mit kurzen Textbeiträgen werden. Das Thema des Buches lautete »Genuss«. Ich wollte Prominente aus unterschiedlichen Bereichen des Lebens in großformatigen Bildern zeigen, flankiert von deren Gedanken und Einlassungen zum Stellenwert von Genuss in ihrem Leben. Ein, wie mir schien, bedeutsames Thema: Ich wollte Genuss als wichtiges Element menschlichen Erlebens beschreiben, als Antrieb und Belohnung, das Spannungsfeld zwischen Genussverzicht und Askese, Gier und Ekstase abbilden. Vor allem aber kam dem Genuss auch in meinem Leben eine zentrale Bedeutung zu. Nichts sonst, so schien es mir, hatte mein Handeln, mein Denken und Fühlen in den vergangenen zwei Jahrzehnten so bestimmt wie meine Genusssucht. Sie war die Quelle all meiner Exzesse und Ausschweifungen gewesen. Möglich, dass die Genusssucht lange vor der Alkoholsucht mein Leben bestimmte. Über viele Jahre hatte ich wie zwanghaft versucht, jeden Genuss auf die Spitze zu treiben, jeden rauschhaften Moment ins Unendliche zu verlängern, beim Sex, wenn ich trank, kokste und durch das Nachtleben irrlichterte; sogar bei der Arbeit oder beim Sport. In Sachen Genuss war genug für mich nie genug. Ich war ein Getriebener. Die Frage, welchen Blick andere Menschen auf Genuss hatten, welche Rolle er in ihrem Leben spielte, beschäftigte mich.

Ich verbiss mich voller Begeisterung in diese Arbeit. Schrieb ein Konzept, fand den Fotografen Oliver Rheindorf, der sich für das Projekt begeisterte, und die ersten Prominenten, die ihr Interesse signalisierten. Jetzt fehlte nur noch ein solventer Auftraggeber, der die Finanzierung sicherstellte.

Schließlich gelang es mir, den westfälischen Zigarrenhersteller Dannemann für meine Buchidee zu interessieren. Ende der Neunziger war Nichtraucherschutz noch kein großes Thema, und das Zigarrenrauchen galt in der öffentlichen Wahrnehmung noch als ein Sinnbild des entspannten und lässigen Genussrauchens.

Im Frühjahr 1999 war ich mit dem Dannemann-Marketingleiter im Hyatt Hotel in Köln verabredet. Das entscheidende Gespräch, von dem der Fortgang meines Buchprojekts abhing. Wie ich es aus der Vergangenheit gewohnt war, hielt ich meine überspannten Nerven mit einem doppelten Cognac im Zaum.

Meine Abstinenz war zu dieser Zeit schon Geschichte. Der Alkohol hatte sich langsam, aber unaufhaltsam wieder in mein Leben geschlichen. Mit dem einen oder anderen Bier zum Essen oder zwei Wodka-Tonic an der Bar hatte es angefangen, eine Zeitlang hatte mir das genügt. Mein Buch machte Fortschritte, neben Größen aus Sport und Unterhaltung gewann ich auch Prominennte von internationalem Format wie den Schauspieler Mario Adorf, den Maler Markus Lüpertz oder den Politiker Guido Westerwelle für das Projekt.

Doch schon nach kurzer Zeit taumelte ich dem Abgrund entgegen. Es gelang mir immer seltener, meinen Alkoholkonsum zu zügeln und wenigstens für Tage oder Stunden, wenn schon nicht nüchtern, dann doch zumindest arbeitsfähig zu sein. Ich trank nicht mehr, um mich zu belohnen, in Stimmung zu bringen oder meine Nervosität einzudämmen; ich trank, weil ich ein Säufer war. Ohne Alkohol war ich kaum in der Lage, mich auf den Beinen zu halten, selbst mit Alkohol ging es mir nur unwesentlich besser. Bei jeder Anstrengung brach ich in Schweiß aus. In meinem Tagebuch notierte ich akribisch jeden Tag, den ich ohne zu saufen durchstand. Aber aus dem Kürzel K. A. wurde irgendwann ein vielsagendes K. O. Keine Ahnung, wieso. Eine Art freudsche Fehlleistung möglicherweise.

Die Arbeit an meinem Genussbuch geriet mehr und mehr zu einem Fiasko, das Projekt stand ständig an der Schwelle des Scheiterns. Ein seit Wochen anberaumtes Treffen mit der Schauspielerin Tina Ruland ließ ich ohne Angabe von Gründen platzen. Ich lag nach einer durchsoffenen Nacht bewegungsunfähig in meiner Wohnung, nicht einmal zu einem Telefonat fühlte ich mich in der Lage, während der Fotograf und die Schauspielerin vergeblich auf mich warteten. Auch den Termin mit dem Schauspieler Ulrich Mühe musste der Fotograf ohne mich wahrnehmen. Zum Interview mit Rudi Carrell erschien ich sturzbesoffen und so aufgedreht, dass ich es für eine gute Idee hielt, bei der Begrüßung den holländischen Akzent des Showmasters nachzuahmen. Carrell war wenig amüsiert; da ich zudem eine Stunde zu spät war, wurde das Interview an diesem Tag abgesagt und auf einen späteren Zeitpunkt verschoben. Als der zweite Termin anstand, war ich dem Zusammenbruch nahe. Ich hatte mich bemüht, wenig zu trinken, mit dem Ergebnis, dass ich entzügig war und mir der Schweiß in Sturzbächen über den Körper lief. Während der Fahrt hielt ich meinen Kopf aus dem geöffneten Autofenster in der Hoffnung, der Fahrtwind würde mein schweißnasses Haar trocknen. Glücklicherweise geriet ich bei meiner Ankunft auf dem Gelände der TV-Produktionsfirma in Köln-Hürth in einen Regenschauer. Ich ging zehn Minuten im Regen spazieren und hatte so eine plausible Begründung für meinen erbarmungswürdigen aufgeweichten Zustand.

## Der Preis der Eier

Mein C-Klasse-Mercedes sah leicht ramponiert aus, war aber noch fahrtüchtig. Später Vormittag, ich war gerade auf dem Weg von Köln nach Glessen, meinem Heimatdorf zwanzig Kilometer außerhalb, als der Kleinlaster mich von hinten gerammt hatte. Ich war auf dem Heimweg; damals, Mitte 1999, lebte ich noch immer allein in dem viel zu großen Haus in der Einöde, aus dem Barbara mit ihren Kindern im Jahr zuvor ausgezogen war. Die vergangene Nacht hatte ich mit Iris verbracht, einem ehemaligen Callgirl, das ich kurz nach meiner Trennung von Maria in einem Düsseldorfer Saunaclub kennengelernt hatte. Sie ging selbst nicht mehr anschaffen und stand nur noch in der Bar hinter dem Tresen. Ich hatte sie am Morgen zur Arbeit gefahren.

Die Schuldfrage war eindeutig, ich hatte gebremst, der andere war aufgefahren. Aber der Fahrer des Lastwagens bestand trotzdem darauf, die Polizei zu rufen. Schließlich war er in einem Dienstwagen unterwegs. Kein Problem für mich, ich hatte mir ja nichts zuschulden kommen lassen. Zugegeben, Iris und ich hatten bis drei oder vier Uhr am Morgen getrunken, aber eher in Maßen, zwei oder drei Flaschen Wein, eine halbe Flasche Wodka. Ein entspannter, normaler Abend also, weit von dem entfernt, was ich unter Exzessen verstand. Zudem hatte ich einige Stunden geschlafen, ich fühlte mich fit, nüchtern und fahrtüchtig und war gutgelaunt. Ich entschied mich, das Beste aus meiner Situation zu machen und mich nach Kräften zu amüsieren.

Nicht die allerbeste Idee. Den Beamten erschien meine aufgekratzte Stimmung wohl verdächtig, vielleicht ging ich ihnen auch einfach nur auf die Nerven. Sie verlangten die üblichen Tests – Finger an die Nase und gerade auf der weißen Linie entlanggehen. Kein Problem, ich war ja nüchtern. Gut und schön, dachte ich, aber jetzt bin ich an der Reihe.

»Darf ich Ihnen auch eine Testfrage stellen?«, sagte ich zu einem der Beamten. Die Antwort wartete ich erst gar nicht ab. »Wenn drei Eier eine Mark kosten und ein Ei 33,3 Pfennig, wie viel kosten dann anderthalb Eier?« Sein konsternierter Gesichtsausdruck amüsierte mich ungemein.

Der Beamte wurde zusehends missmutiger. »Das ist mir zu blöd, darauf antworte ich nicht. Außerdem stelle ich hier die Fragen«, herrschte er mich an.

Klar, dass dieser Dödel die Antwort nicht wusste. Was war ich doch für ein ausgeschlafener Bursche! »Das ist aber nicht nett, Kommunikation sollte doch immer in beide Richtungen stattfinden«, antwortete ich, meine Stimmung stieg zusehends.

Als der Polizist fragte, ob ich mit einem Alkoholtest einverstanden sei, stimmte ich gutgelaunt zu. Er ließ mich pusten und nahm mich anschließend mit auf das Revier, das Testgerät hatte Atemalkohol angezeigt, ein Bluttest sollte das Ergebnis bestätigen. Meiner Laune tat das keinen Abbruch. Den Arzt, der mir Blut abnahm, fragte ich ebenfalls nach dem Preis der Eier. Eine Antwort bekam ich wieder nicht, dafür aber wohl eine umso genauere Blutanalyse.

Möglich, dass sich der Arzt durch mein Verhalten angespornt fühlte, mich, beziehungsweise mein Blut, genauer unter die Lupe zu nehmen. Jedenfalls beschränkte er sich nicht darauf, in meinem Blut nach Alkohol zu suchen. Neben den 1,34 Promille Restalkohol wies der Laborbefund auch größere Mengen von Valium auf. Mich schockierte weniger das Ergebnis als die Tatsache, dass ich mich nicht daran erinnerte, in den vergangenen Tagen Valium geschluckt zu haben. Scheinbar war es mir so in Fleisch und Blut übergegangen, vor dem Zubettgehen zwei oder drei der Pillen mit einem großen Schluck Wodka hinunterzuspülen, dass ich es schon nicht mehr wahrnahm.

Ich wurde zu einer Geldstrafe von 5000 Mark verurteilt, mein Führerschein wurde für sechs Monate eingezogen. Mehr als ärgerlich, die Vorstellung, in meiner Dorfeinöde gefangen zu sein, ließ mich schaudern. Außerdem war ich in meiner Arbeit darauf angewiesen, mobil zu sein. Aber ich fand schnell Abhilfe – mein alter Saufkumpan Automaten-Franz bot sich als Teilzeitchauffeur an. Da er, wie sein Name anklingen ließ, finanziell unabhängig war, genügten ihm der eine oder andere Drink und hin und wieder etwas Kokain als Entlohnung. In erster Linie ging es ihm darum, bei den Partys und Besäufnissen, möglichst mit Musikern oder Schauspielern, dabei zu sein. Wenn ich seine Dienste nicht benötigte, stellte ich ihm meinen Wagen zur freien Nutzung zur Verfügung, ich hatte ja keine Verwendung dafür. Ein Deal, der uns beiden zugutekam. Erst Monate später, während einer exzessiven Party in der Hotelsuite des Rammstein-Sängers Till Lindemann, den ich durch Joey Kelly kennengelernt hatte, erfuhr ich zufällig, dass Franz selbst schon seit Jahren keinen Führerschein mehr besaß.

Im August wurde mir klar, dass ich mein Buchprojekt in meinem Zustand niemals würde zu Ende bringen können. Genuss spielte in meinem Leben keine nennenswerte Rolle mehr, im Gegenteil, alles war Qual und Kampf. Ein Kampf, den ich immer häufiger verloren geben musste. Ein Scheitern dieses Projekts aber wäre eine Katastrophe gewesen, nicht nur, weil ich es mit so viel Leidenschaft begonnen hatte. Meine finanzielle Situation war zu dieser Zeit mehr als angespannt. Mein Leben – nicht zuletzt das Koks, die Besuche in den Saunaclubs der Umgebung, die Dienste des Escort-Service und die ausschweifenden Nächte – hatte in den vergangenen Jahren mehr und mehr Geld verschlungen. Einmal war ich zu Tode erschöpft in einem Saunaclub neben einer der dort arbeitenden Frauen eingeschlafen, die Uhr lief natürlich weiter. Als ich schließlich wach wurde, hatte sich meine Rechnung auf 1500 Mark belaufen. Das teuerste Nickerchen meines Lebens. Gleichzeitig waren meine Einkünfte stagniert, in den letzten Monaten sogar stetig weniger geworden. Dazu kam eine hohe Steuernachforderung aus der Zeit unserer Hochsprungmeetings. Mit dem Geld, das mir Dannemann für dieses Buch zahlte, wäre ich gerade so in der Lage, die drängendsten Finanzlöcher zu stopfen. Den Vorschuss hatte ich natürlich schon ausgegeben. Dieses Projekt an die Wand zu fahren konnte und durfte ich mir nicht leisten.

Also ließ ich mich zur Entgiftung in eine Privatklinik in Frechen einweisen. Ein Hauruckprogramm, fünf Tage, mehr Zeit konnte ich mir für den Klinikaufenthalt nicht nehmen, meine Arbeit an dem Buch war weit hinter dem vereinbarten Zeitplan zurück, und der Auftraggeber machte Druck. Nach diesen fünf Tagen sollten die Ärzte mich wieder entlassen, ausgestattet mit den notwendigen Medikamenten, die es mir erlauben würden, meine Arbeitstage durchzustehen. Dass nach fünf Tagen meine Entgiftung nicht abgeschlossen sein würde, war mir klar. Aber darum ging es auch nicht. Ich musste das Buch beenden, irgendwie. Hauptsache, ich war wieder arbeitsfähig. Nichts anderes zählte. Kein Gedanke an Sucht oder gar an Therapie und Abstinenz.

Der Plan ging auf. In den Wochen nach der Entlassung hangelte ich mich mit Hilfe der Medikamente durch die Tage. Es gelang mir, nicht zu trinken und das Buch fertigzustellen. Teil meines Konzepts war es, mein Genussbuch im Rahmen von drei großen Empfängen ausgesuchter Dannemann-Kunden und der Presse zu präsentieren. Es gehörte zu meinen Aufgaben als Gastgeber, eine Rede zu halten und mein Projekt vorzustellen. Der Gedanke daran ließ mich panisch werden. Bei der ersten Buchpräsentation im Dorint Hotel in Hamburg war ich so angespannt, dass ich meine Nervosität und meine Angst mit einigen Bieren bekämpfen musste. In Berlin ließ ich mir im Anschluss an die Veranstaltung Kaviar und Wodka auf mein Hotelzimmer liefern und feierte mit Iris den Erfolg meines Projekts. Der dritte Termin in Köln setzte mich unter noch größeren Druck. Unter den Gästen waren nicht nur Prominente wie die beiden Tatort-Kommissare des WDR Klaus Behrendt und Dietmar Bär, die auch zu den Protagonisten meines Buches gehörten, und der Fernsehjournalist Claus Hinrich Casdorff, sondern auch meine Familie.

Trotz meines teuren Anzugs und meines blütenweißen Hemdes, das schon nach wenigen Minuten schweißnass war, fühlte ich mich elend. Ich war der Kaiser mit den neuen Kleidern, ein windiger Hochstapler, nackt und schutzlos, es war nur eine Frage der Zeit, bis jemand den Schwindel bemerken würde. Mir blieb nichts anderes übrig, als mich zu wappnen. Also rief ich vor der Veranstaltung meinen Dealer an und ließ mir zwei Gramm Kokain bringen. Dazu trank ich zwei oder drei Wodka-Lemon. Als ich schließlich die Gäste begrüßte, war meine Nervosität einem überdrehten Überschwang gewichen. Carlo sah mich nur an, wie so häufig in den vergangenen Jahren, Fassungslosigkeit, Entsetzen und Wut im Blick. Ein Blick, der mich im Innersten traf.

Ich hatte keine Wahl, hätte ich ihm gerne gesagt, die Arbeit, der Stress, der Druck, alles war zu viel. Wie hätte ich das sonst alles schaffen und aushalten können? Aber wenn ich ehrlich war, klangen meine Entschuldigungen und Erklärungen nicht einmal mehr in meinen Ohren auch nur ansatzweise überzeugend.

## Kontrolliertes Trinken und Säuferträume

Ich sitze an einer Hotelbar in den Niederlanden. Die Bar ist in einem Kellergewölbe. Carlo sitzt neben mir, er trinkt ein Glas Wein, ich ein Bier. Ich trinke nur noch selten Alkohol, nie mehr als ein oder zwei Bier. Meine Saufgelage, das habe ich Carlo fest versprochen, gehören der Vergangenheit an. Mein Bruder ist ziemlich stolz auf mich. Als er kurz den Raum verlässt, winke ich den Kellner heran.

»Bringen Sie mir noch zwei Malteser«, sage ich. Den ersten kippe ich in einem Zug. Den zweiten führe ich gerade an meinen Mund, als Carlo an den Tisch zurückkehrt. Er sieht mich fassungslos an. »Wir hatten doch eine Vereinbarung«, sagt er. Seine Enttäuschung schlägt wie eine heiße Welle über mir zusammen. Ich schwitze, Scham und Schuld überziehen meinen Körper wie mit einer Gänsehaut. Ich ekle mich vor mir selbst. »Das ist ein Missverständnis«, sage ich. »Das habe ich nicht bestellt, warum bringen Sie mir dieses Zeug?«, herrsche ich den Kellner an. Carlo sieht mich nur an, mit diesem Blick, der mich zu sezieren scheint. Als ich aufwache, bin ich schweißverklebt, mein Herz rast.

»Ein Bier zum Essen ist doch eigentlich kein Problem«, sagte ich und sah Iris fragend an. Wir saßen in einem Kölner Restaurant, keine Ahnung, ob die Worte mir oder meinem Gegenüber galten, wen ich damit beruhigen oder um Erlaubnis bitten wollte. Seit meiner letzten qualvollen Selbstentgiftung eine Woche zuvor hatte ich nicht mehr getrunken. Die Führerscheinstelle hatte eine medizinisch-psychologische Untersuchung angeordnet. Da meine Promillefahrt im vergangenen Jahr nicht mein erster Verstoß dieser Art gewesen war, galt ich als Wiederholungstäter und musste meine generelle Fahrtauglichkeit unter Beweis stellen. Der Untersuchungstermin war für den 28. Juni angesetzt, mir blieben noch drei Monate, mich in Form zu bringen. Mein Renovierungsprogramm lief auf Hochtouren, ich hatte nicht nur mit dem Trinken aufgehört, seit kurzem unterzog ich mich zweimal in der Woche einer Nieren- und Leberwäsche bei meinem Hausarzt und bekam zusätzlich Infusionen. Anfang Juni würde mein MPU-Training beginnen.

Schon nach wenigen Tagen war mir die Anstrengung, mir das Bier zum Essen oder am Tresen zu versagen, unerträglich geworden. Wie so häufig bei diesen Gelegenheiten hatte sich in meinem Kopf ein hitziger und ermüdender Disput entsponnen, ein zähes Ringen, bei dem meine Vernunft an diesem Abend die Waffen gestreckt und meine Sucht die Oberhand gewonnen hatte. Natürlich sah ich das nicht so, den Gedanken an Sucht rang ich entschlossen nieder. Ein Glas Bier zum Essen, das hatte mit Alkoholismus doch nichts zu tun.

»Nein, wahrscheinlich nicht«, sagte Iris. Natürlich war mein Bier für sie kein Problem, wieso auch? Schließlich hatte sie selbst einen Champagner bestellt. Ich hatte ihre Antwort gekannt, noch bevor ich die Frage ausgesprochen hatte, dennoch klang es für mich, als hätte sie mir eine Art Absolution erteilt. Genau genommen hatte ich mir die Erlaubnis zwar schon selbst gegeben, aber so war es noch besser – Iris gab ihr Okay, also war sie verantwortlich. Iris, das ehemalige Callgirl, war eine sehr anständige und hilfsbereite Frau, die mich auch in den dunkelsten Stunden liebevoll umsorgt hatte, aber sie war trotz all ihrer Vorzüge nicht unbedingt zur Suchtberaterin qualifiziert und konnte kaum eine Vorstellung davon haben, welche Konsequenzen ihre Antwort nach sich ziehen würde. Für mich spielte das in diesem Moment keine Rolle, auch nicht, dass ich für meine Entscheidungen selbst verantwortlich war.

Schon als ich das Bier bestellte, spürte ich, wie die Anspannung von mir abfiel. Eine enorme Erleichterung, mich nicht mehr zwanghaft disziplinieren zu müssen. Ich trank mein Weizenbier, das erste seit Wochen. Und bestellte sofort das zweite. Wunderbar, diesen Anflug des lang vermissten Rausches zu spüren. Trotzdem, das dritte versagte ich mir, schließlich wollte ich nicht wieder im Suff und in der Selbstzerstörung enden. Außerdem musste ich im Rahmen der MPU im Juni eine Urinprobe abgeben. Aber die Abstinenz erschien mir mittlerweile ebenfalls wenig verlockend. Es musste doch eine andere Lösung geben. Warum sollte es nicht möglich sein, den Absturz in die Sucht zu vermeiden, ohne gänzlich auf die wohltuende Wirkung des Alkohols verzichten zu müssen? Anderen gelang das doch auch. Dass ich in der Lage war, in den folgenden Tagen nicht zu trinken, bewies mir, dass die beiden Biere keinen bleibenden Schaden angerichtet hatten. Also durfte ich mir ruhigen Gewissens bald darauf das nächste gönnen.

Wenig später fand ich die endgültige Lösung meines Dilemmas. Sie hieß »kontrolliertes Trinken«. Amerikanische Studien, las ich in einer kurzen Zeitungsnotiz, hätten ergeben, dass es auch für Alkoholiker einen dritten Weg neben der Abstinenz und dem Suff gebe. Auch ein Säufer wie ich könne lernen, sein Trinkverhalten zu kontrollieren und so ein normales Leben mit dem Alkohol zu führen. Ich war wie elektrisiert – alle meine Probleme waren gelöst! Es war, als hätte man mir die Tür zum Paradies auf Erden geöffnet. Ich las alles, was mir zu diesem Thema in die Hände fiel.

Die Idee war einfach: Für jeden Menschen mit Alkoholproblemen, hieß es, gebe es eine bestimmte Dosis, nach der der Kontrollverlust einsetze und die Sucht das weitere Trinkverhalten bestimmen würde. Wenn es uns gelänge, beständig unter diesem Pegel zu bleiben, wäre alles in Ordnung. Mit festem Willen und einigen Hilfsmitteln wie einem Trinktagebuch sollte das gelingen. Na also, das klang doch prima! Ich legte meine Tageshöchstdosis etwas willkürlich auf zwei große Bier oder zwei Gläser Wein fest, damit würde ich auf der sicheren Seite sein. Und überhaupt, »Alkoholprobleme«, das klang viel besser als Alkoholiker oder Säufer. Alkoholproblem, das ließ viel Raum für Lösungen.

Voller Enthusiasmus begann ich mein Projekt »kontrolliertes Trinken«, berichtete meiner Mutter, meinem Bruder und allen Freunden und Bekannten aufgeräumt von meinen neuen Erkenntnissen. Die Abstürze würden ein Ende haben, die ungeliebte Abstinenz ebenso. In meiner Umgebung freuten sich die meisten mit mir, einschließlich meines Bruders trotz seiner anfänglichen Skepsis. Schließlich gaben wissenschaftliche Studien aus Amerika mir recht, dem konnte er nichts entgegenhalten. Außerdem erschien ein Bernd, mit dem man entspannt zwei Bier trinken konnte, ohne dass er die Kontrolle verlor, wohl nicht nur mir verlockender als ein schlechtgelaunter abstinenter Säufer.

In den ersten Wochen ließ sich mein Leben als kontrollierter Trinker gut an. Ich hielt mich gewissenhaft an mein selbstverordnetes Limit, vermied erfolgreich jede Form von Absturz und die damit verbundenen Folgeschäden. Ich wähnte mich in Sicherheit, lebte und trank so, wie die anderen, die Gesunden, lebten und tranken. Zumindest sah es so aus.

Aber ich war nicht wie die anderen. In vielerlei Hinsicht hatte diese Überzeugung lange mein Selbstbild bestimmt, hier und jetzt war die Erkenntnis verstörend. Waren die zwei Bier anfangs eine Erleichterung gewesen, wurde die Beschränkung darauf schnell zum Problem. Schon nach wenigen Wochen spukte die Gier nach meiner abendlichen Dosis schon kurz nach dem Aufstehen in meinem Kopf, infizierte alles Denken und Sehnen. Ich konnte es nicht erwarten, bis ich endlich trinken durfte, diese beiden Biere am Abend waren das Ziel und der Höhepunkt eines jeden Tages. Nach außen hin lief alles bestens, aber auf eine perfide, hinterhältige Weise beherrschte der Alkohol wieder mein Leben. Bis zum Abend durchzuhalten wurde immer anstrengender und erforderte große Disziplin. Nach dem Bier wurde es nicht besser. Bald fühlte ich mich wie ein Verhungernder, der vor einem großen Teller Nudeln sitzt, aber nur zwei Gabeln davon essen darf und diesen Appetitanreger mit Genuss verzehren soll – in dem Wissen, dass die Mahlzeit danach beendet ist. Alles in mir schrie danach, mich endlich einmal satt zu essen, Abend für Abend. Meine Begierde wuchs von Tag zu Tag.

Mir wurde bald klar, dass die schöne Theorie des kontrollierten Trinkens außerdem nur für Schönwetterperioden geeignet war. An Tagen ohne Probleme, Belastungen und Erschütterungen, in denen meine Freundin mich nett und liebevoll behandelte und meine Auftraggeber allesamt dankbar und zahlungswillig waren, gelang es mir noch recht gut, meine Höchstdosis einzuhalten. Leider war der Großteil meiner Tage, war das Leben eben nicht so. Kränkungen, Enttäuschungen und Niederlagen gehörten unverzichtbar dazu. An diesen anderen Tagen zerriss mich die Gier nach dem Alkohol, die von den abendlichen Bieren eher angefacht als eingedämmt wurde.

Irgendwann gab ich dem inneren Druck nach. Wenn es mit zwei Bier so gut funktioniert, dann kann ich mir auch ab und an ein drittes genehmigen, sagte ich mir. Bald erlaubte ich mir am Wochenende, nach einer anstrengenden Arbeitswoche, zwei Wodka dazu. Wenn ich mich an mein Limit hielt, auch wenn ich es selbst vorher hochgesetzt hatte, bedeutete das ja immer noch, dass ich kontrolliert trank. Bis zu meiner MPU hielt ich durch, in den zwei Tagen davor verzichtete ich sogar auf meine abendlichen Biere, ließ meine Leber und Nieren ein letztes Mal waschen und trank reichlich Wasser. So konnte ich sicherstellen, dass in der Urinprobe kein Alkohol festzustellen war.

Nachdem ich die Prüfung dank einer beinahe oscarreifen schauspielerischen Leistung bestanden hatte, kaufte ich am Kiosk gegenüber dem Straßenverkehrsamt eine Flasche Kleiner Feigling. Nicht einmal drei Monate später soff ich wieder täglich. Bald war ich erneut an dem Punkt angelangt, an dem ich ein Dreivierteljahr zuvor Hilfe in der Klinik gesucht hatte.

Der Alkohol, musste ich erkennen, war nicht nur die Liebe meines Lebens, er war auch eine clevere Drecksau. Er kannte mich in- und auswendig, die geheimsten Winkel meiner Seele und meines Verstandes, all meine Schwächen und Sehnsüchte. Schließlich hatten wir Jahrzehnte in inniger Nähe miteinander verbracht. Gegen ihn hatte ich keine Chance, er wusste, wie er mich kriegen würde, immer und überall. Zuerst hatte er mir eine lange Leine gelassen. Er war ja nicht dämlich. Hatte mich wieder von den Verlockungen des Rausches und der Entspannung kosten lassen, ohne mir die Rechnung des Kontrollverlusts und des Absturzes zu servieren. Irgendwann hatte er dann die

Leine angezogen, langsam, aber unaufhaltsam, bis sie sich wieder fest und unentrinnbar um meinen Hals geschlossen hatte.

Mein Versuch, den Alkohol zu kontrollieren, ihn auf diese Weise zu besiegen und zu entmachten, war wie der Versuch eines talentierten Amateurs, im Boxring gegen Vitali Klitschko oder auf dem Tenniscourt gegen Roger Federer anzutreten und fest auf einen Sieg zu zählen. Hoffnungslose Selbstüberschätzung, egal wie viele gute Absichten und wie viel Fleiß ich mitbrachte. Genauso gut konnte ich mich als Nussallergiker entscheiden, jeden Tag eine Handvoll Nüsse zu essen, in der Hoffnung, mein Körper würde sich irgendwann daran gewöhnen. Trotzdem traf ich in all den Jahren, die folgen würden, nie einen Alkoholiker, der nicht für einige Zeit den verhängnisvollen Traum vom kontrollierten Trinken träumte. Der Traum bestimmte jahrelang sogar meine Alpträume.

**Abgesoffen**

Der Tag, an dem mein bisheriges Leben enden wird, beginnt mit Blut. Als ich die Augen öffne, ist es überall. Blut auf meinem Bettzeug, auf meiner Haut und meiner Kleidung. Blut auch auf dem Dielenboden. Es zieht eine Spur vom Wohnzimmer durch den Flur in mein Schlafzimmer. Meine Wohnung gleicht einem Schlachtfeld, der Flur von blutigen Scherben übersät, die Scheibe in der Zwischentür zerschlagen.

Meine Augenlider sind bleischwer, meine Zunge ist pelzig, der Geschmack in meinem Mund lässt mich würgen. Mein Schädel dröhnt, als stünde ich während des Mittagsläutens im Glockenturm des Kölner Doms, mein Denken ist rettungslos versunken in einem zähen Brei aus Wodka, Kokain und Valium. Ich habe keine Erinnerung daran, was in der letzten Nacht geschehen ist. Woher die Platzwunde über meinem Auge stammt, die Schnittwunden an Armen und Oberkörper stammen, die blauen Flecke. Wie lange ich komatös in meinem eigenen Blut gelegen habe.

Der Schock lässt mich am ganzen Körper zittern. Im Wohnzimmer kratze ich die Koksreste der vergangenen Nacht von meinem Glastisch, klaube eine Valium aus meiner Hosentasche und spüle mit Wodka nach. Mit gierigen Schlucken trinke ich gegen die aufkommende Panik an. Vergessen erscheint mir verlockender als Erinnern.

Seit einiger Zeit haben die Tage und Wochen kaum mehr unterscheidbare Konturen. Sie hinterlassen keine Spuren, verschwimmen im Rausch und im Schmerz. Jeden Morgen schleppe ich mich nach dem Wachwerden zum nahegelegenen Kiosk, kaufe zwei kleine Flaschen Cognac und eine Flasche Multivitaminsaft. Den ersten Cognac stürze ich in einem Zug hinunter, oft schon im Kiosk. Warten erscheint mir unerträglich. Dann ein Glas Multivitaminsaft, etwas Gesundes, sage ich mir. Dann die zweite Flasche Cognac. Sicher, eine große Flasche zu kaufen wäre günstiger. Aber ich bin der Überzeugung, so könne ich mir den Alkohol besser einteilen. Es gelingt mir nie. Trotzdem versuche ich es jeden Morgen aufs Neue.

Der Cognac hält bis in die frühen Nachmittagsstunden vor. Dann lege ich nach, mit einer Flasche Campari komme ich über den Tag. Am Abend zur Tankstelle, ich brauche Nachschub, kaufe eine Flasche Wodka. Ein Glas gieße ich mir ein, gemischt mit süßer Limonade, so ist es erträglich. Ohne die Limonade würde mein Magen rebellieren. Nur ein Glas, sage ich mir und stelle die Wodkaflasche zurück in den Kühlschrank. Nur noch dieses eine, dann ist Schluss, sage ich mir beim zweiten. Am nächsten Morgen steht die Flasche meist leer auf dem Wohnzimmertisch.

Wenn das Geld reicht, kaufe ich Kokain dazu. Ich schlafe schlecht. Gegen die Schlaflosigkeit und die Angstattacken, ausgelöst vom Kokain, schlucke ich Valium. Eine fatale Mixtur, die zuverlässig mein Hirn zersetzt und die Verbindung zu meinen Gliedmaßen kappt. Häufig ist die Erinnerung an die vorherige Nacht nach dem Aufwachen bruchstückhaft, verschwimmt spätestens nach dem zweiten Wodka.

Mein Essen kaufe ich zusammen mit dem Alkohol am Kiosk oder an der Tankstelle. Meist sind es Dosensuppen. An manchen Tagen kann ich nicht mal die bei mir behalten. Einige Wochen zuvor musste ich den Notarzt rufen, über Tage hatte ich jegliche Nahrung erbrochen. Beinahe unmöglich, danach den Wodka hinunterzuzwingen, aber mir blieb keine Wahl. Eine Paspertin-Spritze linderte den Brechreiz, danach blieben die Hühnersuppe und vor allem der Alkohol im Magen.

An guten Tagen, wenn mein Magen nicht revoltiert, bestelle ich Pizza beim Lieferservice. Andere Menschen als die Verkäufer und Pizzaboten sehe ich selten. Den größten Teil des Tages sitze ich allein in meiner 140-Quadratmeter-Wohnung, trinke und sehe der Zeit beim Vergehen zu. Immer vergeht sie zu langsam. Oder zu schnell, ich vermag es nicht zu sagen.

Die Wohnung ist zu groß und zu teuer, keine Ahnung, warum ich sie im vergangenen Jahr angemietet habe. Schon damals konnte ich sie mir nicht leisten. Ich habe auch einen Tiefgaragenplatz gemietet. Ein Auto besitze ich nicht mehr. Meine

Wohnung liegt im vierten Stock und hat zwei Balkone, die ich nie benutze. Bei dem Versuch, volltrunken über den hinteren in meine Wohnung zu klettern – ich war so besoffen, dass ich meinen Schlüssel in der Hosentasche nicht finden konnte –, bin ich einige Wochen zuvor in die Tiefe gestürzt, ein Busch hat meinen Fall gebremst.

Gelingt es mir, mich selbst für Momente aus der Lethargie zu reißen, plane ich Projekte, die ich nie realisiere. Oder ich räume die Wohnung auf und scheuere wie im Wahn meinen Glastisch. Ein verzweifelter Versuch, zumindest den Anschein von Ordnung aufrechtzuerhalten und mich gegen die Auflösung zu stemmen. Eine Form der rituellen Reinigung: mit den Resten des Kokains auch die Reste der vergangenen Nacht, der vergangenen Tage und Wochen wegzuwischen. Mit ihnen die Erinnerung an mein Versagen. Daran, dass ich mein Leben an die Wand gefahren, in den Ausguss gesoffen habe. Mit Hilfe des Valiums gelingt es mir hin und wieder, nicht zu trinken. Die Tage markiere ich hoffnungsvoll in meinem Kalender. Mehr als zwei oder drei sind es nie. Ansonsten bleiben die Seiten zunehmend leer. Der letzte berufliche Termin liegt Wochen zurück. Die Einträge in meinem Kalender waren Versuche, kleine Hoffnungsanker zu werfen im gleichförmigen Strom der alkoholdurchtränkten Tage und Nächte. Ich werfe keine Anker mehr. Es gibt keinen Halt und keine Hoffnung mehr.

Wird mir die Einsamkeit unerträglich, greife ich zum Telefon und rufe eine Sexhotline an. Manchmal telefoniere ich stundenlang. Es tut gut, eine freundliche, weibliche Stimme zu hören. Der Sex findet nur noch in meinem Kopf statt. Meine Telefonrechnung ist schon fünfstellig. Nicht mehr lange, und sie werden meinen Anschluss sperren. Meine Schulden wachsen täglich, beim Vermieter, der Telekom, dem Finanzamt. Ich verdiene nichts mehr, das Konto ist bis zum Anschlag überzogen.

Es klingelt an der Tür. Keine Ahnung, wie viel Zeit seit meinem Aufwachen vergangen ist. Irgendjemand hat die Polizei gerufen. Ich selbst? Ein Nachbar? Ich weiß es nicht. Schon der Versuch, mich zu erinnern, schmerzt. Die Beamten wollen meine Aussage aufnehmen. Sie sehen mich an, misstrauisch, wie es mir scheint. Ich muss erklären, meinen desolaten Zustand, das Blut, die Scherben. Keine Flucht in das Vergessen mehr möglich, die Erinnerung ans grelle Tageslicht gezerrt.

Mit einem Mal sind die Bilder in meinem Kopf, verschwommen zuerst, dann zunehmend klarer. Spät in der Nacht ein Klingeln an der Tür. »Pizzaservice«, sagt die Stimme. Als ich die Wohnungstür öffne, sehe ich zwei stämmige, dunkelhaarige Männer. Sie sehen südländisch aus. Statt eines Pizzakartons haben sie Baseballschläger in der Hand. Ich versuche auszuweichen, aber der Schlag trifft mich an der Stirn. Ich taumele zurück in die Wohnung, stürze durch die Glasscheibe in der Flurtür. Die beiden Männer folgen mir, treten und schlagen auf mich ein, als ich am Boden liege. Ja, so muss es gewesen sein. Daher das Blut, die Scherben, die Wunden. Ich bin ein unschuldiges Opfer. Mit jedem Satz treten mir die Bilder deutlicher vor Augen, klingen meine Worte überzeugender, zumindest für mich. Die Beamten nehmen meine Aussage auf, restlos überzeugt wirken sie nicht. »Kannten Sie die Männer?«, fragt einer der Polizisten. »Nein«, antworte ich. »Aber als sie gingen, sagte einer von ihnen, mit schönen Grüßen vom A.«

Mit diesem Satz trete ich eine Lawine los, die mich vollends in den Abgrund stürzen soll, unaufhaltsam und endgültig. »Haben Sie eine Idee, wer dieser A. sein könnte?«, fragen die Polizisten.

A. ist ein sehr erfolgreicher Künstler, in Köln ist er eine Art Lokalheiliger. Anfang der achtziger Jahre habe ich ein Porträt über ihn für den WDR gedreht und Mitte der Achtziger habe ich ihn, als ich ein Fortbildungsseminar Publizistik für die Kölner Universität organisierte, als Vortragenden engagiert. Wir kannten uns ganz gut, ich fühlte mich ihm freundschaftlich verbunden. Auch wenn mir klar war, dass unsere Beziehung in erster Linie darauf fußte, dass wir von gegenseitigem Nutzen füreinander waren. Seit Wochen ist A., der durch sein exaltiertes Auftreten und seine Hibbeligkeit in den letzten Jahren auch Spekulationen über seinen Lebenswandel geweckt hat, in den Schlagzeilen. Kurz nachdem er für eine Position mit öffentlichem Renommee ins Gespräch gebracht wurde, tauchten in den Medien Berichte auf, er sei gewohnheitsmäßiger Kokainkonsument.

Mit der Bemerkung, das sei keine allzu große Überraschung für mich, unbedacht im Suff geäußert, bin ich vor kurzem in einer Boulevardzeitung zitiert worden, allerdings wurde mein Name nicht genannt. In meinem alkoholüberschwemmten Hirn ist die Sachlage eindeutig – A. hat mir die Schläger auf den Hals gehetzt, als Warnung. Ich soll meine Klappe halten. Diesen Verdacht unterbreite ich den Polizisten. Später auf dem Revier erstatte ich Anzeige. Die Beamten sind nach wie vor skeptisch, aber ich bestehe auf meiner Schilderung. Ergänze, dass ich bei verschiedenen Gelegenheiten mit A. Kokain konsumiert habe. Sie sollen begreifen, dass der Künstler sehr wohl ein Motiv hat. Dass ich mich damit selbst einer Straftat bezichtige, kommt mir nicht in den Sinn. Dass ich ohne Not einen früheren Freund beschuldige, erst recht nicht.

Die folgenden Stunden und Tage fließen ineinander, aufgelöst in einem Strom von Alkohol, Koks und Valium. Evelyn, mit der ich bis vor kurzem eine Affäre hatte, wischt das Blut in meiner Wohnung auf. Ich liege apathisch auf dem Sofa, Körper und Geist wie ausgeschaltet. Evelyn ist Sekretärin, eine grundsolide Frau, mit mir und meinem Zustand ist sie heillos überfordert, nicht zum ersten Mal. Es ist noch nicht lange her, dass ich nachts nicht ansprechbar war und fünf Stunden im Delirium vor mich hingeredet habe; sie war kurz davor, den Notarzt zu rufen. In meinem Wahn habe ich einen Hollywoodfilm geschrieben, produziert und die Oscars entgegengenommen. Sie hat alles mitanhören müssen.

Aber in so einer Verfassung wie heute hat auch sie mich noch nicht erlebt. Vergeblich versucht sie, mich aus der Wohnung und zu meinen Eltern zu schaffen. Ich weigere mich. Irgendwann erkennt sie, dass sie nichts mehr tun kann, und geht. Meine Eltern rufen an, wollen mich nach Hause holen. Ich wimmele sie ab. Sie alle sollen mich in Ruhe lassen. Ich trinke weiter, drifte in meinen Wahn, nur nicht nüchtern werden.

Irgendwann stehen zwei Reporter einer Kölner Boulevardzeitung vor meiner Tür. Ich gebe ein Interview, das erste von vielen. »Schlägerkommando bei Boris-Becker-Freund«, titelt die Zeitung am 15. Oktober, in einer anderen ist zu lesen: »Filmemacher Thränhardt überfallen«. Der Name des Künstlers wird nicht genannt. Noch nicht. In einem halbwegs klaren Moment beginne ich zu zweifeln. Möglich, dass nichts von alldem geschehen ist. Dass ich volltrunken in die Scheibe gestürzt bin, alles andere, die Männer, der Baseballschläger, der koksende Künstler, alkohol- und kokainbefeuerter Wahn war. Auf dem Polizeirevier, ich bin zu einer weiteren Vernehmung geladen, ziehe ich einige Tage später meine Anzeige zurück. Aber der Stein ist im Wasser, er zieht Kreise, die ich nicht mehr aufzuhalten vermag. Vielleicht nicht einmal aufhalten will.

Die beiden Boulevard-Reporter bekommen Wind von den Details meiner Aussage. Der koksende Künstler ist die weitaus bessere Geschichte. Sie wollen Einzelheiten, bieten mir ein großzügiges Honorar für ein Exklusiv-Interview. Das Honorar bekomme ich nie. Ich wiederhole meine Geschichte, in allen Details, und schmücke sie aus – der Künstler und ich, koksend bei einer Mediengala oder auf der Toilette eines Restaurants. Mit einem Mal ist alles wieder wie tatsächlich geschehen, die Bilder stehen mir klar vor Augen. Das Bild des Künstlers, überdreht und kurz davor, in der Öffentlichkeit die Kontrolle zu verlieren. Ich, der besorgte Freund, der ihn beiseitenimmt, ihm sagt, er müsse sich zusammenreißen, ich sei schon auf sein exaltiertes Verhalten angesprochen worden, sogar einige Journalisten seien aufmerksam geworden.

Der Sturm bricht los. Journalisten geben sich in meiner Wohnung die Klinke in die Hand, Bild und Focus, vor dem Haus Kamerateams. Ein Medienorkan, von dem ich mich mitreißen lasse. Ich gebe Interviews, rede mit jedem, der mir zuhört. Genieße auf perverse Weise die Aufmerksamkeit, meine Bedeutung, den Rausch. Einem Freund gelingt es kurz, mich auf ein

Bier und ein halbes Hähnchen aus der Wohnung zu lotsen, einige wenige Minuten eine Art Normalität. Zurück in meiner Wohnung bemüht er sich, die Anfragen der Fernsehsender zu koordinieren. Ich habe keine Kontrolle mehr, über gar nichts, überlasse mich dem Strudel, den ich verursacht habe. Gebe ein TV-Interview, rede 45 Minuten in die Kamera, zugeknallt, derangiert, mit flackerndem Blick. Verstricke mich in verworrenen Schilderungen, die Worte taumeln aus meinem Mund, als seien sie selbst betrunken.

Irgendwann steht mein Bruder vor mir, während ich am Telefon mit Journalisten rede. Carlo versucht zu retten, was noch zu retten ist, mich aus der Schusslinie zu nehmen. Ich will hier nicht weg, will nicht gerettet werden. Ich beschimpfe ihn, jage ihn zum Teufel. Mein Anwalt ruft an, will mich beruhigen, zur Vernunft rufen und von weiteren Dummheiten abhalten. Während er auf dem Festnetz beschwörend auf mich einredet, gebe ich am Handy weitere Interviews. Ich höre nicht zu, ihm nicht, meinem Bruder nicht, niemandem. Ich kann nicht zuhören, ich muss reden, erklären, Fragen beantworten. Zwei Stunden hält der Anwalt durch, dann gibt er auf.

Das Boulevardblatt druckt »Die schlimme Beichte des Bernd Thränhardt« kurz darauf in aller Ausführlichkeit ab.

Zwischendurch kratze ich die letzten Koksreste zusammen, danach eine Valium, immer ein Glas Wodka oder ein Bier in Griffweite. Irgendwann kommt mein Kokain-Dealer, ich nehme ihn kaum wahr. Ich bin in meiner eigenen Welt, unerreichbar, unberechenbar. Mein Körper ist etwas Fremdes, meine Haut fühlt sich taub an, nicht zu mir gehörig, als hätte sie keine Verbindung zu meinem Fleisch, meinen Nerven, meinen Knochen. Der Zimmerboden buckelt und schlägt Wellen unter meinen Füßen. Ich weiß nicht, wie viele Tage vergangen sind. Oder sind es Stunden, Wochen? Realität und Wahn, Tag und Nacht, Schlafen und Wachen unentwirrbar verflochten. Was geschieht vor meinen Augen, was dahinter?

In meinem Kopf weißes Rauschen, das sind die besseren Momente. In den schlechteren blicke ich in einen nachtschwarzen Abgrund. Scham, Schuld und Selbsthass zerfressen mich. Es gelingt mir kaum noch, sie im Alkohol zu ertränken. Nüchtern ist es nicht auszuhalten, bin ich nicht auszuhalten. Das Gesicht im Spiegel ist aufgedunsen und ekelerregend. Ich kann seinen Anblick nicht ertragen. Kann meinen Anblick nicht ertragen, den Menschen, der ich geworden bin, die Verwahrlosung, den Denunzianten, den Verräter, das Schwein. Was ist geschehen? Wo ist mein moralischer Kompass abgeblieben? Hat es ihn je gegeben?

Selbst wenn meine Geschichte wahr wäre und keine Ausgeburt meines Alkohol- und Drogenwahns, welches Recht hätte ich, damit an die Öffentlichkeit zu gehen? Ich, der Säufer, Kokser und Valiumfresser, der mehr als genug mit seinem eigenen verkorksten Leben zu tun hat. Wenn es jemandem nicht zusteht, einen anderen an den Pranger zu stellen, dann mir. Keine Ahnung, warum ich es trotzdem getan habe. Kokainwahn? Geltungssucht, das perverse Bedürfnis, noch einmal im Mittelpunkt zu stehen, gehört zu werden, wichtig zu sein? Ich suche Erklärungen, eine Entschuldigung, ich finde keine. Dass mein Bruder sich gezwungen sieht, sich in den Medien öffentlich von mir zu distanzieren, nehme ich kaum wahr. Wirklich überraschend ist es nicht.

Meine Paranoia wächst. Ich wage es nicht mehr, auf die Straße zu gehen, werde es nie mehr wagen können. Ich trage ein Kainsmal. Jeder Kölner wird in mir den Verräter sehen, den Wichtigtuer; einen, der andere in der Öffentlichkeit mit Schmutz bewirft. Für meine Kollegen und Freunde in der Medienszene bin ich ein Aussätziger, für die im Milieu erst recht. Ein Verräter und Denunziant, das ist der Bodensatz in ihrer Welt. In allen gesellschaftlichen Kreisen, in denen ich in den vergangenen Jahren verkehrt habe, bin ich erledigt. Die endgültige soziale Selbstvernichtung. Mit dieser Schuld werde ich leben müssen, für immer.

Etwas zerbricht in diesen Tagen. Bisher habe ich mich an die Überzeugung klammern können, ich befände mich nur in einer besonders hartnäckigen schlechten Phase, die vorübergehen würde, egal, wie angeschlagen ich war. Habe mich, zumindest mit viel Mühe, noch als zerrütteten Lebemann sehen können, ein Filou und Hallodri, der zwar häufig über die Stränge schlägt und auch übel abstürzt, am Ende aber immer wieder auf die Füße kommt. Ein Mann mit Überzeugungen, Idealen und Wertvorstellungen. Mit dieser Selbsttäuschung ist es jetzt vorbei. Ich kann nichts mehr beschönigen, nichts mehr bagatellisieren oder erklären. Mein Selbstbild implodiert. Ich weiß nicht mehr, wer ich bin, meine Vergangenheit ist verbrannt, die Zukunft erstickt unter der Asche.

Für meine Mutter ist das Elend ihres ältesten Sohnes ein Alptraum. Sie ruft an, immer wieder. Redet auf mich ein, beschwichtigend, beschwörend. Unmöglich, mich zu beruhigen. Ich bin aufgelöst, ersaufe in Selbstmitleid, Scham und Selbsthass. Alle Hoffnung, aller Lebenswille versickert.

»Ich kann nicht mehr«, sage ich irgendwann. »Ich will nicht mehr leben, ich springe aus dem Fenster.«

»Wenn du dich umbringst, hänge ich mich auf«, antwortet meine Mutter. In diesem Moment geschieht es. Ihre Worte dringen zu mir durch, ich höre zu, vielleicht zum ersten Mal in diesen Tagen.

Die Vorstellung, auch noch den Tod meiner Mutter verantworten zu müssen, ist mehr, als ich verkraften kann. »In Ordnung, dann holt mich hier raus«, sage ich. »Macht mit mir, was ihr wollt.«

Es ist der 30. Oktober 2000, ich bin am Ende.

## In der Anstalt oder:
## Helmut Kohls Tochter

Ich saß auf der Rückbank des Wagens wie eine zerbrochene Marionette, die der Puppenspieler weggeworfen hatte. Meine Mutter versuchte mich aufzurichten, aber da war nichts aufzurichten, ich war ein Zombie, ein wandelnder Toter. Die vergangenen Tage, Wochen, Monate hatten mich ausgehöhlt, endgültig erledigt, ich hatte nichts mehr zu sagen, nichts mehr zu erwarten oder zu erhoffen. Ich war vierundvierzig Jahre alt und hatte mein Leben eigenhändig in Schutt und Asche gelegt.

Mein Vater schwieg. Er hatte schweigend im Wagen gewartet, als meine Mutter mich aus der Wohnung geholt hatte, und blieb schweigend sitzen, als er seinen cremefarbenen Mercedes vor dem Eingangsportal des Alexianer-Krankenhauses in Aachen parkte. Auch er hatte keine Worte für das, was ich geworden war. Wer zu viel trank, der musste sich eben am Riemen reißen, so einfach war das. Wieso es seinem Sohn, in seinen Augen ein gestandener, erfolgreicher Mann, seit Jahren weniger und weniger gelungen war, gab ihm Rätsel auf, die er nicht zu lösen vermochte, schürte eine Angst, die er nicht benennen konnte. Dass er sich im Umgang mit mir und meinem Alkoholismus hilflos und überfordert gefühlt hatte, sollte ich erst nach seinem Tod von unserem Hausarzt erfahren.

Meine Familie hatte beschlossen, mich dieses Mal nicht in einer Privatklinik unterzubringen. Keine Annehmlichkeiten mehr, »Bernd braucht das harte Programm«, hatte meine Schwägerin konstatiert. Carlo hatte gar dafür plädiert, mich in Ketten in einen sibirischen Gulag zu schleifen. Zu meinem Glück hatten sie sich auf die Suchtstation eines städtischen Krankenhauses geeinigt.

Bei der Anmeldung gaben wir einen falschen Nachnamen an, den Mädchennamen meiner Mutter. Noch schlugen meine Aussage und die Interviews in den Boulevardmedien Wellen, von denen meine Familie befürchtete, dass sie bis ins Krankenhaus schwappen und mich wieder mit sich reißen könnten. Die

Anonymität sollte mir die Chance geben, Abstand zu gewinnen, zu mir zu finden. Natürlich war der Versuch zum Scheitern verurteilt. Schon am Tag nach meiner Einlieferung war in der Bild die Schlagzeile »Thränhardt in Suchtklinik« zu lesen. Die Reporter waren uns wohl von meiner Wohnung bis in die Klinik gefolgt. Hier im Krankenhaus klang es wie Nachrichten aus einem anderen Universum.

Die Suchtstation des Alexianer-Krankenhauses hatte auf den ersten Blick nichts mit der Waldklinik gemein. Das Ambiente war spartanisch bis funktional, freundlich ausgedrückt. Statt marmorgefliestem Bad und geräumigem Zimmer mit Massivholzmöbeln und Blick in den Park gab es ein Krankenhausbett mit Stahlgestell und passendem Nachttisch, die Nasszelle war kaum größer als mein Kleiderschrank in der Privatklinik und in einem kränklichen Gelbton gekachelt; statt Rittertafel und Buffet ein Aufenthaltsraum mit Kantinentischen und Kaffeemaschine. Für das Tischdecken und Abräumen war der Küchendienst zuständig, zu dem die Patienten eingeteilt wurden. Anstelle eines Parkgeländes mit Teich gab es einen vollständig ummauerten, begrünten Innenhof.

Vor allem aber unterschieden sich die Patienten. Niemand hier hätte einen Tagessatz von 500 Mark zahlen können, Porsche und Mercedes-S-Klasse suchte man auf dem Parkplatz vergebens. Die meisten waren Arbeitslosenhilfeempfänger, hatten nicht mal einen Job, in den sie zurückkehren konnten. Dazu kam, dass die Suchtstation eine offene Abteilung war. Das heißt, hier wurden Patienten ohne langfristige Anmeldung aufgenommen, für manchen Obdachlosen die letzte mögliche Anlaufstation. Stark alkoholisierte Neuankömmlinge durften erst in die Gemeinschaft, wenn sie halbwegs ausgenüchtert waren. Bis dahin mussten sie auf einem Stuhl am Ende des Flures ausharren, für alle sichtbar, aber durch die unsichtbare Barriere des Alkoholrauschs getrennt von den Mitpatienten. Die geschlossene Psychiatrie war auf der anderen Seite des Flures, von dort drangen manchmal schrille Schreie herüber. Für meine Mutter, die mich bis auf die Station begleitet hatte, war das ein schwerer Schock. Ihr ältester Sohn war in der Irrenanstalt gelandet.

Bei meiner Aufnahme wurde ich durchsucht, mein Aftershave wurde konfisziert, da es Alkohol enthielt. Für mich unverständlich, auch in meinen schlimmsten Momenten wäre ich nicht auf die Idee verfallen, Aftershave zu trinken. Da ich wahrheitsgemäß meinen Kokain-, Amphetamin- und Valiumkonsum angegeben hatte und damit in die Kategorie der illegalen Süchtigen gehörte, für die besonders strenge Regeln galten, wurde auch mein Handy eingezogen. Einmal in der Woche wurde es mir nach vorherigem Antrag für wichtige Telefonate wieder ausgehändigt. Zudem durfte ich mich außerhalb der Station nur in Begleitung eines Pflegers bewegen. Obwohl ich mich selbst freiwillig in die Klinik eingewiesen hatte, wurde ich der Aufsicht von jungen Männern unterstellt, die ungefähr halb so alt waren wie ich und die ich draußen, in meinem alten Leben, wohl nicht für voll genommen hätte. Ich durfte mich nicht mehr frei bewegen, nicht im Krankenhaus und erst recht nicht in der Stadt, in der ich studiert und viele Jahre gewohnt hatte. Zur Medikamentenausgabe mussten die anderen Patienten und ich uns wie Schafe in einer Reihe aufstellen, ein kleines Plastikbecherchen in der zitternden Hand. All das erschien mir trotz meines Zustandes demütigend und entwürdigend. Wenn es noch eines Beweises dafür bedurft hatte, dass ich mein Leben in den Abgrund gesoffen hatte, hier hatte ich ihn. Ich war in der Psychiatrie weggesperrt, mein Absturz war zementiert. Ich war verrückt, im engsten Wortsinn, ich, mein Leben, alles war aus dem Lot geraten, aus der Welt gerückt.

Trotzdem, ich war froh, hier zu sein, all dem Irrsinn fürs Erste entronnen. Die Klinik war ein geschütztes Biotop, eine Art Käseglocke, die mir das Elend, das draußen auf mich lauerte, vorerst vom Leib hielt. Natürlich war es nicht verschwunden, aber ich konnte verschnaufen, durchatmen, das erste Mal seit langer Zeit. Gegen die Entzugssymptome und die Schlafstörungen bekam ich Distraneurin und Valium. Ohne den Alkohol und das Kokain konnte ich auch bald wieder normale Mahlzeiten zu mir nehmen, ohne zu erbrechen. Körperlich kam ich langsam wieder zu Kräften.

Die Unbequemlichkeiten störten mich nicht sonderlich. Im Gegenteil, der gemeinsame Küchendienst, das Miteinander, erinnerte mich an lang vergangene, schöne WG-Zeiten; selbst tatkräftig zum Tagesablauf beitragen zu können tat mir gut. Schon bei meinem Aufenthalt in der Waldklinik war es mir sinnlos erschienen, dass wir Patienten in der Ergotherapie batiken und töpfern sollten, während die Angestellten draußen vor dem Fenster das Laub harkten. Ich hätte damals gerne mit ihnen getauscht.

Den größten Teil des Tages verbrachte ich im Raucherraum. Auf den ersten Blick kein ansprechender Ort, ein Schlauch von ungefähr fünf Meter Länge und gut zwei Meter Breite, die ehemals weiße Tapete changierte mittlerweile ins Gelb-Braune, die einzigen Möbel waren zwei Reihen von Plastikstühlen, die an gegenüberliegenden Wänden aufgereiht waren. Jeder hier war Kampfraucher, auf den Fensterscheiben lag ein feiner Nikotinfilm, die Luft war zum Schneiden dick, Sauerstoff nur in homöopathischen Dosen vorhanden.

An diesem Ort, der eher einer Vorhölle glich, fand ich Trost, Anteilnahme und Erleichterung, zumindest für Augenblicke. Hier war ich umgeben von Menschen, die Ähnliches erlebt hatten wie ich. Niemand verurteilte mich, niemand versuchte, den anderen etwas vorzumachen, wozu auch? Im Gegenteil, unter uns Leidensgenossen entstand schnell eine große Vertrautheit; da ich mir sicher war, Verständnis bei den anderen zu finden, fiel es mir im Raucherraum leichter, offen über meine Schwächen, Probleme und Ängste zu reden als im Arztzimmer. Eine Erfahrung, die sich später in Selbsthilfegruppen fortsetzen sollte.

Ich traf Mitpatienten, deren Schicksal mein eigenes Leid relativierte. Einer saß über Stunden in sich selbst versunken im Aufenthaltsraum am Tisch und schrieb Seite um Seite in feiner Sütterlinschrift, Speichelfäden hingen aus seinem Mundwinkel. Er schreibe an der Weltformel, erklärte er mir. Der Mann, ein Akademiker, war im Suff gestürzt und mit dem Kopf auf der Bordsteinkante aufgeschlagen. Er hatte einen Hirnschaden davongetragen, seit beinahe zwanzig Jahren lebte er in der Klinik. Ich lernte einen jungen Mann kennen, ungefähr dreißig Jahre alt, der seine Frau und seine drei kleinen Kinder bei einem Autounfall verloren hatte. Ein LKW hatte die vier überfahren. In einem Moment war er Teil einer Familie, liebte und wurde geliebt, hatte Zukunftspläne und Träume, einen Alltag mit all seinen Freuden und Ärgernissen, im nächsten hatte er alles verloren. Nur der Alkohol hatte seinen Schmerz kurzfristig betäuben können. Jetzt war er hier, alkoholabhängig, einsam, gebrochen. Der Schmerz und der Alkohol hatten ihm auch noch seine Arbeitsstelle genommen. Im Vergleich mit ihm erschien mir mein vermeintlicher Untergang wie ein lächerliches Luxusproblem. Ich hatte mein berufliches und soziales Renommee, das ich mir hart erarbeitet hatte, und so ziemlich alle Beziehungen und Freundschaften ruiniert. Aber nichts und niemand waren für mich endgültig und unwiederbringlich verloren. Ich hatte eine Familie, die für mich da war, einen Ort, an den ich zurückkehren konnte. Angesichts seines Schicksals schämte ich mich für mein Selbstmitleid.

Im Raucherraum fand ich auch mein Lachen wieder. Die Geschichten, die einige von uns erzählten, waren so schonungslos grotesk und trotz aller Tragik irrwitzig komisch, dass ich lachte, bis mir die Tränen kamen. Da war zum Beispiel ein Einunddreißigjähriger, der im Suff mit einer Spielzeugpistole bewaffnet Tankstellen überfallen und immer nur zwei Flaschen Jägermeister und eine Stange Zigaretten geklaut hatte. Bei jedem Überfall hatte er darauf gehofft, dass die Polizei auftauchen und ihn erschießen würde. Nicht, weil er suizidal war – vielmehr wollte er die verhassten Polizisten vorführen. Da er ja nur eine Spielzeugpistole benutzte, würden die ziemlichen Ärger bekommen, wenn sie ihn erschossen hätten. Dass er davon nichts mehr mitbekommen hätte, da er ja zu diesem Zeitpunkt schon tot gewesen wäre, hatte er bei seinem Plan nicht bedacht.

Möglich, dass der tiefschwarze Witz, mit dem wir uns über unser eigenes Schicksal und das der anderen amüsierten, Schutz war und Befreiung. Eine Art Galgenhumor, der uns die Möglichkeit gab, unser Leben ohne den Schleier des Alkohols betrachten und ertragen zu können. Wenn unser Elend noch für eine Geschichte, einen Lacher gut war, dann war nicht alles dunkel und sinnlos. Okay, das Valium trug möglicherweise auch zu meiner gelösten Stimmung bei.

Nach wenigen Tagen begann ich aus einer Laune heraus, mit einem imaginären Mitpatienten zu reden, der auf dem Stuhl neben mir saß. Wollte sich jemand auf diesen Stuhl setzen, vertrieb ich ihn mit den Worten: »Da sitzt doch der Hans.« Mir erschien das komisch, ein Mitpatient bemerkte zu Recht, dass mich so ein Scherz in der Psychiatrie durchaus in Schwierigkeiten bringen könne. Also ließ ich Hans wieder verschwinden, der Stuhl war wieder frei.

In diesen Momenten der Leichtigkeit keimte Hoffnung, die im nächsten Augenblick wieder in grottenfinsterer Verzweiflung ertrank. Ich litt unter starken Stimmungsschwankungen, Anflüge von Zuversicht wechselten in schneller Folge mit Depressionen und Angstattacken. Ohne die Möglichkeit, in den Alkoholrausch und das Vergessen zu flüchten, war ich gezwungen, meiner Situation ins Auge zu blicken, nüchtern, in jeder Hinsicht. Über meinen Anwalt erfuhr ich, dass ein Verfahren wegen Kokainbesitzes gegen mich anhängig war und A., der Künstler, mich wegen Falschaussage angezeigt hatte. Außerdem hatten sich rund 100.000 Mark Schulden angesammelt, der Offenbarungseid war unvermeidbar. Ich war Alkoholiker, hoch verschuldet, beruflich und sozial erledigt, hatte keine Freundin und keine Zukunftsperspektive. Hinter mir Verwüstung, vor mir ein schwarzes Loch.

Als besonders deprimierend und entmutigend empfand ich es, Mitpatienten, die ich in eine trockene, gesunde Zukunft verabschiedet hatte, nur Tage später wieder volltrunken auf dem Ausnüchterungsstuhl im Flur sitzen zu sehen. Die Klinik glich einer Drehtür, kaum jemand schien auf Dauer zu gehen, und die meisten meiner Mitpatienten waren nicht zum ersten Mal hier. Diese Erfahrung hatte wohl auch die Pfleger und Ärzte geprägt. Jeder von ihnen schien zu erwarten, uns alle über kurz oder lang wieder hier zu sehen. Einzelne Patienten waren sogar schon vierzig oder fünfzig Mal entlassen und kurz darauf wieder aufgenommen worden.

Nach der ersten Woche fühlte ich mich langsam besser, ich war zu der Überzeugung gelangt, ganz unten angekommen zu sein, jetzt konnte es nur noch aufwärts gehen. Nach der Entgiftung, hoffte ich, würde mein Leben wieder besser werden, irgendwie, ich konnte und wollte wieder gesund werden. Dieser Sünderstuhl im Flur aber war ein Symbol des Scheiterns, er jagte mir eine Höllenangst ein. War das auch mein Schicksal, wieder und wieder auf diesem Stuhl zu enden? Keine Perspektive, die mir Mut machte.

Auch der allgegenwärtige Wahn bedrückte mich. Am Kiosk im Erdgeschoss traf ich eine junge Frau, die mich um eine Zigarette bat und mir im Tausch ein Duplo anbot. Das Duplo, sagte sie, sei ein Überbleibsel ihres Geburtstages, den sie am Tag zuvor im Phantasialand gefeiert habe. Sie sei die Tochter von Helmut Kohl, ihr Vater habe den Freizeitpark eigens für sie und ihre Gäste angemietet, sei mit einem Helikopter über das Gelände geflogen und habe säckeweise Süßigkeiten abgeworfen. Die Erinnerung an diesen wunderbaren Tag ließ sie strahlen vor Glück. Ich hätte mich gerne mit ihr gefreut, aber ich wusste, dass Helmut Kohl keine Tochter hatte. Trotzdem war ihre Begeisterung beinahe ansteckend. Warum sollte ich ihr widersprechen, ihr den Spaß verderben? Ich gratulierte ihr, gab ihr eine Zigarette, aß das Duplo und fühlte mich wie Jack Nicholson in »Einer flog über das Kuckucksnest«. Am Tag darauf fackelte ein Mitpatient das Nachbarzimmer ab.

Nach zehn Tagen bat ich den Chefarzt um meine Entlassung. Ich war zu der Überzeugung gelangt, dass sich das Gleichgewicht zwischen dem, was mir in der Klinik guttat und mich bestärkte, und dem, was ich als lähmend und deprimierend empfand, deutlich zum Negativen verschoben hatte. Die Entzugssymptome waren weitgehend verschwunden, die Medikamente hatte ich ausgeschlichen, und ich fühlte mich halbwegs wiederhergestellt, mehr konnte ich hier nicht erreichen. Außerdem vermisste ich meine Freiheit, empfand die Regeln und den durchgetakteten Tagesablauf zunehmend als unerträgliche Einschränkung und Gängelung. Ich hatte Mist gebaut und war alkoholkrank, aber ich war kein kleiner Blödmann, den man ständig an die Hand nehmen musste. Ich hatte genug davon, dass mir andere sagten, was ich zu tun und zu lassen hatte. Es war an der Zeit, wieder selbst zu entscheiden, wann ich aß, wann ich Sport trieb, wann und wo ich spazieren ging.

Der Arzt zeigte sich von meinen Argumenten nicht überzeugt, mit deutlichen Worten schilderte er ein Alptraumszenario von Angstattacken, Depressionsschüben, Psychosen und Rückfällen, die mich draußen erwarten würden. Aber ich ließ mich nicht umstimmen, und da ich freiwillig in der Klinik war, musste er mich gehen lassen. Sofort nach meiner Entlassung schluckte ich gegen die aufkommende Panik eine Valium, die ich in meiner Geldbörse versteckt hatte. Auf der Toilette im ersten Stock, noch bevor ich die Klinik verließ.

**Schritt zurück**

Mein neues, trockenes Leben begann hoffnungsvoll. Nach der Entlassung aus dem Krankenhaus aß ich mit meinen Eltern in deren jugoslawischem Stammrestaurant in Kornelimünster, trank eine Apfelschorle und war erfüllt von Zuversicht und besten Absichten. Jetzt habe ich das Schlimmste hinter mir, jetzt geht alles in eine andere Richtung, dachte ich. Die Euphorie, den Entzug überstanden zu haben und dem reglementierten und bedrückenden Klinikalltag entronnen zu sein, trug mich durch den Tag. Das Valium und die Herbstsonne hatten wohl ebenfalls Anteil an meinem Hochgefühl.

Endlich fühlte ich mich wieder frei, frei von der Bevormundung in der Klinik und vor allem befreit vom Terrorregime des Alkohols. Der Verlust der Freiheit war, neben dem Verlust jeglicher Selbstachtung, das Schrecklichste an der Sucht. Ich hatte mir meinen eigenen Kerker geschaffen. Diesem entronnen zu sein gab mir Auftrieb.

Doch die Euphorie hielt nur für Stunden. Als ich nachts im Haus meiner Eltern im Bett lag, in unserem alten Jugendzimmer, waren die Angst und die Verzweiflung wieder da, wucherten in der schlaflosen Stille und Dunkelheit ins Unermessliche. Nur das Valium bot für Momente einen brüchigen Schutz.

Meine Mutter umsorgte mich aufopfernd, trotzdem zog ich wenige Wochen später zurück in meine Kölner Wohnung. Im Haus meiner Eltern, unter deren stetigem sorgenvollen Blick, ohne Aufgabe, Beschäftigung und soziale Kontakte, zermürbt von schlaflosen Nächten, schutzlos meinen Panikattacken und meiner Zukunftsangst ausgeliefert, hielt ich es nicht länger aus.

In meiner Wohnung hielt ich es noch weniger aus, zumindest nicht nüchtern. Ich hasste diese Wohnung, alles, wofür sie stand, alles, woran sie mich erinnerte. Hasste den Menschen, der in ihr gelebt hatte und dessen Spuren allgegenwärtig waren. Ein Symbol meiner Selbstauflösung und des Scheiterns. All das war nur betrunken halbwegs zu ertragen. Bald trank ich wieder täglich, hatte mich nach kurzer Zeit wieder in meinem selbstgeschaffenen Gefängnis eingerichtet, das bei all seinem Schrecken auf eine merkwürdige Art auch tröstlich vertraut war. Möglich, dass ich aus genau diesem Grund in die Wohnung zurückgekehrt war – um wieder zu trinken, hemmungslos, unkontrolliert und unbeobachtet.

Mitte Januar flüchtete ich mich erneut in die Waldklinik. Zu meinem Glück war es mir trotz meinem bevorstehenden Offenbarungseid bisher gelungen, oft mit Unterstützung meiner Eltern, die Beiträge meiner Krankenkasse zu bezahlen. Die Kasse übernahm die Kosten für den zehntägigen Aufenthalt.

Am 29. Januar 2001 war ich zur »Lambertz Monday Night« eingeladen, der auch als Schoko-Party bekannten jährlichen Gala der Lambertz-Gruppe im Alten Wartesaal. Die Schoko-Party war, neben dem jährlich erscheinenden Kalender, der sinnlich fotografierte Frauen zeigte, das wichtigste PR-Event des Aachener Süßwarenkonzerns. In jedem Jahr waren zahlreiche nationale und internationale Stars geladen, neben ausgezeichnetem Essen und einer Menge Schokolade, serviert von schönen jungen Frauen, wurde auch ein aufwendiges Unterhaltungsprogramm geboten. Mit Hermann Bühlbecker, Chef des Unternehmens, war ich seit Jahren befreundet. Er hatte immer zu mir gestanden, auch in schwierigen Zeiten. Die Schoko-Party war in Köln einer der gesellschaftlichen Höhepunkte des Jahres, begleitet von der Boulevardpresse. Hier hatte ich in den vergangenen Jahren zahlreiche Freunde und Weggefährten getroffen, zu denen ich im Alltag eher selten Kontakt hatte; eine Art jährliches Klassentreffen, das ich immer sehr genossen hatte.

Fünf Tage zuvor hatte ich die Waldklinik verlassen. Meinen erneuten Absturz nach der Entgiftung im Alexianer-Krankenhaus hatte ich als Ausrutscher abgehakt, nach meinem Aufenthalt in der Privatklinik sollte mein alkoholfreies Leben jetzt endgültig losgehen. Die Verzögerung von zwei Monaten war ärgerlich, aber eben nur eine Verzögerung.

Die Party würde mein erster großer Bewährungstest sein. Dass ich in Zukunft ohne Alkohol leben wollte, hieß ja nicht, dass ich mir jeden Spaß versagen musste. Was wäre ein abstinentes Leben wert, wenn ich auch auf Feste, die Teilnahme am sozialen Miteinander verzichten müsste? So schwer konnte es nicht sein, einen schönen, entspannten Abend mit alten Freunden und Bekannten zu verleben. Ein Versuch, zumindest Teile meines alten, liebgewonnenen Lebens in das neue herüberzuretten. Ohne das erschien mir meine Zukunft allzu trocken.

Ich hielt nicht einmal drei Stunden durch. Die erste Hürde, das Tablett voller Champagnergläser, serviert von einer hübschen Hostess, hatte ich bravourös gemeistert. Doch im Wartesaal war der Alkohol nicht nur gratis, er war auch allgegenwärtig; ich sah ihn in den Händen der Gäste, auf den Tischen und Tresen, auf den Tabletts der Servicekräfte. Obwohl es mich viel Kraft kostete, dieser Versuchung zu widerstehen, trank ich brav Mineralwasser und Apfelsaft. Ich plauderte mit den anderen Gästen; denjenigen, die sich über den ungewohnten Saft in meiner Hand wunderten, erklärte ich: »Ich habe lange zu viel getrunken, darum trinke ich jetzt nichts.« Nach zweieinhalb Stunden war ich mürbe. Innerlich führte ich eine andere Diskussion. Ein oder zwei Wodka-Lemon, was macht das schon?, sagte ich mir. Kein Problem, Argumente dafür zu finden. Ein, zwei Gläser, eine schöne Feier, und danach wäre wieder Schluss. Warum denn nicht? Kein Absturz, kein Kontrollverlust, kein Selbstekel am nächsten Morgen. Nach und nach erschienen mir diese Argumente immer überzeugender. Dass all meine Versuche, kontrolliert zu trinken, in der Vergangenheit gescheitert waren, verdrängte ich erfolgreich.

Tatsächlich blieb es bei den zwei Wodka-Lemon, die ich mir selbst zugebilligt hatte. Ich genoss die Drinks und die Party, in den Morgenstunden machte ich mich auf den Heimweg, erfüllt von Selbstzufriedenheit, in die sich Anflüge von schlechtem Gewissen mischten. Möglicherweise ahnte ich, dass ich mit diesen zwei Wodka-Lemon erneut eine Tür geöffnet und den Alkohol in mein Leben eingeladen hatte. In den Tagen, die folgten, brachen alle Dämme.

Ende Februar saß ich in einem Landgasthof in der Eifel. Mir war, als sei ich in einem Alptraum gefangen. Mein Vater feierte seinen fünfundsiebzigsten Geburtstag, in großem Kreis, vierzig oder fünfzig Freunde und Verwandte waren gekommen. Mein Zustand war alles andere als feierlich oder auch nur präsentabel. Innerhalb von drei Wochen hatte ich mich wieder tief in die Abhängigkeit gesoffen, keine Chance, auch nur einen halben Tag ohne Alkohol zu überstehen.

Die Wirkung des Cognacs, mit dem ich den Tag begonnen hatte, war längst verflogen, das Valium vermochte die Entzugserscheinungen nur unzureichend zu dämpfen. Ich zitterte und schwitzte unkontrollierbar, meine innere Unruhe zerriss mich, es fiel mir schwer, ruhig und halbwegs gerade auf dem Stuhl zu sitzen. Die vergangenen Monate hatten mich gezeichnet, ich war aufgedunsen und totenbleich. Das schwarze Schaf der Familie, für alle offensichtlich. Ich gierte nach Alkohol, aber jetzt und hier stand ich unter Beobachtung. Viele meiner Verwandten wussten von meinen Entzugsversuchen in den vergangenen Monaten, unter aller Augen zu trinken war unmöglich. Ich war fest entschlossen, mich zusammenzureißen. Während die anderen Bier und Sliwowitz tranken, nippte ich an meinem Wasser, verzweifelt darum bemüht, meinen Tremor im Zaum zu halten. Das zumindest war ich meinen Eltern schuldig.

Ich quälte mich durch den Abend, stocherte in meinem Essen, das ich nicht hätte bei mir behalten können, darum bemüht, mich an Gesprächen zu beteiligen, denen ich kaum zu folgen vermochte. Mir war, als säße ich nackt da, mein Versagen, mein Elend für alle deutlich sichtbar; ich meinte, die Blicke der anderen zu spüren, das Entsetzen, die Abscheu, das Mitleid. Ich sehnte mich danach, ihnen ihr Bier und ihren Sliwowitz aus den Händen zu reißen und mich besinnungslos zu besaufen. Nichts mehr spüren, nicht diese Blicke, die mich zu sezieren schienen, und vor allem nicht mich selbst. Ich hasste mich dafür. Mein Vater feierte seinen Geburtstag, ein freudiger Anlass, den ich verdunkelte wie eine Antimateriewolke, mein Elend war ein schwarzes Loch, in dem jeder Lichtstrahl versickerte.

Nach drei schier endlosen Stunden hatte der Alptraum ein Ende. Als meine Mutter mich am Bahnhof in Eschweiler absetzte, kaufte ich als Erstes eine Flasche Cognac am Kiosk, trank mit hastigen Schlucken. Nachdem ich die Flasche zur Hälfte geleert hatte, wurde ich langsam ruhiger. Im Zug nach Köln trank ich den Rest. Endlich so etwas wie Entspannung.

## Stroh-Rum mit Milch

Es war spät in der Nacht, ich wälzte mich in meinem schweißnassen Bett und fand keine Ruhe. Die Gier nach Alkohol tobte in jeder Faser meines Körpers, ein Gefühl, als würde jemand mit glühenden Zangen die Adern aus meinem Fleisch reißen. Das Valium, das mir mein Hausarzt verschrieben hatte, linderte die Entzugssymptome nur notdürftig. Ich schlich auf Socken in die Küche, setzte meine Schritte so vorsichtig wie möglich, wie ein Strauchdieb darum bemüht, mich möglichst lautlos zu bewegen. Meine Eltern schliefen im unteren Stockwerk, nur niemanden aufwecken! Der Holzfußboden ächzte bei jedem Schritt, immer wieder hielt ich inne, horchte, ob sich unten etwas rührte. Mit zitternden Fingern öffnete ich den Kühlschrank, in dem mein Vater die Spirituosen aufbewahrte. Nahm die Flasche Stroh-Rum und goss mir ein Wasserglas halb voll. Den Rest füllte ich mit Milch auf, ohne die Milch hätte ich den Rum augenblicklich wieder erbrochen. Ich trank mit gierigen, hastigen Schlucken.

Im Sommer hatte ich meinen Mietvertrag gekündigt, die Miete hatte ich seit Monaten nicht mehr zahlen können, und war zu meinen Eltern gezogen. Vor dem Umzug war das Haus meiner Eltern eine Art letzte Zuflucht gewesen, hier hatte ich mich zumindest für wenige Tage dem Alkohol und dem Zugriff der Sucht entziehen können. In Köln hatte ich mich Tage und Wochen in meiner verhassten Wohnung eingegraben und gesoffen, morgens, mittags, abends. Von den Hundertmarkscheinen, die mir meine Mutter mehrmals im Monat in einem Briefumschlag schickte, hatte ich Dosensuppen, Toastbrot, Tiefkühlpizzen und Schnaps gekauft. Wieder hatten meine Tage mit zwei Flaschen Cognac am Kiosk begonnen und mit Mariacron, hastig hinuntergestürzt neben der Nachttankstelle, geendet. Ein Kreislauf, aus dem es für mich kein Entkommen zu geben schien. Meine Entgiftungen, das Aufflackern von Hoffnung und Zuversicht, waren Welten entfernt.

Auf gnadenlose, selbstzerstörerische Abstürze waren Tage quälender selbstauferlegter Abstinenz im Haus meiner Eltern gefolgt. Lange hatte ich diesen Zustand nie ausgehalten, jedes Mal war ich nach wenigen Tagen zum Trinken in meine Kölner Wohnung zurückgekehrt. Jetzt, nach meinem Umzug, gab es keinen Ort mehr, an dem ich unbehelligt trinken konnte. Gleichzeitig gab es keinen Rückzugsraum mehr. Meine Sucht war mit mir eingezogen.

Die Tage stand ich meist noch durch, gerade so. Meine Mutter umsorgte und bekochte mich. Wir hatten es uns zur Angewohnheit gemacht, ein- bis zweimal am Tag gemeinsam spazieren zu gehen, nur einige Hundert Meter, eine kleine Anhöhe hinauf. Es gelang mir kaum, mit meiner Mutter Schritt zu halten, nach wenigen Minuten war ich schweißüberströmt und am Ende meiner Kräfte. Mein körperlicher Zustand war verheerend.

An den weniger dunklen Tagen bemühte ich mich, wieder so etwas wie ein Leben zu finden. Ich zwang mich an den Schreibtisch, verzweifelt versuchte ich, neue Projekte zu entwickeln, eine Perspektive. Der Hoffnungsfunke flackerte zaghaft auf und verglühte spätestens in dem Moment, in dem ich mir eingestand, dass mich sogar das bescheidenste Filmprojekt rettungslos überfordert hätte. »Wie soll ich einen Tag planen, wenn ich nicht einmal weiß, wie ich die nächsten fünf Minuten überstehe«, notierte ich an einem dieser Tage in meinem Kalender.

Im Juli fuhr mich meine Mutter zur Berufsberatung in Monschau. Ein sinnloser Versuch. Für einen vierundvierzigjährigen ehemaligen TV-Journalisten, insolvent, ohne anderweitige Qualifikationen und ohne Führerschein, gab es keine Arbeit, keine Wiedereingliederungsprogramme, nicht einmal die Hoffnung auf einen Neuanfang. Trost und Erleichterung fand ich nur im Alkohol.

Da ich keinen Wagen und kein Geld besaß, blieben mir nächtliche Einkaufstouren zur Tankstelle verwehrt. Hin und wieder gelang es mir, Flachmänner oder unauffällige kleine Flaschen vom Supermarkt nach Hause zu schmuggeln. Eine Notfallreserve, die ich im gesamten Haus und auf dem Grundstück versteckte, in einem hohlen Baum zum Beispiel oder in meiner alten Golftasche. Manche fand ich erst viele Jahre später wieder.

In den ersten Wochen bediente ich mich nachts heimlich im Weinkeller. Dort lagerten neben Rum, Metaxa, Sliwowitz und den üppigen Weinvorräten meines Vaters rund zweihundert Flaschen teuren Weins, die mein Bruder als Siegprämie erhalten hatte. Ende der achtziger Jahre hatte Carlo zweimal hintereinander das Hochsprung-Meeting in Eberstadt gewonnen, dort war es üblich, dass der Sieger in Wein aufgewogen wurde. Carlos Fünfundachtzig-Kilo-Lebendgewicht hatte jeweils mehr als hundert Flaschen entsprochen. Zwei davon brachten mich durch die Nacht. Neben dem Wein trank ich auch vom Sliwowitz. Die Flaschen füllte ich mit Wasser wieder auf. Trotzdem blieben meine nächtlichen Streifzüge nicht unbemerkt. Irgendwann fand ich die Tür zum Weinkeller verschlossen vor, mir blieb nur noch der Stroh-Rum in der Küche. Als auch diese Flasche eines Nachts nicht mehr an ihrem Platz stand, öffnete ich das Schloss zum Weinkeller mit einem Dietrich, trank vom Wein und versteckte einige Flaschen Hochprozentiges im Haus.

Mein Vater fand wie so häufig keine Worte für seine Sorge, gab sich aber große Mühe, mir auf seine Weise zu helfen. Er übernahm einen großen Teil meiner Bankschulden und versuchte, mir das Leben in seinem Haus ein wenig leichter zu machen, indem er mich wie selbstverständlich aufnahm und sich Mühe gab, mich so zu behandeln, als wäre es nichts Besonderes, dass ich mit Mitte vierzig bei meinen Eltern untergekrochen war.

In Wahrheit war es ein Offenbarungseid. Ich war eine wandelnde Bankrotterklärung, wirtschaftlich, sozial, seelisch, in jeder Hinsicht am Ende. Ich war vierundvierzig Jahre alt, schlief in meinem Jugendzimmer und brach nachts in den Weinkeller meiner Eltern ein. Sogar aus dem Golfclub hatten sie mich geworfen. Ich war besoffen zu einem Turnier erschienen und hatte den freundlichen Hinweis des Personals, in meinem Zustand wäre es vielleicht besser, auf die Teilnahme am Turnier zu verzichten, abgebügelt mit der Bemerkung: »Ich spiele auch besoffen noch besser als Sie nüchtern.« Als dann noch das Gerücht umging, ich hätte auf das Grün gekotzt, war meine Mitgliedschaft Geschichte.

Es gab keinen Platz mehr für mich jenseits meines Kinderzimmers. Ich gehörte nirgendwohin, war hoch verschuldet, hatte kein Einkommen, keine Freundin, keine Wohnung und keinen Job, nicht einmal eine Aussicht darauf. Eine berufliche Perspektive sah ich nicht, für die einzige Arbeit, die ich gelernt hatte und von der ich etwas verstand, fehlte mir die Kraft. Für den nötigen Neuanfang erst recht. Mein Leben lag in Schutt und Asche. Dennoch trank ich weiter, hielt keine vierundzwanzig Stunden ohne Alkohol durch, egal, wie fest ich es mir vornahm. Das war vielleicht das Schlimmste – der Alkohol hatte mein Leben verwüstet, und mir gelang es nicht, von ihm zu lassen.

In meinen dunkelsten Stunden wünschte ich mir nichts sehnlicher, als dass man meine Sucht aus mir herausschneiden würde. Hätte mir jemand angeboten, chirurgisch Teile meines Hirns zu entfernen mit der Zusicherung, damit auch die Sucht zu beseitigen, ich hätte zugestimmt. Das Risiko, dabei einen Hirnschaden davonzutragen oder gar zu sterben, hätte ich in Kauf genommen. Ein Hirnschaden erschien mir verlockender als ein Leben mit der Sucht. Und ich war bereit, jedes Wagnis einzugehen, wenn mir die Qualen, die der aussichtslose Kampf gegen den Alkohol und für ein trockenes Leben bedeutete, erspart bleiben würden.

Auf dem Grundstück meiner Eltern stand ein alter Holzschuppen, in dem der Rasenmäher und andere Gartenwerkzeuge gelagert wurden, ein wenig abseits des Hauses. Die Tür des Schuppens war eine Art persönliche Klagemauer für mich. An den Tagen, an denen die Verzweiflung und der Selbsthass mich zu zerreißen drohten, ging ich in den Garten und schlug meinen Kopf mit aller Kraft gegen die Holztür, wieder und wieder, schrie mein Elend hinaus. Alles brach sich Bahn, meine Wut und Hilflosigkeit, meine Ohnmacht und Schwäche, mein Hass auf mich selbst, auf diese verquollene aufgedunsene Visage, die ich täglich im Spiegel sah und deren Anblick ich nicht ertrug.

Das dumpfe Geräusch des Schlages und meine Schreie waren im ganzen Haus, auf dem gesamten Grundstück zu hören. Meiner Mutter fuhren sie in Mark und Bein. Mir verschafften diese Ausbrüche ein wenig Erleichterung. Mit jedem Schlag meines Schädels gegen die Holztür bestrafte ich mich selbst für mein Versagen. Gleichzeitig vermittelte der Schmerz mir das Gefühl, noch am Leben zu sein.

In einem dieser Momente geschah etwas. Es war, als würde sich in meinem malträtierten Schädel ein Schalter umlegen. Ich kapitulierte, endgültig. Zum ersten Mal konnte ich vollständig loslassen; meinen Selbsthass und mein Selbstmitleid, meinen Ehrgeiz und meine Erwartungen; die Bilder, Vorstellungen und Inszenierungen in meinem Kopf, all das spielte keine Rolle mehr. Mein ein Meter neunzig großer Körper mit seinen Muskeln, mein Wissen, meine Talente, meine Sehnsüchte und Ansprüche, alles nutzlos. Ich war am Ende meiner Kräfte, physisch, psychisch und emotional. Aufgeben, nichts sonst war mir geblieben. Ich hatte der Sucht nichts mehr entgegenzusetzen. Sie war stärker als ich. Und sie war ein Teil von mir, ob es mir gefiel oder nicht. »Ich kann nicht mehr, ich muss ins Krankenhaus«, sagte ich zu meiner Mutter.

»Fährst du mich zur Notaufnahme?«

## Pille statt Pulle

»Herr Thränhardt, ich muss mit Ihnen reden«, sagte der Chefarzt. Ich lag in meinem Bett auf der Inneren Station des Krankenhauses Simmerath, dank meiner Privatversicherung in einem Einzelzimmer. Es war der dritte oder vierte Tag, bei meiner Aufnahme hatten sie mir Blut abgenommen, jetzt lagen die Ergebnisse vor. »Die Befunde weisen auf eine Leberzirrhose hin.« Für mich klang das wie ein Todesurteil. Eine Zirrhose, das hatte ich gelesen, war irreversibel. Jetzt hatte ich es also geschafft. Mit meiner Sauferei hatte ich etwas schwer beschädigt, möglicherweise sogar zerstört, das ich nicht wieder zu reparieren vermochte, egal, wie gut meine Absichten waren oder wie grundlegend ich mein Leben ändern würde.

»Um sicherzugehen, empfehle ich Ihnen eine Leberpunktion«, sagte der Oberarzt. Zuvor wolle er aber noch beobachten, wie sich die Blutwerte, die Aufschluss über den Zustand der Leber gaben, in den nächsten Tagen entwickelten. Zu meiner großen Erleichterung verbesserten sich meine Leberwerte so schnell, dass die Ärzte auch ohne Punktion die Diagnose Zirrhose revidierten. Noch, so schien es, waren die Regenerationskräfte meines Körpers nicht erschöpft.

Auf der internistischen Station waren die Tage in der üblichen Krankenhausroutine getaktet – Visiten, Untersuchungen, Mahlzeiten; psychotherapeutische Angebote gab es keine. Aber mir stand auch nicht der Sinn nach Gesprächen über meine Kindheit, therapeutischem Töpfern oder Atmen in meine Körpermitte. Ich wollte einfach nur meine Ruhe haben, wieder zu Kräften kommen, körperlich und psychisch.

Mein rettender Engel hieß Yvonne. Eine junge Sozialarbeiterin, die mich kurz nach meiner Aufnahme das erste Mal besucht und nach meinen Erwartungen und Zukunftsplänen befragt hatte. Sie war mir auf Anhieb sympathisch. Jeden Tag, an dem sie Dienst hatte, unterhielten wir uns, über Bücher, die Welt da draußen, unser Leben. Keine dezidiert therapeutischen Gespräche, eher anregende Unterhaltungen in einer freundschaftlichen

Atmosphäre. Nebenbei informierte sie mich über die therapeutischen Anschlussangebote. Ihre Besuche waren Lichtblicke für mich. Jedes Mal brachte sie neue Bücher mit, meist Sachbücher über Depression oder psychische Störungen, die ich neugierig las. Vor allem das Buch Seelenfinsternis, in dem der Psychiater Piet C. Kuiper seine eigene Depression und den Weg hinaus beschrieb, faszinierte mich.

Nach ungefähr einer Woche hatte sich mein körperlicher Zustand so weit verbessert, dass ich die Untätigkeit als belastend empfand. Ich begann, im Kraftraum der Reha-Abteilung zu trainieren, zaghaft und vorsichtig zunächst. Bald spürte ich, wie die Spannung in meinen Muskeln und damit das Leben in meinen Körper zurückkehrten. Wenige Tage später verließ ich mit Genehmigung des Arztes für zwei Stunden das Krankenhaus und spielte einige Sätze Tennis in einer Halle in einem Nachbarort. Ich hatte den Arzt davon überzeugen können, dass Bewegung und Sport für meine Genesung unverzichtbar waren und das Angebot des Krankenhauses nicht ausreichend sei. Den Besitzer der Tennishalle hatte ich einige Monate zuvor kennengelernt, als ich mit meinem Fahrrad durch die Eifel geradelt war, ziellos und düsteren Gedanken nachhängend. Mein erstes Spiel dort war ein Desaster gewesen, ich hatte nicht einen Punkt gemacht und war körperlich in einem derart erbarmungswürdigen Zustand, dass mein Gegner, der mehr als fünfzehn Jahre älter war als ich, nach jedem Ballwechsel den Notarzt rufen wollte. Jetzt, nach einer Woche im Krankenhaus, stellte ich mich schon leidlich geschickter an, war aber immer noch weit davon entfernt, den anderen ein ernstzunehmender Gegner zu sein, von meiner früheren Leistungsfähigkeit ganz zu schweigen.

In diesen Momenten bekam ich eine Ahnung davon, dass es vielleicht doch so etwas wie eine bessere Zukunft gab, auch wenn ich meinen eigenen Ansprüchen in jeder Hinsicht hinterherlief, bei jeder Bewegung in Schweiß ausbrach und jeder Muskel schmerzte. Mein Körper erholte sich sehr langsam, aber stetig. Meine Seele allerdings humpelte oft abgeschlagen hinterher. Jedes Aufflackern der Hoffnung wurde nach kurzer Zeit von nachtschwarzer Verzweiflung verschlungen.

Nach etwas mehr als zwei Wochen war ich halbwegs wiederhergestellt, zumindest körperlich. Ich fühlte mich unterfordert, der Krankenhausalltag begann mich zu langweilen. Ich wollte zurück in die Welt. Gleichzeitig ängstigte mich diese Rückkehr schier zu Tode. Auch wenn ich siebzehn Tage keinen Alkohol mehr getrunken hatte, fühlte ich mich keineswegs kuriert oder auch nur ansatzweise auf sicherem Boden. Die Vorstellung, nicht durchzuhalten und wieder zu trinken, versetzte mich in Panik. Die Vorstellung, nie mehr trinken zu dürfen, machte mir allerdings ebenso große Angst. Ein Leben ohne Alkohol, wie sollte das gehen?

In den vergangenen Jahren hatte ich getrunken, um schlafen oder arbeiten zu können; ich hatte getrunken, wenn ich mich in Stimmung bringen oder belohnen wollte, ich hatte zur Entspannung getrunken und in Gesellschaft; getrunken, wenn ich mich verunsichert, bedroht oder belastet fühlte. Am Ende hatte ich Alkohol gebraucht, um mich und mein Leben ertragen zu können.

Der Alkohol war zu einem integralen Bestandteil meiner Persönlichkeit geworden, er hatte meinen Alltag ebenso bestimmt wie mein Selbstbild. Er war mit mir verwoben, untrennbar, wie es mir in den dunkelsten Augenblicken schien.

Unmöglich, mich dieser Angst nackt und schutzlos auszusetzen. Noch vor meiner Entlassung ließ ich mir von einem befreundeten Arzt Valium verschreiben. In den ersten Wochen und Monaten trug ich ständig zwei oder drei der Tabletten bei mir, als Notfallmedikation, falls die Panikattacken und Angstzustände zu bedrohlich wurden. Das Medikament vermittelte mir zumindest ein rudimentäres Gefühl von Schutz, eine letzte Sicherungsleine. Besser hin und wieder eine Tablette schlucken als wieder zu trinken, sagte ich mir.

Später, in meinen Selbsthilfegruppen, wurde das kritisch gesehen. »Pille statt Pulle«, hieß es da abschätzig. Dennoch bin ich davon überzeugt, dass diese Entscheidung für mich richtig war. Das Valium war in den ersten Monaten eine notwendige Krücke, die mir half, die ersten Stolpersteine des trockenen Lebens unfallfrei zu bewältigen. Meist genügte es, die Tabletten in meiner Griffweite zu wissen. Genommen habe ich nur wenige, ein Großteil liegt bis heute in meiner Nachttischschublade. Aber noch heute gibt es Situationen, in denen es mich beruhigt, dass sie dort sind.

**Im Säuferkeller**

»Hallo, Herr Thränhardt«, begrüßte mich die Schwester am Empfangstresen des Krankenhauses. Na prima, dachte ich, während ich dem Hinweisschild »AA-Treffen« folgte und die Treppe hinabstieg. So viel zum Thema Anonymität. Das fing ja gut an.

Bei meiner Entlassung wenige Tage zuvor hatten Yvonne und mein Arzt mich auf die wöchentlichen Treffen der Ortsgruppe der Anonymen Alkoholiker hingewiesen und mir eine Teilnahme nahegelegt. Zahlreiche seiner Patienten, sagte er, hätten gute Erfahrungen mit dieser Gruppe gemacht und dort Unterstützung gefunden. Für mich bis dahin eine Alptraumvorstellung. Selbsthilfegruppen kannte ich nur aus Filmen, in denen zerknirschte und zerknautschte Menschen auf unbequemen Stühlen im Kreis saßen und ihr immer gleiches Sprüchlein aufsagten: »Ich bin Karl-Otto, ich bin Alkoholiker und arbeitslos und glücklich, wieder hier bei euch zu sein.« Schon dem Wort Selbsthilfegruppe haftete etwas unsäglich Spießiges, Muffiges und irgendwie Armseliges an. Außerdem verspürte ich kein großes Bedürfnis nach therapeutischem Gesumse, nach Vereinsmeierei erst recht nicht.

Dennoch hatte ich mich entschieden, zu diesem Treffen zu gehen. Ich hatte nichts zu verlieren und konnte jede Form von Unterstützung gut gebrauchen. Schließlich hatte ich das Krankenhaus auf sehr wackligen Beinen verlassen. Natürlich machte es mich glücklich und auch ein wenig stolz, dass ich jetzt seit beinahe drei Wochen keinen Alkohol mehr getrunken hatte – so stolz, dass ich jeden Tag in meinem Kalender notierte –, und ich erlebte es als Befreiung, den Kerker der Sucht und auch die Eintönigkeit des Krankenzimmers hinter mir gelassen zu haben, nüchtern und ansatzweise wiederhergestellt.

Trotzdem, die Angst war allgegenwärtig. Bei jedem meiner tapsigen Schritte spürte ich beinahe körperlich, wie unsicher der Boden unter meinen Füßen war, dass ich vorsichtig einen Fuß vor den anderen setzen musste und nie sicher sein konnte, ob ich Halt fand oder wieder abrutschen würde. Hinter jeder Ecke lauerte eine neue Herausforderung, von der ich nicht wusste, ob ich ihr gewachsen war.

Das AA-Treffen fand freitags um 19.30 Uhr in der Personalkantine im Untergeschoss des Krankenhauses statt, am Ende eines langen, urinsteingelb gekachelten Flures, von dem Metalltüren zu den Versorgungsräumen und der Küche abgingen. In der hinteren rechten Ecke des fensterlosen Raumes standen ein Tisch aus schwerem, dunklem Holz und ebensolche Stühle. Die Decke hing niedrig, das Licht war trüb, beides hellte meine Stimmung nicht gerade auf. Auf dem Tisch standen zwei Kannen Kaffee und einige Flaschen Wasser, auf den Stühlen saß rund ein Dutzend Teilnehmer, meist ältere Männer, die sich an ihren Kaffeetassen und Wassergläsern festhielten. An den Wänden hingen Papptafeln, auf denen die »Zwölf Schritte«, das Programm der Anonymen Alkoholiker, und Hinweise wie »Alles, was du hier siehst und hörst, bleibt in diesem Raum« notiert waren. So ungefähr stellte ich mir auch das monatliche Treffen der Simmerather Blaskapelle oder des Kaninchenzüchtervereins vor. Natürlich ohne die Pappschilder und mit dem Unterschied, dass in den Flaschen Bier und Wein war. Dieser Besuch, so kam es mir vor, war ein gewaltiger Fehler. Was sollte ich hier, in diesem Raum, bei diesen Menschen? Dass ich freundlich begrüßt und aufgenommen wurde, konnte das Gefühl, in einem gruseligen Paralleluniversum gestrandet zu sein, kaum mindern.

Es kam noch schlimmer. Die Vorstellungsrunde begann. »Mein Name ist Manfred, ich bin Alkoholiker und ich freu mich, heute Abend hier zu sein. Die letzte Woche war gut, ich bin trocken geblieben«, sagte der Erste. Reihum kam jeder zu Wort, und jeder sagte einen ähnlichen Spruch auf, mit leichten Variationen. Beinahe hätte ich laut losgelacht, so absurd erschien mir dieses Ritual. Alle meine Vorurteile bestätigten sich. Der heutige Abend war das erste und letzte Mal, dass diese Gestalten mich hier sehen würden. Dessen war ich mir sicher.

Schließlich war ich an der Reihe. Unmöglich, die übliche Phrase nachzuplappern. »Mein Name ist Bernd, ich trinke seit Jahren zu viel und möchte mir das Treffen hier mal ansehen«, sagte ich. Nach dem »Blitzlicht«, wie die Eröffnungsrunde hieß, gab es Wortmeldungen. Manfred, der anscheinend die Gruppe leitete, notierte gewissenhaft die Reihenfolge. Die Liste wurde in exakt dieser Form abgearbeitet, reden durfte nur, wer sich ordnungsgemäß gemeldet hatte, und erst dann, wenn er an der Reihe war. Und jedem, absolut jedem Wortbeitrag wurde die Floskel »Mein Name ist soundso, ich bin Alkoholiker« vorangestellt. Es machte mich schier wahnsinnig. Ich war doch nicht blöd, spätestens nach dem zweiten Mal hatte ich kapiert, dass der Typ zu meiner Linken Toni hieß, und dass Toni Alkoholiker war, wusste ich ebenfalls. Außerdem waren wir doch aus genau diesem Grund alle hier, schließlich firmierte dieses Treffen unter »Anonyme Alkoholiker« und nicht unter »Stadtbekannte Kaffeetrinker«. Allein das hätte mir als Hinweis genügt. Warum wiederholte jeder das noch ein drittes, viertes und fünftes Mal? Waren die hier alle bekloppt? Nicht auszuhalten!

Wollte ich auf einen der Monologe antworten, wurde ich strengen Blicks zur Ruhe gemahnt. Ich war noch nicht an der Reihe. Als mir dann das Wort erteilt wurde, hatte ich die Hälfte meiner Kommentare wieder vergessen. Ich schilderte in dürren Sätzen meinen Werdegang, dann war das Treffen auch schon beendet.

Aber das gruselige Finale stand mir noch bevor. Alle erhoben sich von ihren Stühlen, hielten sich an den Händen und sagten im Chor ein Sprüchlein auf: »Gott gebe mir die Kraft, Dinge zu ändern, die ich ändern kann, die Gelassenheit, Dinge hinzunehmen, die ich nicht ändern kann, und die Weisheit, das eine vom anderen zu unterscheiden.« Die Verabschiedung endete mit »Gute vierundzwanzig Stunden«. Ist ja großartig, dachte ich, jetzt war ich also in einer Sekte gelandet. Nicht nur, dass ich mit Gott nicht viel anzufangen wusste. Ich hasse es auch, unbekannte Menschen anzufassen, zumal meine eigenen Hände vor Aufregung schweißnass waren. »Nichts wie raus hier, und zwar auf Nimmerwiedersehen«, dachte ich. Dass es anders kam, verdankte ich Manfred und unserer gemeinsamen Nikotinsucht. Hinter der Kantine gab es einen kleinen Raucherraum, nach dem Ende des Treffens standen wir dort rauchend zusammen und unterhielten uns. Manfred war fünf oder sechs Jahre älter als ich, seine Kokain- und Alkoholabhängigkeit hatte ihn Dutzende Male ins Krankenhaus gebracht, er war zweifach am Herzen operiert worden und hatte seinen Job als Versicherungskaufmann, in dem er lange erfolgreich gearbeitet hatte, verloren. Jetzt war er seit sechs Jahren trocken. Manfred beeindruckte mich nachhaltig. Er war sympathisch, er wirkte glaubwürdig und, was vielleicht noch wichtiger war – in ihm erkannte ich mich wieder. Ich wollte begreifen, wie es ihm gelungen war, in den vergangenen Jahren trocken zu leben. Also entschied ich, der Sache eine Chance zu geben, die Gruppe und ihre Mitglieder kennenzulernen, und nicht, wie ich es in meinem alten Leben getan hätte, nach dem ersten Treffen ein Urteil zu fällen. Möglicherweise konnte ich hier finden, was ich so verzweifelt suchte – Vorbilder, Orientierung und Hinweise darauf, wie ein Alltag ohne Alkohol aussehen konnte. Wichtiger, als die Ursachen meiner Sucht in meiner Kindheit und Familiengeschichte zu erforschen, erschien es mir, Antworten darauf zu finden, wie ich den heutigen und den morgigen Tag und die nächste Woche überstehen konnte, ohne zu trinken.

Auch wenn mir die starren Rituale fremd waren und sinnlos erschienen, beschloss ich, sie in Kauf zu nehmen. Sie waren Teil dieser Treffen, und wenn die Gruppe mir helfen konnte, trocken zu bleiben, dann würde ich mich mit deren Regeln arrangieren, so einfach war das. Den anderen gelang das ja schließlich auch. Hochmütig war ich lange genug gewesen, genutzt hatte es mir nicht viel, im Gegenteil. Möglicherweise war es an der Zeit, die ganze Sache etwas demütiger anzugehen. In einem Tennisverein musste ich mich auch mit nerviger Vereinsmeierei und einer Reihe mir überflüssig erscheinender Vorschriften herumschlagen. Da ich gerne Tennis spielte, akzeptierte ich das. Dann würde mir das hier auch gelingen. Bald dämmerte mir, dass die mir so absurd erscheinende Gesprächsstruktur auch Vorteile bot. Sie half, sich zu fokussieren, und nötigte uns zuzuhören, den anderen ausreden zu lassen und ihn mit Respekt zu behandeln.

Am Ende gab die simple Tatsache den Ausschlag, dass ich mich nach jedem Treffen trotz aller scheinbar absurden Abläufe und Regeln besser fühlte. Die Offenheit der anderen imponierte mir, ich fühlte mich ihnen mehr und mehr verbunden. Stets verließ ich das Treffen mit der Gewissheit, neue Hinweise oder Erkenntnisse gewonnen zu haben. Die nächsten fünf Jahre stieg ich Freitag für Freitag hinab in die Krankenhauskatakomben.

Vor allem das 24-Stunden-Prinzip der AAs, der Grundsatz, sich zu Beginn jeden Tages nur darauf zu konzentrieren, das erste Glas stehen zu lassen und die kommenden 24 Stunden nicht zu trinken, half mir durch die Tage. Die Vorstellung, nie wieder einen Tropfen Alkohol trinken zu dürfen, war erschütternd und entmutigend. Wie sollte ich das schaffen? Außerdem klang das wie eine Strafe – zu lebenslanger Zwangstrockenheit verurteilt. Vor meinem inneren Auge sah ich einen darbenden Bernd, an Silvester allein vor dem Fernseher sitzend oder bei einer Gala einsam am Rand stehend und an einem Mineralwasser nippend, die Finger um das Glas gekrampft. War so eine Zukunft der Mühe überhaupt wert? In diesen Kategorien konnte und wollte ich nicht denken. Mich zu Beginn eines Tages dafür zu entscheiden, an diesem Tag nicht zu trinken, erschien mir dagegen praktikabel und realistisch. Und wenn ich Glück hatte, würden sich diese Tage, wie bei den anderen in der Gruppe, irgendwann zu Wochen, Monaten oder gar Jahren fügen.

Zudem verliehen die wöchentlichen Treffen und der Termin am Donnerstag bei meinem Psychiater in Aachen meinem Leben zumindest eine rudimentäre Struktur. Vor meiner Entgiftung hatte ich auf Drängen meiner Krankenkasse einen ortsansässigen Neurologen konsultiert. Ohne fachärztliche Untersuchung hätte ich keinen Anspruch auf das Krankentagegeld gehabt, nur wenige Hundert Mark im Monat, aber meine einzige Einnahmequelle. Eine demütigende und frustrierende Erfahrung, der Arzt behandelte mich wie einen Vollidioten, ließ mich allen Ernstes von hundert rückwärts zählen und fragte mich nach dem Namen des amtierenden Bundespräsidenten. Meinen Hinweis, ich hätte Probleme mit dem Alkohol, nicht mit der Mathematik, ich sei süchtig, nicht debil oder dämlich und wüsste die Namen sämtlicher Bundespräsidenten in der korrekten Reihenfolge, ließ er nicht gelten. Im Anschluss an diese Untersuchung schrieb ich der Krankenkasse, dass ich nicht bereit sei, diesen Arzt als Gutachter zu akzeptieren. Daraufhin fand ich einen Neurologen in Aachen, bei dem ich mich gut aufgehoben fühlte. Dieser Neurologe hatte mir einen Psychiater empfohlen, kurz nach der Entlassung aus dem Krankenhaus hatte ich dort eine ambulante Psychotherapie begonnen.

In den ersten Wochen und Monaten fühlte ich mich wie ein Tier, das nach einem Leben im Zoo ausgewildert wurde. Die neugewonnene Freiheit war fremd und bedrohlich, meine Artgenossen in mancherlei Hinsicht ebenso. Jeder Tag in freier Wildbahn bedeutete eine erdrückende Anzahl leerer Stunden, die gefüllt werden wollten. Ich hatte keine Aufgaben und kein Tagesgerüst, musste mich zudem allen Widrigkeiten und Belastungen nüchtern stellen, zum ersten Mal seit vielen Jahren. Den allergrößten Teil meiner früheren Beschäftigungen und Bewältigungsstrategien hatte ich aufgeben müssen. Einer Fortführung meiner journalistischen Arbeit fühlte ich mich nicht gewachsen, außerdem hatte in der Branche auch niemand auf mich gewartet, nach knapp zwei Jahren ohne nennenswerte Projekte war ich raus aus dem Spiel. Eine Rückkehr in meine alten Nachtlebenkreise wäre Selbstmord gewesen, und wie Sex nüchtern funktionierte, wusste ich auch nicht mehr. Schon der Gedanke daran ließ mich in Angstschweiß ausbrechen. Abgesehen davon, dass die zugehörige Partnerin fehlte und ich nicht die geringste Idee hatte, wie ich diesen Missstand beheben konnte. Allein der Versuch hätte mich heillos überfordert. Zurückgreifen konnte ich nur auf den Sport, allerdings setzte mir meine körperliche Leistungsfähigkeit dabei enge Grenzen.

In der AA-Gruppe schilderten einige ihre Kapitulation vor dem Alkohol als eine Art spirituelle Offenbarung oder Erweckung, die sie auf den rechten Weg geführt und von der Bürde der Sucht erlöst hatte. Ich fühlte mich nicht erlöst, im Gegenteil.

Jeder neue Tag war eine Herausforderung, den Alkohol aus meinem Leben herauszuhalten bedeutete eine große Anstrengung.

Tag für Tag rang ich um eine Normalität, von der ich noch nicht wusste, wie sie aussehen sollte. Ich zimmerte mir ein Gerüst, an dem ich mich durch die Wochen hangelte. Ein zentraler Pfeiler war die Gruppe am Freitagabend. Donnerstags stand der Termin beim Psychiater auf dem Programm, mittwochs ging ich zum Tennis, dienstags sah ich mir »Samt und Seide« im Fernsehen an. Eine kitschige Seifenoper, die von einem Familienunternehmen erzählte, das den Anschluss an moderne Zeiten verpasst hatte, kurz vor dem Zusammenbruch stand und um das Überleben, um eine Zukunft kämpfte. Eine Situation, die ich kannte. Die Serie rührte mich jedes Mal zu Tränen, was mir unendlich peinlich war. In diesem Fall war es ein Glück, dass ich allein vor meinem Fernseher saß. Auch die Spaziergänge mit meiner Mutter nahm ich wieder auf, mein Leben nahm nach und nach wieder Form an.

In diesen ersten Monaten las ich, als ginge es um mein Leben – im Grunde ging es ja auch genau darum. Ich las Bücher über Geschichte und Konzept der Anonymen Alkoholiker, natürlich auch das Standardwerk »Das blaue Buch«, und über Alkoholsucht und Psychotherapie im Allgemeinen, darunter das großartige »Und Nietzsche weinte« des Psychoanalytikers Irvin D. Yalom. Ich wollte mich, mein Leben und meine Sucht begreifen und suchte nach Wegen und Strategien für die Zukunft.

Bei den Anonymen Alkoholikern gab es den Leitspruch: Ich gebe zu, dass ich dem Alkohol gegenüber ohnmächtig bin und mein Leben nicht mehr meistern kann. Dieser Satz beschrieb meine Situation recht treffend. Das hatten mir nicht zuletzt meine gescheiterten Versuche des kontrollierten Trinkens deutlich vor Augen geführt. Meine einzige Chance war, mich zu schützen. Also rüstete ich auf: Jedes Buch, das ich las, jedes Treffen der Selbsthilfegruppe, das ich besuchte, wappnete mich ein wenig besser gegen die Lockungen und Fallstricke des Alkohols und meiner Sucht. Wenn ich Erfolg haben wollte, das hatte ich in den vielen Jahren sportlicher Betätigung gelernt, musste ich trainieren; je häufiger und fleißiger ich das tat, desto besser wurde ich. Warum sollte das für ein trockenes Leben nicht auch gelten? Jeder Tag war ein Kampf. Diesen Kampf zu gewinnen speiste meine Zufriedenheit, aber ich wusste, auf Dauer wäre das zu wenig.

Im Simmerather Krankenhaus hatte es eine Art rollende Bücherei gegeben; eine Nonne fuhr an zwei Tagen in der Woche mit einem Wagen, vollgeladen mit Büchern, durch die Gänge und Zimmer. Yvonne, die Sozialarbeiterin, hatte mich verlässlich mit anspruchsvoller Fachliteratur versorgt, die Nonne mit dem Rollwagen dagegen lieferte Unterhaltung und literarischen Eskapismus. Nach den ersten Entgiftungstagen war mir ein sogenannter Eifel-Krimi in die Hände gefallen. Da ich ja jetzt wohl in der Eifel, aus der ich als junger Mann nicht schnell genug hatte fliehen können, gestrandet war, waren mir diese Bücher als angemessene Lektüre erschienen. Möglich, dass ich in ihnen etwas über die Eifel lernte, das ich noch nicht wusste, etwas fand, das mich mit meinem selbstgewählten Exil in Rollesbroich versöhnen würde.

Ich hatte viel mehr als das gefunden. Die Hauptfigur der Bücher, ein Journalist, der sich in die Eifel zurückgezogen hatte und dort gemeinsam mit einem Kommissar Kriminalfälle löste, trank keinen Alkohol. Eine Tatsache, auf die der Autor Jacques Berndorf nur am Rande einging, die mir aber sofort ins Auge gefallen war und mich noch mehr für die Bücher eingenommen hatte als die Krimihandlung, der gelungene Schreibstil und das Lokalkolorit. Im Krankenhaus hatte ich alle Bücher Berndorfs gelesen, die ich in die Hände bekommen konnte. Die Abstinenz der Hauptfigur, in der Kriminalliteratur eher unüblich, zog sich durch sämtliche Bücher, eine selbstverständliche, unveränderliche Tatsache. Warum war das so? Warum trank der Mann nicht? Und, vor allem, warum schien das für den Autor von Bedeutung zu sein? Ich hatte beschlossen, diesen Berndorf nach meiner Entlassung aufzusuchen und ihm diese Fragen zu stellen.

Wenn ich ehrlich war, suchte ich ein Vorbild, irgendjemanden, an dem ich mich orientieren konnte, der mir Mut machte. Im Krankenhaus war mir klargeworden, dass ich keine trockenen Alkoholiker kannte. In meiner Wahrnehmung hatten lange nur zwei Arten von Alkoholikern existiert – Promi-Säufer wie Harald Juhnke, deren Entgiftungsversuche die Boulevardmagazine füllten, und die Säufer am Rande der Gesellschaft, Obdachlose, Kleinkriminelle und Bahnhofstrinker. Erstere waren nicht greifbar für mich, irgendwie abgehoben, sie existierten in anderen Sphären. Zweitere erschienen mir ebenso weit von mir und meinem Leben entfernt, obwohl ich ihnen in Wahrheit wohl näher stand, als ich mir eingestehen wollte.

Meine bis zu den AA-Treffen einzige bewusste Begegnung mit einem trockenen Alkoholiker hatte ich vergessen. Möglicherweise hatte ich sie auch verdrängt, da sie zu einem Zeitpunkt in meinem Leben stattgefunden hatte, in dem ich nichts von Alkoholismus wissen wollte.

1988 hatte ich bei den Olympischen Spielen in Seoul, zu denen ich als Repräsentant eines Sportartikelherstellers gereist war, bei einem Essen in einem asiatischen Restaurant den Spiegel-Journalisten Jürgen Leinemann kennengelernt. Wir saßen in einer größeren Runde, rund ein Dutzend Medienvertreter. Leinemann war der Einzige, der keinen Alkohol bestellte, nicht vor, nicht während und nicht nach dem Essen. Auf meine irritierte Frage antwortete er: »Ich bin trockener Alkoholiker.« Eine für mich unverständliche Antwort, die meine Verwirrung steigerte. Der Mann war eloquent, gut gekleidet, erfolgreicher Journalist und augenscheinlich auch nicht dumm – wie konnte so einer sich als Alkoholiker bezeichnen? Merkwürdiger Vogel, dachte ich und beachtete ihn nicht weiter. Erst beinahe zwei Jahrzehnte später sollte ich mich an diese Begegnung erinnern.

Jacques Berndorf, der die Eifel in Interviews gerne als »schönsten Arsch der Welt« bezeichnet, wohnte dort, wo die A1 endet, in Dreis-Brück, einem selbst für Eifeler Verhältnisse abgelegenen Örtchen am Rande von Nirgendwo.

Als ich dem Schriftsteller, der in Wirklichkeit Michael Preute heißt, vier Monate nach meiner Entlassung aus dem Krankenhaus in seinem Wohnzimmer gegenübersaß – der Verlag hatte den Kontakt hergestellt, da ich angegeben hatte, ein filmisches Porträt über Berndorf zu planen –, platzte ich schon nach wenigen Minuten mit der Frage heraus, die mich umtrieb, seit ich den ersten Eifelkrimi gelesen hatte: »Ist es Zufall, dass Ihre Hauptfigur nicht trinkt?« Er antwortete, dass er selbst trockener Alkoholiker sei und seit mehr als zwei Jahrzehnten nicht mehr trinke.

Wir unterhielten uns zwei Stunden lang, über Alkoholsucht, das Leben und das Schreiben mit und vor allem ohne Alkohol, bei Kaffee und vielen Zigaretten. Anschließend fuhr ich glücklich und beseelt nach Hause, um eine Perspektive, eine Zukunftsvorstellung reicher. Dieser Mann, ein früherer Journalist, der lange von Alkohol abhängig gewesen war, unter anderem, um die Belastungen, die sein Beruf mit sich brachte, aushalten zu können und seine Ängste einzudämmen, soff nicht mehr. Und lebte dennoch ein erfülltes Leben, er schrieb Bücher, war kreativ und erfolgreich. Wenn ihm das gelungen war, dann gab es vielleicht auch für mich noch Hoffnung. Zaghaft öffnete sich die Tür zu einem trockenen Leben einen weiteren Spalt. Als ich nach Hause kam, erzählte ich meinem Vater begeistert von dieser Begegnung.

## Drei Flaschen und ein Todesfall

Als ich meinen Vater zum letzten Mal lebend sah, saß er auf dem braunen Ledersofa im Wohnzimmer und las Zeitung. Es war gegen Mittag, am Morgen hatte ich ein Paket eines Süßwarenherstellers erhalten, randvoll mit Produktproben, Keksen, Schokolade, Pralinen. Ein Mitarbeiter des Unternehmens hatte eine mögliche Zusammenarbeit in Sachen Marketing in Aussicht gestellt. Seit meiner Entlassung aus dem Krankenhaus waren rund fünf Monate vergangen, einer meiner ersten, zaghaften Versuche, beruflich wieder auf die Beine zu kommen. Ich war bester Laune. Auch mein Vater freute sich über die Kekse und natürlich über die guten Nachrichten. Wir wechselten einige belanglose, freundliche Sätze, dann klingelte das Telefon. Mein Vater nahm den Hörer von der Gabel, und ich verabschiedete mich.

Es war ein strahlender Frühlingstag, die Sonne vertrieb die Winterkühle aus der Eifeler Höhenluft. Meine Mutter war mit unserem Hund spazieren, ich beschloss, eine Runde um den See zu gehen. Mein ganz privater ambulanter Jakobsweg, seit meiner Entlassung aus dem Krankenhaus war ich die sieben Kilometer Dutzende Male gegangen, vor allem in den quälenden ersten Monaten meiner Abstinenz hatte ich dabei im Stillen Brechts Gedicht »Die Krücken«[*] rezitiert, eine Art tröstliches Mantra:

> »Sieben Jahre wollt kein Schritt mir glücken.
> Als ich zu dem großen Arzte kam,
> Fragte er: Wozu die Krücken?
> Und ich sagte: Ich bin lahm.
> Sagte er: Das ist kein Wunder,
> Sei so freundlich zu probieren!
> Was dich lähmt, ist dieser Plunder!

---

[*] aus: Bertolt Brecht, Werke. Große kommentierte Berliner und Frankfurter Ausgabe, Band 14: Gedichte 4. © Bertolt-Brecht-Erben/Suhrkamp Verlag 1993.

Geh, fall, kriech auf allen vieren!
Lachend wie ein Ungeheuer
Nahm er mir die schönen Krücken,
Brach sie durch auf meinem Rücken,
Warf sie lachend in das Feuer.
Nun, ich bin kuriert: Ich gehe.
Mich kurierte ein Gelächter.
Nur zuweilen, wenn ich Hölzer sehe,
Gehe ich für Stunden etwas schlechter.«

Als ich knapp eine Stunde später das Grundstück betrat, stürzte meine Mutter aufgelöst aus dem Haus. »Der Papa ist tot«, stammelte sie. Ich hastete die Treppe hinauf, rief nach ihm, »Papa, Papa«, ein ums andere Mal. Vielleicht irrte meine Mutter, ich hatte meinen Vater doch gerade noch gesehen und gesprochen, da schien er bei bester Gesundheit. Jetzt bekam ich keine Antwort. Er saß noch an derselben Stelle auf dem Sofa, sein Kinn lag auf seiner Brust, die Augen waren geschlossen, sein Körper in sich zusammengesunken. Ich hatte ihn schon häufiger so gesehen, mein Vater war sechsundsiebzig, er schlief immer wieder nachmittags auf dem Sofa ein. Aber dieses Mal war alles anders. Als ich vor ihm stand und ihn ansah, wusste ich, dass er nicht mehr lebte. Ich kann es nicht genau beschreiben, aber ich spürte den Tod, hatte ihn genau genommen schon in dem Moment gespürt, in dem ich den Raum betreten hatte. Ich berührte meinen Vater vorsichtig, spürte seine Körperwärme, aber ich wusste, dass kein Leben mehr in ihm war.

Wie ferngesteuert griff ich zum Telefon, rief den Notarzt an. Dann stand ich vom Sofa auf, stand einfach da wie paralysiert, mitten im Raum, sah meinen Vater an und wartete. Ich fühlte mich leer, wie abgestorben. Die Ankunft des Notarztes einige Minuten später riss mich aus meiner Starre. »Ihr Vater hatte einen Herzstillstand«, sagte der Arzt. »Möchten Sie, dass wir eine Reanimation beginnen?« Ich verneinte. Glücklicherweise hatte mein Vater wiederholt geäußert, dass er Wiederbelebungsversuche oder lebensverlängernde Maßnahmen ablehne, deutlich und unmissverständlich. Er wollte kein Pflegefall werden oder, nur von Apparaten am Leben gehalten, vor sich hinvegetieren. So einen Tod, friedlich auf seinem Sofa, hatte er sich gewünscht, das wusste ich. Ich empfand seine klare Haltung als Entlastung, diese Entscheidung selbst treffen zu müssen hätte mich heillos überfordert.

»Ich musste das fragen«, sagte der Arzt, nachdem er meinen Vater für tot erklärt hatte. »Aber ich hätte in Ihrer Situation genauso entschieden.« Außerdem versicherte er mir, dass mein Vater aller Wahrscheinlichkeit nach einen schmerzlosen Tod gehabt hatte. Dafür war ich ihm dankbar.

Vorsichtig nahm ich meinen Vater bei den Schultern, gemeinsam mit dem Notarzt brachte ich ihn in eine liegende Position. Mein Vater lag tot auf dem Sofa. Ich saß neben ihm im Sessel. Nahm das Telefon in die Hand und rief meinen Bruder in München an, dann das Beerdigungsinstitut. Ich legte die Kleidung heraus, die mein Vater bei der Bestattung tragen sollte. Ich funktionierte wie auf Autopilot, fühlte mich aber wie auf Treibsand, kein Halt, nirgends.

Mein Vater war sehr groß, beinahe zwei Meter, im Alter hatte er zudem an Gewicht zugelegt, er wog deutlich mehr als einhundert Kilo. Die Angestellten des Beerdigungsunternehmens waren überfordert und baten mich, mit anzufassen. Zu dritt hoben wir meinen Vater vom Sofa auf die Bahre und trugen ihn zum Leichenwagen. Ein merkwürdiger Moment. Aber auch ein sehr inniger und tröstlicher. Meinen toten Vater aus dem Haus zu tragen war eine aktive, körperlich spürbare Form des Abschieds, für die ich im Nachhinein sehr dankbar bin. In diesem Moment aber spürte ich nichts anderes als Schmerz und Trauer, grausam, verschlingend und alles beschattend.

Meine Mutter war durch den Tod ihres Mannes in den Grundfesten ihres Lebens und Fühlens erschüttert.

Siebenundvierzig Jahre waren sie ein Paar gewesen. Jetzt war sie außerstande, sich mit den Anforderungen der Außenwelt auseinanderzusetzen. Sie benötigte allen Halt und alle Unterstützung, die ich ihr geben konnte. Wenn ich ihr schon nicht den Schmerz und den Verlust abzunehmen vermochte, dann zumindest die Beerdigungsvorbereitungen. Carlo lebte seit Jahren mit seiner Freundin und seinem kleinen Sohn im mehr als 600 Kilometer entfernten München, also war das Organisatorische meine Aufgabe.

Ich fuhr zu den Verwandten, die in der Nähe wohnten, und überbrachte ihnen die Todesnachricht. Danach weiter zum Beerdigungsinstitut, um die wichtigsten Formalitäten zu erledigen. Ich tat, was zu tun war, sagte, was zu sagen war; funktionierte wie eine mechanische Aufziehpuppe. Der Schmerz und die Trauer waren unerträglich. Als alles erledigt war, setzte ich mich in meinen Wagen und fuhr zur nächstgelegenen Tankstelle. Es war, als würde eine alte Programmierung mit Macht an die Oberfläche drängen, alle Gehirnfunktionen überschreiben und meine Handlungen lenken. Ich fühlte mich wie eine Marionette, an unsichtbaren Fäden gezogen. Der Schmerz sollte verschwinden, nichts sonst zählte. Die Tankstelle war nicht weit vom Beerdigungsinstitut entfernt, vor meiner Entgiftung hatte ich einige Male dort Alkohol gekauft. In den vergangenen Monaten waren es Zigaretten und Zeitungen gewesen. Ohne zu zögern bewegte ich mich auf das Regal mit den Alkoholika zu. Nahm zwei kleine Flaschen Cognac heraus und ging an die Kasse. Eine Art Zwangsläufigkeit, der ich mich ergab. Ich traf keine bewusste Entscheidung, focht keine inneren Kämpfe aus, dachte nicht über Konsequenzen nach, stellte nichts in Frage. Anschließend stieg ich in den Wagen, legte die beiden Flaschen auf den Beifahrersitz. Sie dort liegen zu sehen, vermittelte mir ein Gefühl von Sicherheit. Meine Notausstiegstür aus dem Schmerz und der Überforderung. Nach ungefähr einem Kilometer fuhr ich an den Straßenrand, parkte den Wagen in einer Nothaltebucht. Auf der rechten Seite ein Gewerbegebiet, links Wiesen und Bäume. Ich sah all das und sah es doch nicht. Aussteigen, einige Schritte gehen, tief durchatmen und meine Gedanken ordnen. Alles sinnlos, ich fühlte nur Leere und Schmerz. Und sah die beiden Flaschen auf dem Beifahrersitz.

Mein Vater war tot. Mit stetig wachsender Deutlichkeit drängte diese Erkenntnis in mein Bewusstsein. Er war nicht mehr da, nicht heute und nicht morgen. Nie mehr. Ich nahm die erste Flasche und öffnete sie. Als ich auch die zweite Flasche geleert hatte, legte sich der Alkoholnebel besänftigend um meinen Verstand. Gleichzeitig stiegen Panik und Scham in mir hoch. Ich hatte wieder getrunken. Ein Gedanke, den ich mit Macht in die hintersten Winkel meines Bewusstseins drängte. Irgendwie gelang es mir, nach Hause zu fahren und mich um meine Mutter zu kümmern. Ich rief in einem nahegelegenen Restaurant an und ließ uns Essen liefern. Wir beide stocherten nur abwesend in unserem Fisch.

Nachdem meine Mutter zu Bett gegangen war, gab es kein Halten mehr für mich. Ich trat die Tür zu unserem Weinkeller ein. Nahm eine Flasche Grappa aus dem Regal und trank in gierigen Schlucken, bis die Flasche leer war. Nichts mehr spüren, keinen Schmerz, keine Scham, keine Angst. Ich verlor das Bewusstsein.

Als ich die Augen öffnete, war meine Verzweiflung bodenlos. Ich lag in der Toilette auf dem Fußboden, über mir das angstverzerrte Gesicht meiner Mutter, die verzweifelt und unter Tränen an mir rüttelte. Mein Vater war tot. Ich hatte wieder getrunken. Immer wieder diese Gedanken. Mein Vater war tot. Ich hatte wieder getrunken. In dem Moment, in dem meine Mutter mich am dringendsten brauchte, hatte ich sie im Stich gelassen und mich wieder in den Alkohol geflüchtet. Ich hatte versagt. Meine trockenen Monate, meine ersten zaghaften Erfolge, meine Pläne und Absichten, nichts hatte mehr Bedeutung. Es war der 17. April 2002, und es war vorbei. Ich war wieder, was ich immer sein würde – ein Säufer, ein Alkoholwrack auf dem Toilettenboden. Ohne Hoffnung, ohne Zukunft. Alles würde wieder von vorne beginnen, es würde mir nie gelingen, dem Kerker meiner Sucht dauerhaft zu entrinnen. Meine Mutter sah mich nur an, in stummer Sorge und Verzweiflung.

»Sie haben nur einen Vater, sein Tod bedeutet, dass eine Ihrer Wurzeln abgeschlagen wurde«, sagte mein Therapeut. Am Tag zuvor, kurz nachdem ich auf der Toilette zu mir gekommen war, hatte ich ihn angerufen, verzweifelt und panisch vor Angst. Er hatte mitfühlend reagiert, mir keine Vorwürfe gemacht, im Gegenteil. »Kommen Sie her, dann reden wir in Ruhe«, hatte er gesagt. Seine Gelassenheit und Zuversicht hatten mich getröstet und mir Hoffnung gegeben. An diese Hoffnung hatte ich mich geklammert, es war mir gelungen, bis zu unserem Termin nicht zu trinken. Jetzt saß ich ihm in seiner Aachener Praxis gegenüber. »So einen Verlust erleidet man nur ein- oder zweimal im Leben«, sagte er. »Es ist menschlich, in so einer Ausnahmesituation auf gewohnte Lösungsstrategien zurückzugreifen, vor allem, da Sie nicht ausreichend Gelegenheit hatten, neue zu entwickeln. Sie sollten sich das verzeihen.«

Wahrscheinlich waren das genau die Worte, die ich hören musste. Zaghaft schöpfte ich Zuversicht. Vielleicht war es doch möglich, die Sackgasse, in der ich mich befand, zu verlassen und den Weg, den ich vier Monate zuvor eingeschlagen hatte, weiterzugehen. Mit Hilfe des Valiums und eines Antidepressivums, das er mir verschrieb, hangelte ich mich durch die Tage. Die Medikamente halfen mir, die Beerdigung ohne Alkohol durchzustehen und Schlaf zu finden. Nach dieser komatösen Nacht auf der Toilette trank ich keinen Tropfen Alkohol mehr.

Mein Vater hatte sich gewünscht, in seiner alten Heimat beerdigt zu werden. Nach der Trauerfeier in der Eifel, zu der zahlreiche Freunde und Verwandte geladen waren, begleiteten meine Mutter und ich den Sarg bei der Überführung ins sechshundert Kilometer entfernte Merseburg in Sachsen-Anhalt. Als der Sarg in die Erde gelassen wurde, waren wir zu dritt am Grab, meine Mutter, ein Trauerredner und ich. Carlo hatte bei seinem kranken Sohn in München bleiben müssen. Ein stiller, sehr privater Abschied. Es war, als hätte ich in diesem Moment auch die Angst davor begraben, wieder die Kontrolle über mein Leben zu verlieren. Mein Vater war tot, ich stand mit meiner Mutter an seinem Grab, trauernd, tief erschüttert und unter Tränen, aber nüchtern.

Die beiden Cognacs und die Flasche Grappa erwähnte ich bei meinen AA-Treffen nie. Ich speicherte diese Nacht als ein singuläres Ereignis ab, als einen Vorfall, aus einer Extremsituation geboren und losgelöst von meinem sonstigen Leben. So gelang es mir, die versoffene Nacht ohne größeren Schaden in mein Leben zu integrieren. Wir alle praktizieren in unserer Wahrnehmung und Erinnerung eine Art persönlicher Geschichtsschreibung, sind bemüht, allem, was geschieht, einen Platz zuzuweisen. Dieses Besäufnis als Rückfall zu sehen, der alles, was ich bis dahin getan und erreicht hatte, entwertete und in Frage stellte, erschien mir ungleich bedrohlicher. Den Absturz als einmaligen Sonderfall zu betrachten, ohne ihn zu verharmlosen, und ihn mir, wie mein Therapeut mir geraten hatte, zu verzeihen, ermöglichte mir, weiterzumachen und die Kontrolle über mein Leben zurückzugewinnen.

In den Jahren, die folgten, beging ich den Jahrestag meiner Trockenheit stets am 10. November, weil ich an diesem Tag vor dem Alkohol kapituliert und mit der Einweisung in das Simmerather Krankenhaus den Weg in ein trockenes Leben begonnen habe. Der 16. April war lange kein Datum für meine offizielle Geschichtsschreibung, die Erinnerung daran habe ich für viele Jahre mit niemandem außer meinem Therapeuten geteilt, vielleicht habe ich sie bisher nicht teilen können. Heute, nach mehr als zehn Jahren ohne Alkohol, hat sie ihren Schrecken endgültig verloren.

Nach der Beerdigung meines Vaters nahm ich mein vorheriges trockenes Leben wieder auf und bemühte mich, mein Tagesgerüst weiter auszubauen. Ich glich einer Spinne, die ihr Netz webt – zunächst einige wenige starke Fäden, die Sicherungsleine und das Grundgerüst, auf dem Faden für Faden weiter aufgebaut wird. Im Juni fand ich eine zweite Selbsthilfegruppe, die sich jeden Montagabend traf, ein weiterer fester Termin in meinem Wochenplan, ein weiterer Sicherungsfaden.

Die Gruppe war nicht an die Anonymen Alkoholiker angeschlossen und wurde von einer engagierten Sozialpädagogin geleitet. Die grundsätzlichen Prinzipien glichen sich, wurden aber weniger strikt und formelhaft angewandt. Ein Mitglied dieser Gruppe war Pfarrer und Krankenhausseelsorger. Ein gläubiger, sehr konservativer und integrer Mensch. Er war seit acht Jahren trocken, sein offener Umgang mit seiner Alkoholsucht imponierte mir und machte mir Mut. Nach seiner letzten Entgiftung hatte er die Gläubigen während des Gottesdienstes, sozusagen von der Kanzel herab, über seine Abhängigkeit in Kenntnis gesetzt und ihnen mitgeteilt, dass er keinen Alkohol mehr trinken werde. Er hatte sogar bei der Kirche eine offizielle Dispens erwirkt und die Genehmigung erhalten, während der Eucharistie Traubensaft statt des üblichen Messweins zu trinken.

Für mich war er ein Vorbild und zudem ein weiteres Beispiel dafür, wie tief die Alkoholsucht in der Gesellschaft verwurzelt ist, quer durch alle Schichten und Milieus. In gewisser Weise hatte es etwas Tröstliches zu erfahren, dass es jeden treffen kann, sogar einen dermaßen grundsoliden und religiösen Mann, nicht nur leichtlebige, gottlose Hallodris wie mich.

Im Frühsommer begann ich, mich an Handwerksarbeiten zu versuchen. Körperliche Arbeit hatte ich zeit meines Lebens nach Möglichkeit vermieden, sogar als Student hatte ich andere dafür bezahlt, meine Umzugskartons zu schleppen. Außerdem war ich handwerklich eher unbegabt, mein Versuch, eine Zündkerze an meinem ersten Wagen zu wechseln, hatte damit geendet, dass mir der Motor um die Ohren flog. Jetzt widmete ich mich mit großem Eifer einer zerbrochenen Dachrinne und einer baufälligen Freitreppe. Zehn Tage lang stand ich Stunde um Stunde auf der Leiter, schwitzte in der Sommersonne und genoss jede Minute. Ich schlief sogar immer besser. Als mein Werk vollbracht war, fühlte ich mich stolz und zufrieden. Und beschloss, mein neuerworbenes handwerkliches Selbstvertrauen an einer maroden Holztür zu erproben.

Nach meiner Rückkehr aus dem Krankenhaus hatte ich mich in dem alten Fachwerkhaus auf dem Grundstück meiner Eltern eingerichtet; dort, wo ich mir fünfundzwanzig Jahre zuvor mit Brigitte mein erstes eigenes Reich und einen Rückzugsraum geschaffen hatte. Jetzt begann ich, kleinere Schäden am Haus zu beheben. Mit jedem Handgriff, jedem Nagel, den ich in die Wand schlug, festigte ich in gewisser Weise auch meine Zukunft.

Im Herbst traf ich einen ehemaligen Klassenkameraden wieder, der in einem Nachbarort lebte. Carlo sollte in einer Spielshow im Privatfernsehen mitsamt seiner alten Schulklasse gegen den Komiker Wigald Boning und dessen Klassenkameraden antreten. Ich hatte die Aufgabe übernommen, mit unseren ehemaligen Mitschülern in Kontakt zu treten. Achim war selbständiger Ingenieur mit eigenem Statikbüro. Er erholte sich gerade von einem Bandscheibenvorfall und sah sich ebenfalls genötigt, einige Stellschrauben seines Lebens neu zu justieren. Was, zugegeben, bei aller Dramatik nicht einer gewissen Komik entbehrte – ein Statiker mit Störung in der Körperstatik. Achim und ich verabredeten uns zum gemeinsamen morgendlichen Krafttraining, dreimal in der Woche. Beinahe ebenso wichtig wie der Sport selbst waren für mich die Gespräche mit Achim, der gemeinsame Kaffee nach dem Training. Ein weiterer wichtiger Baustein für mein trockenes Leben, ein weiterer Faden in meinem Netz.

Mein Leben gewann von Monat zu Monat an Kontur und Qualität. Auch wenn von außen betrachtet vieles dagegen sprach – ich hatte einen Offenbarungseid geleistet, bekam nur ein bescheidenes Krankengeld, hatte ansonsten kein nennenswertes Einkommen, keinen Job, keine Freundin, keinen Sex, keinen Wagen und lebte wie ein Frührentner im baufälligen Haus auf dem Grundstück meiner Eltern –, war ich zufrieden und glücklich, zumindest immer häufiger. Noch wenige Jahre zuvor wäre mir das unvorstellbar erschienen. Eine Lektion in Demut.

Weihnachten verbrachte ich zusammen mit meiner Mutter bei Carlo, seiner Freundin und ihrem gemeinsamen Sohn in München. In besseren Zeiten war es üblich gewesen, dass Carlo und ich den 24. Dezember auf dem Tennisplatz zubrachten und uns die Bälle um die Ohren droschen. Unsere verbissen geführten Duelle fanden in aller Regel kein Ende, immer wieder waren wir zu spät zur Bescherung erschienen. So war es auch in jenem Jahr. Natürlich hatte ich meinem trainierten und talentierten Bruder nichts entgegenzusetzen. Eine Tatsache, die Carlo nicht müde wurde zu betonen. »Streng dich mal an, du bist kein Gegner für mich«, sagte er ein ums andere Mal. In Sachen sportlichem Konkurrenzkampf waren wir wohl immer noch auf dem Stand von Zehnjährigen, in dieser Hinsicht hatte sich in den vergangenen vierzig Jahren zwischen uns beiden nichts verändert. Auch wenn ich chancenlos war, genoss ich den Anflug von Normalität in unserer Beziehung.

Spätestens beim Abendessen wurde deutlich, wie weit wir beide noch von einem unbelasteten Umgang miteinander entfernt waren. Ich spürte den wachsamen, beinahe lauernden Blick meines Bruders, seine Skepsis. Auch meine Mutter war nicht frei davon. »Hauch mich mal an«, hatte sie mich wenige Wochen zuvor aufgefordert.

»Hast du getrunken?«

Für mich, der ich seit Monaten all meine Kraft aufbot, trocken zu bleiben und mir ein neues Leben aufzubauen, war dieses Misstrauen eine schwere Kränkung, kaum auszuhalten. »Mutti, das ist doch jetzt nicht dein Ernst«, hatte ich geantwortet, erschüttert und empört. Aber obwohl ich mir Zutrauen wünschte; wenn ich ehrlich war, konnte ich meiner Mutter und meinem Bruder ihr Recht auf Skepsis nicht absprechen. Schließlich gründeten ihr Misstrauen und ihre Sorge auf Erfahrung. Ich hatte sie jahrelang ständig belogen und betrogen, ein integraler Bestandteil der Krankheit Sucht – wer sich ständig selbst belog, konnte anderen gegenüber kaum ehrlich sein. Woher sollten sie also wissen, dass es dieses Mal anders war? Nur ich selbst konnte ganz sicher sein, dass ich nicht trank. Ich durfte nicht erwarten, dass die Menschen, die mir nahestanden, die jahrzehntelang unter meinem Alkoholismus gelitten hatten und meine lahmen Ausreden, Entschuldigungen, meine Beschwichtigungsversuche und folgenlosen Beteuerungen über sich ergehen lassen mussten, mich jetzt jeden Tag, den ich trocken hinter mich brachte, euphorisch bejubelten. Auch wenn jeder Tag, den ich nicht trank, in meinen Augen eine Heldentat bedeutete, in den Augen der anderen war ich eher eine Art Straftäter auf Bewährung.

 Über meine Sucht und die Anstrengungen, die ein Leben ohne Alkohol mir anfangs abverlangte, sprachen Carlo und ich nie. Dass er stolz auf mich war, darauf, dass es mir gelungen war, meinem Leben diese Wendung zu geben, erfuhr ich über die Jahre von gemeinsamen Freunden. Manchmal schien es mir, als würde mein neues, abstinentes Leben meinem Bruder, der zum Essen oder bei besonderen Anlässen mit Genuss und Begeisterung Wein trank, ähnliche Rätsel aufgeben wie die Abstürze und Kontrollverluste der Vergangenheit.

**Out of Rollesbroich**

Der Vorschlag war ebenso simpel wie einleuchtend:
»Wenn du dich unwohl fühlst«, hatte mir Manfred, der ehemalige Versicherungskaufmann aus meiner AA-Gruppe, geraten, »dann gehst du einfach, sofort.« Merkwürdigerweise war ich auf diese mehr als offensichtliche Lösung meines Dilemmas selbst nicht gekommen. Januar 2003, die alljährliche »Lambertz-Schoko-Party« im Alten Wartesaal in Köln stand vor der Tür. Die Party, die zwei Jahre zuvor das Ende meines letzten abstinenten Intermezzos markiert hatte.

Mittlerweile, nach mehr als einem Jahr Regeneration – oder Kurlaub im Club Rollesbroich, wie es mein Bruder in Anlehnung an Club Med nannte –, wuchs mit meiner Energie auch wieder meine Unruhe. Zu irgendetwas mussten meine zurückkehrenden Kräfte doch nutze sein, ich wollte mich ausprobieren in der Welt, einen Platz jenseits des Frührentnerdaseins im Haus meiner Eltern finden. Draußen tobte das Leben, und ich saß in der Eifel auf meinem Arsch und wurde gesund. Langsam war es Zeit für eine Veränderung, für die ersten zaghaften Schritte hinaus aus meinem selbstgewählten Asyl. Schließlich hatte ich nicht vor, mich den Rest meines Lebens als ewiger Rekonvaleszent einzuigeln und meine Wunden zu lecken. Die Party bot eine gute Gelegenheit, mich für eine Nacht in die Außenwelt zu wagen und zu überprüfen, wie belastbar und sicher der trockene Boden unter meinen Füßen mittlerweile war.

Das Fiasko, mit dem mein Party-Realitätscheck zwei Jahre zuvor geendet hatte, hatte sich deutlich in mein Gedächtnis eingebrannt; ich war weit davon entfernt, diese Entscheidung auf die leichte Schulter zu nehmen. Ich wusste, wie groß die Herausforderung werden konnte. Aber ich fühlte mich ihr gewachsen und wollte mich ihr stellen. Und – wenn ich mich unwohl fühlte, würde ich gehen. Einfach so, ohne Rechenschaft abzulegen, und wenn es nötig war, ohne mich zu verabschieden. Der Notausgang stand weit offen, eine Vorstellung, die mich sehr entlastete.

Es wurde ein phantastischer Abend. Ich genoss jede Minute; genoss es, mich mit alten Freunden zu unterhalten, zu scherzen, zu lachen. Zum ersten Mal seit Jahrzehnten nüchtern. Vor allem das erfüllte mich mit wilder Euphorie – ich stand hier, mit meinem Glas Saft in der Hand, und amüsierte mich, ohne den Alkohol zu vermissen. Ich berauschte mich an der guten Stimmung, an der Gesellschaft und dem Austausch mit Freunden, ohne Ausfallerscheinung und Wahrnehmungstrübung, ohne Scham und Schuldgefühle am nächsten Morgen. So konnte es also auch aussehen, ein Leben ohne Alkohol, jenseits der Abgeschiedenheit in Rollesbroich und außerhalb des Schutzes der Selbsthilfegruppen. Jedem ersten Mal, heißt es nicht von ungefähr, wohne ein Zauber inne. Diese Party war für mich so ein erstes Mal, das einen neuen Lebensabschnitt markierte. Viele weitere würden folgen.

Zum ersten Mal erlebte ich eine Party ganz bewusst. Ich sah vieles in einem neuen Licht. Drei Arten von Gästen fielen mir auf. Die einen, die soffen, als würde am nächsten Tag die Prohibition eingeführt, immer wieder auf der Toilette verschwanden und ziemlich aufgedreht zurückkehrten. Gestalten, die sich in einem eigenen Universum bewegten, Spiegelbilder und Schatten meiner Vergangenheit. Wann immer einer von ihnen meine Nähe suchte, ließ ich ihn bei der ersten Gelegenheit stehen. Deren Gegenwart und der damit verbundene Blick auf meine schlimmsten Alpträume bereiteten mir körperliche Übelkeit. Als mir einer meiner früheren Saufkumpane einen Drink anbot, lehnte ich mit dem Hinweis ab, ich sei Alkoholiker und würde nicht mehr trinken. Sein mit schwerer Zunge gelalltes »Das find ich super!« ließ die Situation noch absurder erscheinen. »Ein Kompliment aus deinem berufenen Mund, das tut gut«, sagte ich und ging. Dann gab es jene, die zu dem besonderen Anlass mehr tranken als gewöhnlich, ohne betrunken aus der Rolle zu fallen. Eine dritte Gruppe von Gästen fiel mir besonders ins Auge, eine, die ich bisher auf all meinen Partys immer übersehen hatte: Männer und Frauen, die kaum oder gar keinen Alkohol tranken, nicht, weil sie wie ich süchtig waren und den

Alkohol meiden mussten, sondern weil sie sich auch und gerade ohne Alkohol wohl fühlten und gut amüsierten, weil es für sie normal und selbstverständlich war, sich nicht zu betrinken. Mir war, als hätte ich eine neue Spezies entdeckt.

Auch die Reaktionen einiger alter Freunde, die nicht zu den Absturzkandidaten gehörten, bestärkten mich. Ich sähe fünf Jahre jünger aus, hieß es, mindestens, außerdem sei es schön, mich auf so einer Party einmal nicht überdreht und aufgeputscht anzutreffen. Sie gratulierten mir aufrichtig. Ich war stolz und zufrieden. Irgendwann fuhr ich nach Hause, glücklich und erfüllt von neuen, aufregenden Eindrücken. Noch dazu nüchtern, ohne Angst vor einer Polizeikontrolle und ohne den Drang, die Nacht in irgendeiner Weise noch weiter auf die Spitze zu treiben; ein wunderbares Gefühl von Freiheit. Die Valium-Pille in meiner Gesäßtasche, meine letzte Sicherungsleine, war unangetastet geblieben.

Zudem hatte ich mich einer tiefsitzenden Angst gestellt – noch immer fürchtete ich, mich in der Kölner Medien- und Sportwelt für alle Zeiten diskreditiert zu haben, in diesen Kreisen eine Persona non grata zu sein. In meiner Phantasie war mein Erscheinen auf der Party von vorwurfsvollen Worten und abschätzigen Blicken begleitet gewesen. In der Realität war nichts davon geschehen, eine große Entlastung. Mir kam es so vor, als sei ich der Einzige, dem meine beschämenden Interviews noch in dieser Deutlichkeit im Gedächtnis geblieben waren.

Die wichtigste Erkenntnis aber, die mir diese Nacht vermittelt hatte, lautete: Es war möglich – ein trockenes Leben, in dem die Trockenheit nicht Selbstzweck war und gleichbedeutend mit Verzicht auf jede Form von Spaß, Gemeinschaft, Geselligkeit und rauschhafte Zustände. Ich war durch das Trinken einsam geworden; durch die Trockenheit gleichermaßen zur Einsamkeit verdammt zu sein oder dauerhaft eine Existenz im Schutzghetto der Selbsthilfegruppen fristen zu müssen, war eine Horrorvorstellung für mich. Schließlich hatte ich mit dem Saufen aufgehört, um mein Leben wiederzuerlangen, den Menschen wieder näher zu kommen. Die Party war ein erster Fingerzeig, dass es so ein abstinentes Leben für mich geben konnte, auch wenn ich wusste, dass ich noch ganz am Anfang stand und sich zahlreiche Koordinaten verschoben hatten. Es sollte Tage dauern, bis ich all die neuen Eindrücke und Erfahrungen verarbeitet hatte. Die Zeit, das hatte ich mittlerweile begriffen, musste ich mir geben. Nur nichts überstürzen. Auch wenn mir das nicht immer leichtfiel.

## Homo ludens

Ein strahlender Sommertag, knapp zwei Jahre nach meiner Entlassung aus dem Simmerather Krankenhaus. Keine Wolke am blauen Himmel, ein leichter Wind wehte die Hitze von der Haut, die Sonnenstrahlen tanzten auf den Blättern der Bäume. Ich stand auf dem Golfplatz, mein 7er Eisen in der Hand, und sah meinem Ball hinterher, der sich in einem weiten Bogen aus dem Blau des Himmels auf das satte Grün des Platzes senkte. Ein Moment des Glücks und tiefempfundener Zufriedenheit. »Wenn ich nicht mit dem Saufen aufgehört hätte, würde ich jetzt wohl nicht mehr leben«, sagte ich.

Dietmar sah mich an. »Nein, mit Sicherheit nicht«, erwiderte er. »Du hättest dich schon lange totgesoffen.« Und selbst wenn es mir gelungen wäre, mich irgendwie ans Leben zu klammern – es wäre ein anderes Leben, ich würde nicht hier stehen, zusammen mit Dietmar, und diesen wunderbaren Augenblick genießen.

Dietmar Mögenburg, ehemaliger Weltklassehochspringer und langjähriger Trainingspartner und Freund meines Bruders, war in den Jahrzehnten, in denen wir uns kannten, ein enger Freund geworden. Einer, der meine Kapriolen und Abstürze hautnah miterlebt und darunter häufig gelitten hatte. 1998 waren wir gemeinsam zu einem Tennisturnier in Halle, Westfalen, gefahren, in meinem Wagen. Dietmar, dem mein unstetes Leben zu dieser Zeit nicht verborgen geblieben war, hatte mich vor Antritt der Reise mehrfach in beschwörendem Ton gefragt, ob er sich darauf verlassen könne, dass wir am nächsten Tag gegen Mittag zurückfahren würden, da er am Nachmittag einen wichtigen Termin in Köln hatte. Ich hatte ihm glaubhaft versichert, dass er sich keine Sorgen machen solle, alles würde glattgehen. Davon war ich auch tatsächlich überzeugt gewesen. Zumindest so lange, bis ich auf der Party einen Saufkumpan mit Kokain in der Tasche getroffen hatte.

Am Mittag des nächsten Tages, Dietmar hatte schon seit einiger Zeit zum Aufbruch gedrängt, stand ich einmal mehr neben mir. Ich hatte keine Minute geschlafen und die ganze Nacht gesoffen und gekokst. Unvorstellbar, in meinen Wagen zu steigen, selbst als Beifahrer, geschweige denn zu fahren. Dietmar hatte sich resigniert ein Taxi zum nächsten Bahnhof genommen und war mit dem Zug gefahren, zu seinem Termin war er zu spät gekommen.

Trotz solcher Enttäuschungen war der Kontakt nie ganz abgebrochen. Unsere Freundschaft hatte alle meine Abstürze überdauert, jetzt, nach meinem Neustart, vertiefte sie sich wieder. Eine wertvolle Erfahrung, für die ich ihm dankbar war. Nur wenige Freundschaften hatten meinen Totalabsturz, den anschließenden Rückzug in die Eifel und die Abkehr vom Alkohol überdauert, der Kontakt zu meinen früheren Kölner Feierfreunden war komplett abgerissen. Zahlreiche Freundschaften, das war mir deutlich geworden, verdienten diese Bezeichnung wohl nicht.

Zugegeben, wahrscheinlich hätte ein Umzug aus einer pulsierenden Millionenstadt wie Köln in ein 700-Seelen-Dorf in der Eifel wohl in jedem Fall das Sozialleben drastisch reduziert, die darüber hinausgehenden Veränderungen in meinem Leben pulverisierten es geradezu. Auch wenn ich meine Entscheidung nicht in Zweifel zog; mit der Zurückgezogenheit und der Einsamkeit umzugehen fiel mir häufig schwer. Umso kostbarer erschien mir jeder Freund, der mir geblieben war.

Dietmar lebte seit einigen Jahren in Köln, seit ein paar Monaten sahen wir uns wieder häufiger. Im Frühsommer hatten wir begonnen, gemeinsam Golf zu spielen. Die Golfanlage des Gut Clarendorf in Frechen, ungefähr auf halber Strecke zwischen der Kölner Innenstadt und der Eifel gelegen, bot »Golfen für jedermann« an, ein Kurzbahnplatz mit Par-3-Löchern, nicht zu anspruchsvoll, zudem kostengünstiger als die meisten anderen Golfclubs und ohne jeden Hang zu Snobismus, elitärem Gehabe und Etikette. Bei entsprechendem Wetter trafen wir uns jeden Freitagnachmittag dort. Ein wichtiger Termin für mich, ein weiterer Faden in meinem Netz.

Auf diesen Termin freute ich mich meist schon Tage zuvor. Die Bewegung in der Natur, den Wind und die Sonne auf der

Haut zu spüren. Gemeinsam mit einem Freund auf dem Golfplatz zu stehen und zu spielen, die Freude über einen gelungenen Schlag zu teilen und gemeinsam über einen missglückten zu lachen. Und es gab viel zu lachen!

Dietmar war ein begeisterter Golfer. Allerdings ein talentfreier. Da ich meiner früheren Form auch noch weit hinterherstolperte, spielten wir auf Augenhöhe. Wobei unsere Augen in diesem Fall wohl eher in Kniehöhe auf das Grün blickten. Auch für Dietmar, der als ehemaliger Olympiasieger vielleicht noch höhere Ansprüche an sich selbst hatte als ich, der ich einmal ein leidlich guter Golfer gewesen war und wieder werden wollte, eine neue Erfahrung. Möglich, dass gerade die Tatsache, dass wir beide auf dem Golfplatz vor uns hindilettierten, zu unserer guten Stimmung beitrug. Es gelang uns schnell, eine wunderbare Balance zu finden zwischen ernsthaftem Bemühen und spielerischer Lässigkeit, zwischen Ehrgeiz und purem Vergnügen.

Golf ist möglicherweise eine der albernsten Tätigkeiten, die wir Menschen uns ausgedacht haben. Wir dreschen mit einem ungeeigneten Schläger mit unzureichender Trefferfläche auf einen winzigen Ball ein und versuchen, weit entfernte Ziele zu treffen, die wir kaum sehen können. Einfach dämlich. Ich stelle mir gerne vor, Außerirdische würden die Erde besuchen, und das Erste, was sie von ihrem Raumschiff aus sähen, wäre ein Golfplatz. Wahrscheinlich würden sie einige Zeit diese merkwürdigen Wesen und ihr noch merkwürdigeres Tun beobachten, zu dem Schluss kommen, dass die Menschen allesamt bekloppt sind, und diesem seltsamen Planeten so schnell wie möglich wieder den Rücken kehren.

Aber gleichzeitig macht gerade das den Reiz aus. In dieser scheinbar so absurden, sinnlosen Tätigkeit ist der Mensch als Homo ludens, als spielendes Wesen, ganz bei sich. In den besten Momenten entsteht tatsächlich ein Gefühl von Transzendenz, zumindest geht es mir so. Golf ist für mich ein wunderbares Entspannungsmittel und Antidepressivum, wirksamer als jedes Medikament.

## Zurück in die Zukunft

Der Parkplatz im Innenhof des Alexianer-Krankenhauses lag im Dunkeln. Als ich aus meinem Wagen stieg, sah ich den Lichtschein, der aus den Fenstern drang. Ich zündete mir eine Zigarette an, angespannt, aber auch von freudiger Erwartung erfüllt. Dort oben, in der Psychiatrie im zweiten Stock, hatte ich drei Jahre zuvor unter falschem Namen Zuflucht gesucht, am Tiefpunkt meiner Säuferkarriere, nach meinem Zusammenbruch und meiner öffentlichen Selbstdemontage. Damals hatte ich diesen Innenhof nicht ohne Begleitung betreten dürfen.

Heute, im November 2003, war alles anders. Zwei Jahre hatte ich keinen Alkohol mehr getrunken, an diesem Abend würde ich gemeinsam mit Manfred die Patienten über Geschichte, Konzept und Arbeit der Anonymen Alkoholiker informieren. Und meine eigene Säufergeschichte erzählen, ohne falschen Namen, ohne Beschönigung und ohne Scham. An dem Ort, an den mich Jahre zuvor mein Absturz geführt hatte. Eine überwältigende Vorstellung. Die Flure, die Räume, das Licht, der Geruch, alles war mir noch vertraut. Sogar der Ausnüchterungsstuhl stand noch an der gleichen Stelle im Flur. Aber ich hatte mich verändert, ich war kein Patient, kein Säufer mehr.

Ich konnte mich frei bewegen, in den Räumen des Krankenhauses und in der Welt.

Bei den Anonymen Alkoholikern ist es – wie bei den meisten Selbsthilfeorganisationen – üblich, seine Erfahrungen weiterzugeben und sogenannte Dienste zu übernehmen. AA-Mitglieder führen Informationsveranstaltungen in Gefängnissen, Krankenhäusern oder Therapieeinrichtungen durch, betreiben Info-Stände auf öffentlichen Plätzen und bei Veranstaltungen oder gründen neue Selbsthilfegruppen, immer ehrenamtlich und mit großem persönlichem Engagement. Dieser Einsatz nötigte mir großen Respekt ab.

Ich hatte mir selbst eine Frist von zwei trockenen Jahren gesetzt. Auch wenn ich schon nach zehn oder elf Monaten, getragen von einer großen Anfangseuphorie, begierig darauf war, die Welt und vor allem andere Alkoholiker an meinen Fortschritten und Erkenntnissen teilhaben zu lassen. Aber wenn ich ehrlich zu mir selbst war, wäre das voreilig und auch ein wenig unglaubwürdig gewesen. Jemand, der noch nicht einmal ein Jahr trocken hinter sich gebracht hatte, war meiner Meinung nach nicht in der Position, anderen aufzuzeigen, wo es langgehen konnte. Jetzt, nach zwei Jahren, fühlte ich mich mehr und mehr gefestigt, und meine Vorstellungen von einem trockenen Leben basierten zu einem Großteil auf Erfahrung, nicht wie zu Beginn hauptsächlich auf Überschwang und guten Absichten.

Die Tatsache, dass ich nicht mehr trank, erfüllte mich mit wilder Freude, aber die Veränderung ging noch tiefer. In den vergangenen zwei Jahren hatte ich eine Ahnung davon entwickelt, wie ein befriedigendes Leben ohne Alkohol für mich aussehen konnte. Ich hatte einige ungesunde Strategien und Überzeugungen über Bord geworfen und neue gewonnen, mein Selbstbild einer Revision unterzogen, ohne dass mir der Säufer, der ich gewesen war, seine Ängste, Schwächen, Sehnsüchte und Entscheidungen fremd geworden wären. Ein Prozess, der noch andauerte, aber ich fühlte mich auf einem guten Weg. Von diesem Weg und meinen Veränderungen wollte ich berichten.

Ich erinnerte mich an eine ähnliche Veranstaltung, die ich hier, in diesem Raum, als Patient besucht hatte. Der Vortrag hatte keinen allzu großen Eindruck auf mich gemacht. Die Vertreter der Selbsthilfegruppe hatten sich darauf beschränkt, Grundsätzliches zum Thema Alkoholismus und Konzeption und Arbeit ihrer Gruppe zu referieren. Ich hatte mich gemeinsam mit Manfred entschieden, die Sache anders anzugehen, persönlicher, weniger theoretisch.

»Mein Name ist Bernd, ich bin Alkoholiker«, begann ich meinen Vortrag. An diese Einleitung hatte ich mich mittlerweile gewöhnt, notgedrungen. Sie gehört nun einmal dazu. Außerdem war diese Einsicht letzten Endes auch die Grundlage für meinen Genesungsprozess. Anschließend hielten wir uns nicht weiter mit den üblichen Floskeln auf. Manfred und ich berichteten von unseren persönlichen Erfahrungen, unseren Abstürzen und Niederlagen der Vergangenheit; dem Leid, den Kämpfen, den Erfolgen, dem Glück, der Unsicherheit und den Enttäuschungen der trockenen Jahre.

Der Abend war eine kaum fassbare, beglückende Erfahrung für mich. Die Patienten waren interessiert und neugierig, sie schienen Anteil zu nehmen an dem, was ich erzählte, an mir und meinem Leben. Schließlich war ich einer von ihnen, hatte erst drei Jahre zuvor da gesessen, wo sie an diesem Abend saßen, hatte meine Existenz versoffen und war verzweifelt und am Ende gewesen. Jetzt saß ich vor ihnen, auf der anderen Seite des Tisches, seit zwei Jahren trocken, gesund und voller Leben, trotz aller Schwierigkeiten und Anstrengungen optimistisch und hoffnungsvoll. Mein Beispiel und mein Bemühen um Aufrichtigkeit, so schien es mir, machten einigen von ihnen Mut und gaben ihnen Hoffnung. Nicht allen, zugegeben. Ein Patient erzählte mir, dass er schon zum vierzigsten oder fünfzigsten Mal dort aufgenommen worden sei. Er hatte sich aufgegeben. Meine Einlassungen klangen für ihn wie Botschaften aus einer anderen Welt, zu der ihm der Zutritt verwehrt war. Sein Leid wurde durch meine Worte nicht geringer, seine Zuversicht nicht größer. Ich begriff, dass es vermessen war anzunehmen, dass ich jeden erreichen konnte. Das sollte ich auch Jahre später in meiner Arbeit in der Privatklinik und meiner Selbsthilfegruppe bestätigt finden. Dennoch war die Resonanz auf meinen Vortrag größer und positiver, als ich es zu hoffen gewagt hatte.

Als ich das Krankenhaus verließ, war mir, als würde ich dreißig Zentimeter über dem Boden schweben. Dieser Abend war ein Meilenstein für mich. Ein Moment größter Euphorie, ein Erfolgserlebnis, das mich anspornte. Die Erinnerung an solche Augenblicke half mir in den Jahren, die folgten, Phasen der Angst und Hoffnungslosigkeit zu überstehen.

Zum einen empfand ich es als Befreiung, diesen Ort, der meinen Niedergang markiert hatte, unter anderen Vorzeichen wieder besucht zu haben, freiwillig, trocken und gesund. Noch wichtiger war das Gefühl, dem einen oder anderen der Patienten etwas mit auf seinen Weg gegeben zu haben. Meine Erfahrungen der letzten Jahrzehnte, die mein Leben beinahe zerstört hatten, all das Leid und der Schmerz, die Angst und die Verzweiflung, die Kämpfe, Niederlagen und Erfolge waren vielleicht tatsächlich zu etwas nütze.

## Kaninchen mit Bindehautentzündung

Ich stand auf einem Tennisplatz in Aachen, hinten an der Grundlinie, und hielt meinen Schläger umklammert, als könnte ich mich daran festhalten. Krampfhaft darum bemüht, meine Augen auf den Ball zu heften. Leicht fiel mir das nicht, der knackige Po in Tennisshorts, der sich einige Meter vor mir in der Nähe des Netzes bewegte, fesselte immer wieder meine Aufmerksamkeit.

Trotzdem war ich erleichtert, dass Julia, meine Tennispartnerin, mir ihren Rücken zuwandte und ich mich auf das Spiel konzentrieren konnte – oder zumindest vorgeben konnte, das zu tun. Unsere erste Begegnung einige Minuten zuvor im Eingangsbereich der Tennisanlage war etwas hölzern und verklemmt verlaufen, meine Hände waren schweißnass vor Nervosität gewesen. Das Tennisspiel lieferte eine willkommene Ablenkung und lockerte die Situation auf.

Julia war mein erstes Blinddate und mein erstes trockenes Date seit Jahrzehnten. Mittlerweile trank ich seit beinahe drei Jahren nicht mehr, mein Leben hatte wieder in eine Form gefunden, und der Boden unter meinen Füßen war zwar noch kein Fels, aber auch schon länger kein Treibsand mehr. Ich hatte erste berufliche Projekte vorangetrieben, einen kleineren Industriefilm gedreht und, mit bescheidenen EU-Geldern gefördert, ein Projekt zur Suchtprävention in Firmen entwickelt; inspiriert und ermutigt durch die positiven Erfahrungen, die ich im Zuge meiner Dienste für die Anonymen Alkoholiker gesammelt hatte. Gemeinsam mit Yvonne, der Sozialarbeiterin, die mich damals im Simmerather Krankenhaus über die Tage gerettet hatte. »Alkohol in Unternehmen – Informationen und Strategien aus zwei Perspektiven« hieß unser Seminarkonzept. Yvonne, die sich mittlerweile zur Therapeutin weitergebildet hatte, war für die professionelle, therapeutische Seite zuständig. Ich lieferte die Innenansicht eines Betroffenen.

Unser Ansatz war pragmatisch. Es ging uns nicht darum, den Alkohol zu verteufeln, ihn zum grundbösen Verderber und Feindbild zu erklären. Aber wir hatten beide auf unterschiedliche Weise Erfahrungen damit gemacht, dass das Trinken für manche Menschen schwere, oft existenzbedrohende Probleme nach sich zog. Diesen Menschen wollten wir Unterstützung anbieten und neue Wege aufzeigen. Den Firmen wollten wir helfen, ein besseres Verständnis für die Krankheit Alkoholismus, eine größere Sensibilität für die Wechselwirkung von Alkoholmissbrauch und Problemen am Arbeitsplatz und einen anderen Umgang mit den Betroffenen zu entwickeln. Bei einigen Unternehmen war unser Angebot auf gute Resonanz gestoßen, ein zweites berufliches Standbein für mich. Eines, das zudem eng mit meiner eigenen Lebenssituation verknüpft war.

Ich machte also Fortschritte, in so ziemlich jeder Hinsicht. Meine Entschuldung schritt voran, nicht zuletzt dank der finanziellen Zuwendung meines Vaters, der schon vor meiner letzten Entgiftung einen Teil meiner Schulden beglichen hatte, und der großen Unterstützung meines Anwalts, der seit meinem Aufenthalt im Alexianer-Krankenhaus an meiner Seite stand, mich bei meinem Offenbarungseid beraten, mit meinen Gläubigern Schuldenerlasse ausgehandelt und mir so ein Insolvenzverfahren erspart hatte. Mein Sozialleben verdiente diesen Namen wieder, und meine körperliche Leistungsfähigkeit war wiederhergestellt. Beim Golf gelangen mir wieder zielgenaue Schläge über Entfernungen von mehr als hundertfünfzig Metern, und auch mein Tennisspiel hatte sich deutlich verbessert. Im Simmerather Tennisclub, in dem ich Mitglied war, wurde meine Abstinenz von allen ohne jedes Aufheben akzeptiert und unterstützt. Von sozialem Abseits konnte also keine Rede sein. Lediglich auf einen gemeinsamen Wochenendausflug zur Weinprobe hatte ich aus naheliegenden Gründen verzichtet. Doch ein nicht unbedeutendes erstes Mal stand noch aus.

Mein Beziehungsleben glich immer noch einer Großbaustelle, die seit Jahren bestreikt wird. Ein Notstandsgebiet. Die Möglichkeiten, das zu ändern, kamen mir sehr begrenzt vor. Früher hatte ich Freundinnen und Sexualpartnerinnen in der Regel in Kneipen und Diskotheken rekrutiert. Bei meinen Aufrissversuchen war ich nie nüchtern gewesen.

Andere Strategien standen mir leider nicht zur Verfügung, und die Wahrscheinlichkeit, im Eifeler Dorfsupermarkt an der Käsetheke die Frau meines Lebens kennenzulernen, schätzte ich als verschwindend gering ein. Also mussten meine Freunde ran.
»Langsam wäre es an der Zeit, mal wieder eine Frau kennenzulernen«, sagte ich während eines gemeinsamen Essens mit Markus und Inge, einem befreundeten Pärchen. Markus, ein alter Studienfreund, zu dem ich in den vergangenen Jahren wieder den Kontakt gefunden hatte, lebte mit seiner Familie ungefähr fünfzig Kilometer entfernt und führte einen mittelständischen Betrieb. »Könnt ihr da nicht mal was in die Wege leiten? Gibt es keine alleinstehenden Frauen in eurem Bekanntenkreis? Ihr wollt doch nicht, dass ich weiter so leide.«

Ich vermisste den Sex, die Erotik, das Knistern und die Aufregung, einen fremden Körper in den Armen zu spüren. Aber wenn ich ehrlich war, fehlte mir vor allem eine andere Form der Intimität: Ich sehnte mich nach einer Partnerin, die Anteil nahm an meinem Leben, mit der ich die Ereignisse des Tages teilen konnte, meine kleinen Erfolge und Niederlagen; eine Partnerin, die für mich da war und sich wünschte, dass ich für sie da war, mit der ich gemeinsam einschlafen und aufwachen konnte. Ich sehnte mich nach Innigkeit, Zärtlichkeit und Nähe, nach gemeinsamen Spaziergängen und Abendessen. Nichts gegen meine Mutter, aber auf Dauer war ihre Gegenwart dann doch zu wenig.

Julia, die Frau vor mir auf dem Tenniscourt, war eine Schulfreundin von Markus. Mitte dreißig, elf Jahre jünger als ich und Single, groß, schlank und hübsch. Markus hatte mich zudem vorgewarnt, sie sei mitunter etwas kapriziös, was nicht unbedingt dazu beitrug, dass ich sonderlich entspannt an unser Kennenlernen heranging. Dass ich sie vom ersten Moment an als anziehend und aufregend empfand, auch nicht.

Nachdem wir unsere Anfangsbefangenheit dank des Tennisspiels überwunden hatten, entspannte sich die Stimmung zusehends. Anschließend aß ich mit ihr in einem Restaurant in Eschweiler, es wurde ein harmonischer Abend. In der Nacht fuhr ich gutgelaunt und ziemlich aufgekratzt nach Hause. Mein erstes nüchternes Date war nicht das insgeheim befürchtete Desaster geworden, im Gegenteil. Ich mochte Julia sehr, und da wir zu einem weiteren Treffen in der darauffolgenden Woche verabredet waren, ging ich davon aus, dass ich ihr zumindest nicht abstoßend erschienen war.

Wenige Wochen später nahm meine Aufregung gesundheitsgefährdende Dimensionen an. Julia und ich waren uns mittlerweile näher gekommen, hatten gemeinsam gekocht und Tennis gespielt, waren Hand in Hand in der Eifel oder in der Nähe ihrer Wohnung in der Kölner Altstadt am Rhein spazieren gegangen.

Ich hatte mich verliebt. Ich genoss Julias Nähe, unsere Zweisamkeit und die Romantik. Trotz oder gerade wegen meiner Abstinenz von Rauschmitteln eine berauschende neue Erfahrung, bei unserem ersten Kuss war ich nervös und zappelig wie zuletzt mit siebzehn. Jetzt würden wir den nächsten Schritt wagen.

Am darauffolgenden Wochenende, hatten wir verabredet, würde ich die Nacht bei ihr verbringen, zum ersten Mal. Ohne dass wir explizit darüber gesprochen hatten, war mir klar, was das bedeutete. Der erste nüchterne Sex seit mehr als zwei Jahrzehnten stand an. Der Moment, den ich in den vergangenen Jahren des sexuellen Notstandes herbeigesehnt hatte. Ein Moment, der mich gleichzeitig tief verängstigte. Seit mehr als drei Jahren hatte ich nicht mehr mit einer Frau geschlafen, in den Jahrzehnten davor hatte ich mein Begehren stets mit Alkohol oder Kokain unterfüttert. Ich erinnerte mich kaum mehr daran, wie Sex funktionierte, geschweige denn ohne zusätzliche Stimulanzien.

Eine weitere wichtige Bewährungsprobe – in den allermeisten Bereichen des Alltags, das hatte ich in den vergangenen Jahren erfahren, war mein Leben nach meiner Entscheidung, keinen Alkohol mehr zu trinken, nicht schlechter geworden. Im Gegenteil, in vielerlei Hinsicht profitierte ich davon. In diesem wichtigen Bereich stand eine Überprüfung noch aus. Sex war über Jahrzehnte von Alkohol, Kokain und Rausch geprägt. Nüchtern, trocken – diese Worte hatten im sexuellen Kontext einen eher abschreckenden Klang.

Gerade einmal fünf Jahre war es her, dass ich kaum eine Woche ausgehalten hatte, ohne mein ausschweifendes Beziehungsleben zusätzlich mit Affären oder Prostituierten aufzupeppen. Jetzt brachte mich schon die Vorstellung, mit meiner Freundin zu schlafen, an den Rand des Nervenzusammenbruchs. Was, wenn es mir nicht gelingen würde, meiner Nervosität Herr zu werden? Wenn ich verkrampfte und keine Erektion bekam?

Klar, in der Vergangenheit hatte es meist zu meiner vollsten Zufriedenheit funktioniert, aber eben unter anderen Voraussetzungen, in einem anderen Jahrhundert, einem anderen Leben, wie es mir schien. Diese Erfahrungen nutzten mir heute nichts mehr. Im Gegenteil, die Erinnerung daran beunruhigte mich. Was, wenn nach all diesen Jahrzehnten, die mich tief geprägt hatten, Sex für mich nur noch auf diese Weise möglich war? Musste ich, wenn ich nicht mehr trank und kokste, auch auf Sex verzichten? Fragen, die mich umtrieben und nachhaltig verunsicherten.

In meiner Not suchte ich Rat bei meinem Therapeuten. Zumindest was meine organische Funktionsfähigkeit anginge, sagte mein Psychiater, könne er mir Sicherheit verschaffen. In der Hoffnung, so auch meine Nervosität zu verringern, verschrieb er mir Levitra, ein dem Viagra verwandtes Medikament zur Behandlung erektiler Dysfunktion. Zumindest meine Erektion war damit wohl gesichert. Eine Tatsache, die mich tatsächlich entspannte und mir ein wenig die Versagensangst nahm. Allerdings gab es aber auch in diesem Fall nichts umsonst. Die Liste der Nebenwirkungen auf dem Beipackzettel war lang und schreckenerregend – Herzrasen, Unruhezustände, Schlafstörungen, Haut- und Augenrötung. Egal, das war es mir wert. In der Dosierungsanweisung wurde empfohlen, das Medikament eine Stunde vor dem Sex einzunehmen. Damit fingen die Probleme allerdings schon an. Wie sollte ich abschätzen, wann genau es zur Sache gehen würde? Es war Samstagabend, Julia und ich hatten verabredet, den Abend in ihrer Wohnung zu verbringen und gemeinsam zu kochen, Hokkaido-Kürbiscremesuppe und Filetspitzen mit asiatischem Wokgemüse. Nach dem Essen beschloss ich, kein Risiko einzugehen. Ich verzog mich auf die Toilette und schluckte die Tablette, für alle Fälle.

Julia hatte in ihrem Wohnzimmer einen Kickertisch aufgebaut, wir spielten zwei Runden. Anschließend saßen wir nebeneinander auf dem Sofa, unterhielten und küssten uns. Julia trank ein Glas Wein. Der große Moment rückte näher. Ich spürte, wie mir die Hitze zu Kopf stieg, ausgelöst vom Kickern, ihrer Nähe und der Erwartung auf das, was die Nacht noch bringen würde. Julia sah mich verwundert an. »Was ist denn mit dir los, du bist krebsrot im Gesicht«, sagte sie. »Deine Augen sind auch rot. Ist alles in Ordnung?«

Ich sprang vom Sofa auf und hastete ins Badezimmer. Sie hatte recht. Mein Gesicht leuchtete in hellem Rot, meine Augen sahen aus wie bei einem bekifften Kaninchen mit Bindehautentzündung. Verdammt. Dafür war wohl das Levitra verantwortlich, der Beipackzettel hatte mich gewarnt. Was tun? Julia die Wahrheit zu sagen, ihr meine Unsicherheit und Zuflucht zur Chemie zu beichten, erschien mir unsagbar peinlich. Also erklärte ich die Rötung mit einer unbedeutenden allergischen Hautreaktion. Damit gab Julia sich zufrieden, der Abend ging weiter den erwarteten Gang.

Irgendwann lagen wir nackt in ihrem Bett. Wir küssten uns, fassten uns an, vor ihrem Fenster stand der Vollmond am Himmel. Ihr so nahe zu sein, ihre nackte Haut zu spüren, war traumhaft, aufregend und betörend. Es wurde eine wunderbare Nacht. Aufregender, überwältigender Sex war also auch ohne Koks und Alkohol möglich. Nicht einmal die Tatsache, dass wir Schwierigkeiten mit dem Kondom hatten und einige Anläufe nötig waren, bis es ordnungsgemäß an seinem Platz saß, konnte meine Erregung trüben. Keine Ahnung, ob ich diese Standfestigkeit dem Medikament verdankte oder ob sie schlicht dem Begehren geschuldet war.

Später, als wir Arm in Arm nebeneinanderlagen, fand ich vor Euphorie und schierem Glück lange keinen Schlaf. Ich sah in den Nachthimmel, spürte Julias Haut an meiner, ich hörte ihre Atemzüge und fühlte, wie das Blut durch meine Adern rauschte. Ein wunderbarer, kostbarer Moment. Meine Angst und meine Unsicherheit verschwanden nach diesem Erlebnis. Das erste Mal, dass ich eine der Tabletten genommen hatte, blieb auch das letzte Mal.

## Alkohol Alaaf!

Der Kerl sah aus wie ein Volltrottel, ausstaffiert mit einem schwarzen Overall mit Boss-Aufnäher, schwarzer Sonnenbrille und Goldkettchen. Dumm nur, dass ich vor dem Spiegel stand. Der verkleidete Depp war ich. Meine Kostümierung sollte einen Rennfahrer darstellen, aber meiner Meinung nach sah ich einfach nur wie ein Idiot aus.

Julia hatte mich überredet, sie zur Karnevalsfeier in den Sartory-Sälen zu begleiten. Die Veranstaltung, bei der die großen kölschen Stimmungsbands wie De Höhner oder Bläck Fööss auftraten, markierte den Höhepunkt der Kölner Karnevalssaison. Für Vollblutkarnevalisten wie Julia ein Moment, dem sie monatelang entgegenfieberten. Ich gehörte entschieden nicht dazu. Selbst besoffen empfand ich Karneval meist eher als lästig denn angenehm, Büttenreden, Karnevalsschlager und »Kölle Alaaf« ohne gnädige Alkoholvernebelung durchstehen zu müssen, umzingelt von besoffenen Jecken, erschien mir wie ein Martyrium. Ein wahrer Liebesbeweis. Andererseits war ich auch bei der Silvesterfeier mit einigen Freunden im Kölner Hyatt ein paar Wochen zuvor der Einzige gewesen, der keinen Alkohol getrunken hatte. Eine Herausforderung, zumal in der bedeutungaufgeladenen Silvesternacht, die Rückschau und Neustart bedeutete.

Genossen hatte ich den Abend dennoch. Vielleicht würde mir das auch in dieser Nacht gelingen, obwohl ich daran große Zweifel hegte. Und letztlich galt ja immer noch die simple Regel – wenn ich mich unwohl fühlte, konnte ich gehen. Einmal mehr ein beruhigender Gedanke.

Die Nacht war die erwartete Tortur. Ich fühlte mich wie in einem surrealen Alptraum gefangen, inmitten verkleideter, besoffener und aufgekratzter Menschen, die mit schwerer Zunge die immer gleichen schlechten Lieder grölten, die immer gleichen blöden Sprüche machten und über die immer gleichen dummen Witze lachten. Entsetzlich und wohl nur für echte Karnevalisten dauerhaft zu ertragen, zumal ohne die Möglichkeit, sich in den Alkoholrausch zu flüchten. Bis zwei Uhr hielt ich durch. Dann war ich am Ende meiner Leidensfähigkeit – und vor allem meiner Leidensbereitschaft – angelangt. Nur raus hier, weg von diesen Menschen, dieser enervierenden Musik, raus aus dieser Deppenverkleidung. Julia allerdings war noch lange nicht am Ende, sie amüsierte sich prächtig und wollte die Party noch nicht verlassen.

»Komm, bleib doch noch, nur eine Stunde«, sagte sie.

Ich fuhr allein zurück in ihre Wohnung. Eine Entscheidung, zu der ich Jahre zuvor nicht in der Lage gewesen wäre. In Situationen wie dieser, in denen ich mich den Erwartungen meines Umfeldes nicht gewachsen fühlte, hatte ich getrunken. Vor allem, wenn diese Erwartungen deckungsgleich mit meinem Selbstbild waren. Bernd Thränhardt, Spielverderber und Spaßbremse – unvorstellbar! Jahrelang war ich in den Augen der anderen die Stimmungskanone gewesen, die jede Party, jede Runde in Schwung brachte. So hatte ich mich auch selbst gesehen, mich sehen wollen. Und dabei jegliches Gespür dafür verloren, dass diese Stimmungskanone nur ein Teil meiner Persönlichkeit und meines Gefühlsspektrums war. Ein Selbstbild, das im Laufe der Jahre ein Eigenleben entwickelt hatte. Ich musste ihm gerecht werden und damit den Erwartungen der anderen, immer und zu jeder Gelegenheit, egal, wie ich mich fühlte. Also hatte ich mich in Stimmung getrunken. Am Ende war ich ein besoffener Gute-Laune-Bär, der an unsichtbaren Fäden tanzte, ohne es zu bemerken. Ein trauriger Hanswurst. Diese Zeiten waren glücklicherweise vorüber.

Ich war glücklich und auch ein wenig stolz, dass es mir gelungen war, mein Gefühl ernst zu nehmen und zu gehen, statt dem sozialen Druck nachzugeben und mich länger einer Situation auszusetzen, die mich zu überfordern drohte. Achtsamkeit nannte das mein Therapeut. Gleichzeitig war ich enttäuscht und wütend. Ich hatte dieses Karnevals-Martyrium Julia zuliebe auf mich genommen und bis in die Morgenstunden ertragen, fraglos ein Liebesdienst. Julia schien daran keinen Gedanken zu verschwenden, von Wertschätzung ganz zu schweigen. Sie amüsierte sich prächtig, wie war es da möglich, dass ich mich unwohl fühlte? Zumindest hatte ich den Eindruck, dass es für sie keine Rolle spielte. Als sie anderthalb Stunden später ebenfalls nach Hause kam, beschwerte sie sich sogar, dass ich nicht mit ihr geblieben war. Für meine Entscheidung und die Enttäuschung über ihre Reaktion zeigte sie kein Verständnis. Ein erster Bruch in unserer Beziehung.

Einige Wochen später saß ich in meinem Wagen und fuhr auf der A4 in Richtung Aachen. Es war früh am Abend, den Nachmittag hatte ich mit Julia verbracht. Seit der unsäglichen Karnevalsfeier war unsere Beziehung schwieriger geworden. So schnell wir uns einander angenähert hatten, so schnell entfernten wir uns wieder voneinander. Jeder fühlte sich vom anderen unverstanden, unser Humor unterschied sich ebenso grundsätzlich, wie unsere Streitkultur und unsere Problemlösungsstrategien sich unterschieden. Nach einem langen Gespräch hatten wir beide einsehen müssen, dass wir nicht zusammenpassten, trotz aller Verliebtheit. »Es ist besser, wenn ich jetzt fahre«, hatte ich gesagt. Julia hatte mir beigepflichtet. Auch wenn es keiner von uns aussprach, ich wusste, das war das Ende. Meine erste Beziehung seit mehr als drei Jahren, die erste seit mehr als zwei Jahrzehnten, die ich nüchtern erlebt hatte, war vorüber. Mit jedem Kilometer, den ich mich von Köln entfernte, wuchsen mein Schmerz und meine Trauer. Es war zu Ende. Die Beziehung, nach der ich mich so gesehnt hatte, all die Euphorie, die Verliebtheit, die Nähe und Intimität, der Sex, alles vorbei, nach einigen Monaten nur. Meine Hoffnungen und Zukunftspläne, so schien es mir, ebenso. Ich war wieder allein und würde es wohl bleiben.

Die extreme Anspannung in meinem Körper war kaum auszuhalten. Der Schweiß brach mir aus, meine Hände begannen zu zittern, als sei ich auf Entzug. Mein Zustand verschlimmerte sich von Minute zu Minute. Mein Schädel dröhnte, die Gedanken jagten sich. Ich wollte trinken. Ich musste trinken. Ich würde trinken. Jetzt gleich. Es gab keine Alternative, anders war es nicht zu ertragen. Ich nahm die Ausfahrt zur nächsten Raststätte, ich fühlte mich wie aufgelöst, ausgehöhlt. Parkte den Wagen. Und hielt kurz inne. Ein Gedanke drängte an die Oberfläche. In einem solchen Moment, in dem wir fest entschlossen seien zu trinken, hatten sie uns in den AA-Gruppen beschworen, sollten wir zuerst noch ein Telefonat führen. Trinken, hatte es geheißen, könnten wir danach immer noch.

Stimmt, dachte ich, trinken konnte ich immer noch, einige wenige Minuten für ein Telefonat aufzuwenden würde mich nicht umbringen. So lange konnte ich noch durchhalten. Schließlich hatte ich bei diversen Gelegenheiten versprochen, vor dem ersten Schluck jemanden aus der Gruppe zu kontaktieren. Die Anonymen Alkoholiker verstehen sich ja vor allem als Hilfsgemeinschaft. Also rief ich Manfred an. Daran, dass er mich vom Trinken würde abhalten können, glaubte ich nicht.

»Ich freue mich, dass du mich anrufst«, sagte Manfred, nachdem ich ihm meine Situation geschildert hatte. »Ich kann dir kein Wunder versprechen, das alle deine Probleme löst, aber ich kann dir sagen, was ich in deinem Fall tun würde. Geh in die Raststätte und kauf dir eine große Flasche Wasser und ein Eis. Dann trink die Flasche Wasser in einem Zug aus und iss sofort danach das Eis. Danach kannst du dann saufen, wenn du immer noch willst.« Hatte Manfred den Verstand verloren? Was für eine Schwachsinnsidee, dachte ich. Ich ertrank in Elend und Verzweiflung, und er riet mir zu Mineralwasser und Eis. Das konnte er doch nicht ernst meinen! Ich entschied, einen letzten Versuch zu wagen, und rief Toni an, ein anderes Gruppenmitglied. »Steig aus dem Wagen und sieh nach, ob irgendwo ein Wirtschaftsweg abgeht«, sagte Toni. »Und dann geh eine Stunde durch die Felder spazieren. Danach kannst du immer noch trinken.« Noch so ein grandioser Vorschlag! Nahmen die mich nicht ernst? Oder waren die alle bekloppt?

Auf der anderen Seite – ich hatte ja nichts zu verlieren. Trotz meiner Not und der scheinbaren Unabwendbarkeit machte mir die Vorstellung, nach drei Jahren wieder zu trinken, auch höllisch Angst. Ich nahm eine Literflasche Wasser aus dem Kühlregal und ein Eis aus der Gefriertruhe vor der Kasse. Bezahlte, verließ den Verkaufsraum und setzte die Flasche an den Mund. Die innere Anspannung schien mich zu zerreißen. Was tat ich hier? Wozu sollte das gut sein? Egal. Ich trank die Literflasche auf Ex, es kostete mich große Überwindung, die Kohlensäure brannte in meiner Speiseröhre. Tatsächlich, ungläubig spürte ich, wie die Spannung in meinem Körper ein klein wenig nachließ, kaum merklich, aber immerhin. In Ordnung, also weiter. Ich aß das Eis. Ebenfalls kein Vergnügen, ich musste den kalten Brei regelrecht in meinen wassergefüllten Magen zwingen. Zudem schmeckte es scheußlich. Seltsamerweise wurde es danach wieder geringfügig besser, der Aufruhr in meinem Kopf und meinem Körper schwächte sich leicht ab. Zudem erschien mir die Vorstellung, meinem malträtierten Magen jetzt auch noch Alkohol zuzumuten, gerade wenig reizvoll. Schon der Gedanke ließ mich würgen.

Wenn der erste scheinbar absurde Tipp ansatzweise Wirkung gezeigt hatte, würde ich dem zweiten auch eine Chance geben. Ich folgte dem Wirtschaftsweg hinter der Tankstelle. Ging durch den Nieselregen, umtost vom Lärm der nahegelegenen Autobahn, das Eis und das Mineralwasser schwappten in meinem Magen. Ich fühlte mich todelend. Ich beschleunigte meinen Schritt und spürte, wie die Bewegung mich langsam etwas ruhiger werden ließ. Als ich nach einer Dreiviertelstunde zu meinem Wagen zurückkehrte, waren die Trauer, der Schmerz und die Verzweiflung nicht verschwunden. Die Absicht zu trinken ebenfalls nicht. Aber sie beherrschte mein Fühlen und Denken nicht mehr vollständig. Trinken, sagte ich mir, konnte ich auch noch nach meiner Ankunft in der Eifel. Dann hätte ich zumindest keine Alkoholkontrolle zu fürchten. Ich stieg in meinen Wagen und fuhr los. Eine Stunde lang rang ich bei jeder Tankstellenausfahrt mit mir. Weiterfahren oder zum Saufen abbiegen? Jedes Mal verschob ich das Trinken bis zur nächsten Ausfahrt. Als ich in Rollesbroich ankam, hatte der Gedanke an den Alkohol seine Unabänderlichkeit verloren.

## Happy Birthday

»Hier, schenke ich dir«, sagte mein Bruder mit dem ihm eigenen, ruppigen Charme und warf mit Schwung einen teuren Golfschläger, einen Driver, auf den Tisch. »Ach ja, herzlichen Glückwunsch.« Es war der 8. Juni 2006, mein fünfzigster Geburtstag. Zusammen mit meiner Mutter, meinem Bruder und Simone verbrachte ich das Wochenende in Oberstaufen im Allgäu, auf den Gipfeln der Berge lag noch der Schnee des vergangenen Winters.

Simone und ich waren seit etwas mehr als einem Jahr ein Paar. Einige Wochen nach meiner Trennung von Julia hatte ich eine Kontaktanzeige in einem regionalen Wochenblatt aufgegeben. So schnell, hatte ich entschieden, würde ich mich nicht geschlagen geben. Noch war ich nicht bereit gewesen, mich in eine Existenz als einsamer Eifelwolf zu ergeben. Auf meine Anzeige hatten sich tatsächlich knapp zwanzig Interessentinnen gemeldet, Simone war mir von Beginn an anziehend und außergewöhnlich erschienen, schon ihre Nachricht auf der Mailbox hatte mein Interesse geweckt. Bei unserem Treffen in einem Café saß mir eine warmherzige, charmante und schöne Frau gegenüber. Wir hatten uns bald ineinander verliebt.

Schon bei unserem zweiten Treffen hatte ich ihr erklärt, dass ich trockener Alkoholiker war. Simone hatte in ihrer vorherigen Beziehung sehr unter den Alkoholproblemen ihres damaligen Partners gelitten, sie hatte großes Verständnis für meine Situation. Außerdem schien sie erleichtert – mit einem Partner, der nicht trank, würde sie zumindest die Probleme, die ihre letzte Beziehung hatten scheitern lassen, nicht haben. Sie nahm nicht einmal daran Anstoß, dass ich mich in meiner Kontaktanzeige ein oder zwei Jahre jünger gemacht hatte – schließlich fühlte ich mich zehn Jahre jünger.

An diesem Wochenende fand in Oberstaufen ein Golfturnier statt, an dem auch Carlo und ich teilnahmen. Eine Rückkehr zur Familientradition – Sport und Feiern mit der Familie. Aber dieses Mal gab es einen entscheidenden Unterschied. Ich war trocken, im Herbst würden es fünf Jahre werden. Dieses Mal konnte ich das Turnier und das Zusammensein mit meiner Familie in vollen Zügen genießen. Einmal mehr erkannte ich, wie sehr der Alkohol über Jahre mein Leben bestimmt und mich versklavt hatte. Wie anstrengend es gewesen war, in jeder Minute auf ihn fixiert zu sein, darauf, möglichst unbeobachtet zu trinken, krampfhaft darum bemüht, nicht aus der Rolle zu fallen, die Kollateralschäden in Grenzen zu halten oder zu beseitigen und meiner Mutter und meinem Bruder eine Normalität vorzuspielen, die nicht existierte. Diese permanente Anspannung, dieser Tunnelblick hatten mir am Ende meine Genussfähigkeit geraubt. Alles andere, der Sport, die Feier, das Zusammensein mit der Familie, war in den Hintergrund gerückt.

Mein Kampf gegen den Alkohol war eine Art Befreiungskampf gewesen. Jetzt war ich frei. Ich genoss es, bei 25 Grad und blauem Himmel auf dem Grün zu stehen und das Turnier zu spielen; genoss den Wettkampf mit meinem Bruder, sein Erstaunen über meine besonders gelungenen Schläge, sogar seine Häme, wenn ich mit dem Driver alptraumhafte Fehlschläge produzierte. Genoss das gemeinsame Essen mit der Familie, das glückliche Strahlen im Gesicht meiner Mutter, die ihre Jungs endlich wieder ungezwungen beim gemeinsamen Spiel erlebte; genoss es, zusammen mit Simone einzuschlafen und aufzuwachen, sie an diesem Tag bei mir zu haben, im Kreis meiner Familie. All das, ohne ständig mit einem Auge nach der nächsten Flasche zu schielen. Ohne mich verstellen, verstecken und am nächsten Tag die Scherben zusammenkehren zu müssen.

## Brüder im Geiste

Die Klinik lag malerisch am Rande eines Parks in einem niedersächsischen Kurort. Hinter dem Haus zog sich der Wald einen Hügel hinauf. Eine kleine Privatklinik, spezialisiert auf Alkohol, Kokain- und Tablettenabhängigkeit, die erst einige Monate zuvor gegründet worden war. Die knapp vierhundert Kilometer lange Fahrt von Rollesbroich nach Niedersachsen war eine Qual gewesen. In der Vergangenheit hatte ich während längerer Autofahrten immer wieder schwere Panikattacken erlitten, vor allem, wenn ich in den Nächten zuvor gekokst und gesoffen hatte, anstatt zu schlafen. Einige Male hatte sich mein Herzschlag während der Fahrt so sehr beschleunigt, dass ich überzeugt gewesen war, kurz vor einem Herzinfarkt zu stehen. Auf einer Heimfahrt von einer Davis-Cup-Begegnung in Karlsruhe Mitte der neunziger Jahre waren die Herzschmerzen und die daraus resultierende Todesangst so unerträglich geworden, dass ich nicht in der Lage gewesen war weiterzufahren. Ich hatte den nächsten Rastplatz angesteuert, war aus dem Auto gestiegen und hatte mich mit rasendem Herzen an einen Baum gelehnt, fest davon überzeugt, dass ich sterben würde. Als die Symptome nachgelassen hatten, war ich weitergefahren. Ich war nur bis zur nächsten Raststätte gekommen, dann hatten mich die Schmerzen erneut zum Halten gezwungen. Die Fahrt hatte schier endlose Stunden gedauert. Danach hatte ich mich in einem Krankenhaus untersuchen lassen. Der Arzt hatte keinerlei organische Ursachen feststellen können und mir geraten, meinen Lebensstil zu überdenken. Ein Vorschlag, den ich damals für wenig überzeugend hielt.

Jetzt, rund ein Jahrzehnt später, hatte ich meinen Lebensstil grundlegend geändert, aber die Angst vor langen Autofahrten war dennoch nicht ganz verschwunden. Vielleicht auch, weil ich aufgrund von postpubertärem Übermut, Restalkohol, Drogenrausch oder Übermüdung in der Vergangenheit zahlreiche Unfälle erlebt hatte, bei denen ich meist nur aufgrund puren Glücks nicht schwer verletzt wurde. Einmal war ich hinter dem

Steuer eingeschlafen. Ein heftiger Schlag hatte mich geweckt. Ich war ungebremst in eine Baustelle gerast. Alle Reifen waren geplatzt, der Wagen war aber ansonsten unbeschadet zum Stehen gekommen. So ein Unfall, schlafend und mit Vollgas auf der Autobahn, hätte mich und andere das Leben kosten können.

Auf der Fahrt nach Niedersachsen war die Angst wieder da, und mit ihr das Herzrasen und die Schweißausbrüche. Ich fuhr auf den nächsten Rastplatz, ging einige Schritte, atmete tief durch, aß eine Banane und trank einige Schlucke Wasser. Seltsamerweise beruhigten mich diese einfachen Tätigkeiten zuverlässig, zumindest für die nächsten hundert oder zweihundert Kilometer. Deshalb trat ich längere Autofahrten nie ohne zwei Bananen und eine Wasserflasche auf dem Beifahrersitz an.

Wenige Wochen zuvor hatte ich die Privatklinik zum ersten Mal besucht. Auf der Suche nach einem trockenen Alkoholiker, der bereit und in der Lage war, mindestens einmal im Monat in einem Seminar vor Patienten von seinen Erfahrungen zu berichten, war die Klinikleitung über Yvonne an mich herangetreten. »Erfahrungswissenschaft« nannte das der Geschäftsführer der Klinik, eine außergewöhnliche Bezeichnung, sicher, aber grundsätzlich eine gute Idee, von der die Patienten und nicht zuletzt auch ich selbst profitieren konnten. Das hatten meine Erfahrungen mit den AA-Diensten und den Firmenvorträgen gezeigt.

In der Klinik würde ich auf Patienten treffen, die in verschiedener Hinsicht mit ähnlichen Schwierigkeiten zu kämpfen hatten wie ich selbst einige Jahre zuvor. In gewisser Weise galt das natürlich für alle Süchtigen. Aber ich hatte während meiner Entgiftungen in Aachen und Simmerath und auch bei meinen AA-Gruppen festgestellt, dass trotz aller Gemeinsamkeiten auch das soziale Umfeld, der berufliche Status und die finanziellen Verhältnisse eine Rolle spielten und zu Problemen unter den Süchtigen führen konnten; vor allem, wenn die Schere zwischen den einzelnen Patienten oder Gruppenmitgliedern weit auseinanderging. Oft war es eine schwierige Gratwanderung, von meinen früheren beruflichen Erfolgen, meinem Offenbarungseid und den sechsstelligen Schulden, von neuen Filmprojekten und den damit verknüpften Hoffnungen, Ängsten, Zielen und Schwierigkeiten zu reden, ohne den anderen, die zum Teil seit Jahren von Hartz IV lebten und keine Chance sahen, das zu ändern, wie ein großkotziger Angeber mit Luxusproblemen zu erscheinen. In solchen Momenten hatte ich mich mitunter wie ein Fabelwesen gefühlt, das nicht wirklich dazugehörte.

Zudem fiel es Menschen mit hohem sozialem Status und beruflichem Erfolg – Unternehmern, Ärzten, Managern zum Beispiel – oft besonders schwer, Alkoholismus in ihr Selbstbild zu integrieren und zu akzeptieren, dass sie Trinker waren. Sucht bedeutete für sie Versagen, wer sich selbst in erster Linie über Leistung und Erfolg definiert und im Leben einiges erreicht hat, ist, wie ich es selbst über viele Jahre war, zu so einem Eingeständnis meist kaum in der Lage. Möglicherweise, dachte ich, konnten die Patienten so einer Privatklinik ja in besonderer Weise von meinen speziellen Lebenserfahrungen profitieren.

Nach unserem ersten Treffen hatte ich auf Bitten der Klinikleitung ein Konzept für die Seminare in der Klinik erarbeitet. Es basierte auf meinen Erfahrungen in den Selbsthilfegruppen und dem, was ich über Suchttheorie gelernt hatte. Ich hatte mich beständig weitergebildet, zahlreiche Bücher zum Thema gelesen und Symposien und Kongresse besucht. Gemeinsam mit Yvonne hatte ich sogar einige Tage in der Oberbergklinik hospitiert, einer der angesehensten Privatkliniken für Sucht und Depression in Deutschland. Ich war also gut vorbereitet. Im Zentrum meines Konzepts aber stand mein persönliches Erleben. Anhand meiner Lebensgeschichte wollte ich exemplarisch einen Weg in die Sucht und wieder hinaus schildern. Die Seminare sollten alle drei Wochen stattfinden, zwei Stunden am Vormittag und zwei Stunden am Nachmittag. Da die kürzeste Therapiedauer in der Klinik vier Wochen betrug, war also sichergestellt, dass jeder Patient die Möglichkeit bekam, mindestens einmal während seines Aufenthalts daran teilzunehmen.

An diesem Tag war ich in die Klinik gekommen, um einen Fünfjahresvertrag für eine zukünftige Zusammenarbeit zu unterschreiben. Zumindest dachte ich das, und ich war stolz, mir diese neue Perspektive geschaffen zu haben. Nachdem die Formalitäten erledigt waren, hatte der Geschäftsführer allerdings eine Überraschung für mich. »In einer Stunde beginnt Ihr erstes Seminar«, sagte er, »die Patienten sind schon ganz gespannt.«

Ich dachte, ich hätte mich verhört. Oder der Mann scherzte. »Wie bitte?«, fragte ich.

»Ihr erstes Seminar beginnt in einer Stunde«, wiederholte er seelenruhig. »Kommen Sie, ich zeige Ihnen den Raum.«

Das konnte doch nicht wahr sein! Ich war wie vor den Kopf geschlagen. Mein Herz beschleunigte in Sekunden auf 150 Schläge in der Minute. Wie sollte das gehen? Sicher, mein Grundkonzept stand, ich hatte eine Menge Zeit und Arbeit darin investiert, aber auf einen konkreten Vortrag war ich nicht vorbereitet. Vor allem nicht mental und emotional. Entweder hatten wir bei unserem ersten Treffen einige Wochen zuvor aneinander vorbeigeredet, oder ich hatte ihn falsch verstanden.

Eine Stunde später saß ich in einem verglasten Wintergarten mit Blick auf den Wald, der als Raucherraum für die Patienten diente. Zumindest war es mir hier erlaubt zu rauchen, immerhin. Wirklich beruhigen konnte mich aber auch das Nikotin nicht. Mein gesamter Körper stand unter Anspannung. Nach und nach kamen die Patienten, ich begrüßte jeden Einzelnen mit Handschlag und stellte mich vor. »Mein Name ist Bernd Thränhardt, ich halte heute das Seminar zum Thema Alkoholabhängigkeit aus Sicht eines Betroffenen.« In den Augen der Patienten meinte ich gespanntes Interesse zu lesen. Die erwarten bestimmt einen alten Hasen, einen routinierten Vollprofi, dachte ich. Und sie bekamen mich, einen innerlich nervösen Anfänger, der Angst davor hatte, den Faden zu verlieren, sich zu verhaspeln und die Erwartungen der Zuhörer und der Klinik zu enttäuschen.

Ich begann zu reden. Was sollte ich auch sonst tun? Für einen Rückzieher war es zu spät. Ich streifte kurz meine Jugend und meinen beruflichen Werdegang, schilderte meine Alkoholexzesse und das stetige Abgleiten in die Sucht, die Entgiftungen und Klinikaufenthalte, meine Erfahrungen, Kämpfe und Erkenntnisse der trockenen Jahre. Danach suchte ich das Gespräch mit den Patienten, fragte nach ihren Schwierigkeiten und den Gründen für ihren Aufenthalt in der Klinik. Bald entspann sich eine lebhafte Diskussion, wir sprachen über Parallelen und Unterschiede in unserer Lebens- und Suchtgeschichte und erörterten Lösungsstrategien. Mit einem Mal waren die zwei Stunden vorüber. Die Patienten fanden kein Ende, einige suchten im Anschluss an das Seminar noch ein Vieraugengespräch mit mir. Vielleicht war es doch genau der richtige Weg gewesen, unvorbereitet ins kalte Wasser geworfen zu werden.

Am Ende war ich erschöpft; mehr als zwei Stunden meine Konzentration hochzuhalten und dieses intensive Gespräch zu leiten, hatte mich sehr gefordert. Gleichzeitig war ich erleichtert und glücklich, regelrecht euphorisch. Ich hatte mein erstes Seminar hinter mich gebracht, und, was das Wichtigste war, die Patienten hatten offensichtlich davon profitiert. Die Resonanz war positiv und herzlich. Der Eindruck, den ich bei meinem AA-Dienst im Alexianer-Krankenhaus gewonnen hatte, verfestigte sich – es schien tatsächlich, als sei der ganze Irrsinn, den ich erlebt, das Leid, das ich mir und anderen zugefügt hatte, zu etwas nütze. Nicht nur, dass es mir gelungen war, trotz alledem zu überleben und seit Jahren trocken zu sein. Mehr noch, es war möglich, diese Lebensphase, die ich nach meiner letzten Entgiftung nur hatte überwinden und vergessen wollen, in mein trockenes Leben zu überführen und sinnbringend zu nutzen, für mich und andere. Dem kaputten Säufer, der ich gewesen war, der über beinahe zwei Jahrzehnte schweren Schaden angerichtet hatte, konstruktive und positive Seiten abzutrotzen, die mein Leben bereicherten.

In der Folge nahm dieser Bereich meiner Arbeit einen immer größeren Raum in meinem Leben ein. Ich intensivierte die Zusammenarbeit mit der Privatklinik, bald fanden meine Seminare wegen des großen Zuspruchs der Patienten häufiger statt. Dazu kamen Einzelgespräche, die ich bei langen Spaziergängen mit den Patienten führte. Die hilfreiche Wirkung von Bewegung hatte ich ja selbst immer wieder erfahren.

Ich initiierte Symposien, auf dem ersten hielt der Journalist und trockene Alkoholiker Jürgen Leinemann, der mich bei unserer ersten Begegnung so beeindruckt hatte, einen Vortrag, bei dem zweiten wagte ich mich selbst hinter das Mikrofon. Für Filmprojekte blieb immer weniger Zeit. Noch wenige Jahre zuvor hatte mich die Vorstellung, als TV-Journalist und Filmer ins Abseits zu geraten, mit tiefsitzender Existenzangst erfüllt. Jetzt verabschiedete ich mich ohne Wehmut Schritt für Schritt davon. Auch wenn ich deutlich weniger Geld verdiente als damals. Aber auch meine Ausgaben hatten sich ja ohne Alkohol, Kokain und käuflichen Sex drastisch reduziert. Ich kam ganz gut zurecht.

In meinem neuen Tätigkeitsfeld erlebte ich aber auch dunkle Momente. Im Zuge meiner Seminare in der Klinik hatte ich einen Architekten mit eigenem Architekturbüro kennengelernt. Ein eindrucksvoller Mensch mit zahlreichen Talenten – erfolgreich im Beruf, begabt als Musiker und Maler und ein ausgezeichneter Sportler –, den ich persönlich sehr schätzte. Vor fünfzehn Jahren hatte er betrunken einen Autounfall verschuldet, bei dem ein Kind gestorben war. Nach diesem schweren Schock hatte er mehr als ein Jahrzehnt keinen Alkohol mehr angerührt. Im Frühjahr 2006 hatte er bei Sonnenschein auf der Terrasse eines Münchner Restaurants gesessen und ein Bier bestellt. »Ich bin jetzt fünfzehn Jahre trocken«, hatte er gedacht. »Da kann ich mir an so einem schönen Tag mal ein Bier gönnen.« Bis zu seiner Aufnahme in die Suchtklinik dauerte es von da an nur wenige Monate.

Nach seiner Entlassung, wir hatten uns angefreundet, rief er mich schon bald mehrfach in der Woche verzweifelt an oder schrieb mir SMS, die stets mit der Anrede »Bruder im Geiste« begannen. Er trank wieder täglich und in großen Mengen. Wurde von der Polizei aufgelesen, als er besoffen mitten auf der Straße eingeschlafen war, verlor seine Firma und wurde mehrfach in die geschlossene Psychiatrie eingewiesen. Seine Frau versuchte in ihrer Verzweiflung, ihn entmündigen zu lassen, um ihn vor sich selbst zu schützen. Ich musste bald erkennen, dass ich ihm nicht helfen konnte. Ich war machtlos gegen die Sucht. Trotz aller gegenseitiger Sympathie, trotz meiner Erfahrung und meines Wissens waren meine Angebote und Vorschläge, unsere Gespräche, all mein verzweifeltes Bemühen am Ende nutzlos. Eine Erfahrung, die ich in der Zukunft noch einige Male machen würde. Irgendwann erfuhr ich von seiner Frau, dass er an seinem Erbrochenen erstickt war.

## Drei Promille

»Wer ist sechs Jahre trocken?«, fragte der Sprecher auf der Bühne des Aachener Reitstadions. Der Mann gerierte sich wie eine Art Michael Buffer für Alkis, seine Stimme war laut, sein Tonfall und sein Auftreten waren für meine Begriffe etwas zu aufgekratzt und zu amerikanisch. Trotzdem hob ich die Hand, zusammen mit einigen Dutzend anderen auf den Besucherrängen. Tosender Applaus brandete auf. Das Stadion war mit ungefähr 5000 Gästen voll besetzt, die Anwesenden machten den Eindruck, sich mit mir zu freuen. Der Sprecher hatte mit der Frage: »Wer ist einen Tag trocken?« begonnen und arbeitete sich jetzt in Jahresschritten nach oben, mit jedem Jahr wuchs die Begeisterung auf den Rängen. Ein überwältigender Moment. Auch wenn mir die Veranstaltung ansonsten in vielerlei Hinsicht Rätsel aufgab.

Mai 2007, in diesem Jahr fand das große Deutschlandtreffen der Anonymen Alkoholiker in Aachen statt. Seit sechs Jahren war ich trocken, ebenso lange ging ich zu den Treffen. Auf dem kleinen Schildchen an meiner Jacke stand »Bernd, AA Simmerath«. Obwohl ich den Anonymen Alkoholikern im Allgemeinen und meiner Gruppe im Besonderen im Grunde mein trockenes Leben verdankte, waren meine Widerstände, die ich in den ersten Jahren beiseitegeschoben hatte, in der jüngsten Vergangenheit stetig gewachsen. Vor allem die, wie mir schien, sture Regelfixierung, die gebetsmühlenartige Wiederholung bestimmter Lehrsätze und Prinzipien, die nicht hinterfragt werden durften, und die Scheuklappenmentalität einiger weniger Gruppenmitglieder, die keinen Millimeter Abweichung von ihrem Weg duldeten und andere Erfahrungen und Überzeugungen nicht akzeptierten, gingen mir auf die Nerven und weckten zunehmend meinen Widerspruch. Insgeheim nannte ich diese Typen »AA-Stalinisten«.

Natürlich sind im sozialen Kontext Regeln notwendig und nützlich, sie strukturieren das Zusammenleben. Dass Regeln und Strukturen gerade für einen Alkoholiker, der abstinent leben möchte, eine Stütze darstellen, begriff ich. Aber mir ist es wichtig, deren Bedeutung und Nutzen zu hinterfragen, ich will sie nachvollziehen können und selbst entscheiden, ob sie für mich persönlich sinnvoll sind oder nicht. In meinen Augen ist keine Regel Selbstzweck, sie um ihrer selbst willen zu befolgen, ist mir zuwider.

Es gehört zu den Leitsätzen der Anonymen Alkoholiker, Prinzipien über Personen zu stellen. Auch wenn ich verstand, dass dadurch der Einzelne und vor allem die Gruppe und die Organisation als solche geschützt werden sollten, blieb meiner Meinung nach das Individuelle im engen Korsett der Organisationsstrukturen und starren Abläufe häufig auf der Strecke. Außerdem vermisste ich die Diskussion, das lebhafte Streitgespräch – in unserer AA-Gruppe war so etwas verpönt. Eine Haltung, die zuletzt immer wieder zu Auseinandersetzungen zwischen mir und Einzelnen in der Gruppe geführt hatte.

Zunehmend gewann ich den Eindruck, dass die Anonymen Alkoholiker für einige Betroffene einen so zentralen Platz in ihrem Leben einnahmen – manch einer ging an sechs Tagen in der Woche zu Gruppentreffen –, dass jedes Infragestellen der Regeln und Organisationsstrukturen für sie einem persönlichen Angriff gleichkam, der mit aller Macht abgeschmettert werden musste. Dependenzverlagerung nannte das mein Therapeut, also die Verschiebung der Abhängigkeit auf ein neues Objekt. Grundsätzlich war nichts dagegen zu sagen, alles, was hilft, nicht zu saufen, ist in Ordnung. Unangenehm wurde es für mich in dem Moment, in dem Gruppenmitglieder ihre Lösungsstrategien, ihr Glaubensbekenntnis und ihre Auslegung der »Zwölf Schritte« als den einzig legitimen und einzig selig machenden Weg aus der Sucht propagierten und keine Alternative duldeten. Zwar hieß es offiziell, jeder spreche nur für sich und die einzelnen Äußerungen würden nicht diskutiert. Aber mittels Mimik und Gestik brachten die Hardliner unter den AAs, meist nur einer oder zwei der rund zehn Anwesenden, ihr Missfallen und ihre Geringschätzung deutlich zum Ausdruck. Einige Monate zuvor war eine Auseinandersetzung zwischen mir und

Toni, einem verdienten Gruppenmitglied, das ich sehr respektierte, aber eben auch ein AA-Hardliner durch und durch, hitzig geworden. »Du redest, als hättest du drei Promille«, hatte Toni irgendwann gesagt, als ihm die Argumente ausgegangen waren. Damit war die Diskussion für ihn beendet. Ein Beleg seiner Hilflosigkeit, dennoch war ich tief verletzt. Wie war es möglich, dass ich, sobald ich vehement eine abweichende Meinung vertrat, als Säufer abgestempelt wurde? In meinen Augen ein Totschlagargument und ein Tabubruch, der mich schwer erschütterte. Diese Auseinandersetzung hatte die Entfremdung zwischen mir und meiner AA-Gruppe vertieft.

Leider waren es auch beim damaligen Deutschlandtreffen häufig eben diese Hardliner, die den Ton vorgaben. Auch wenn sie nicht in der Mehrzahl waren. Wer, wie ich, allein mit dem eigenen Wagen statt im gecharterten Bus in der Gruppe nach Aachen gefahren war und nicht in Sammelunterkünften schlief, wurde von den Hütern der reinen Lehre schief angesehen. Jede Form von Individualismus war ihnen anscheinend suspekt.

Wenige Monate nach dem Deutschlandtreffen verließ ich meine AA-Gruppe. Ich war ihnen zutiefst dankbar: Ohne die Unterstützung meiner Gruppe und die Denk- und Handlungssätze der Anonymen Alkoholiker hätte ich diese sechs Jahre niemals durchgestanden. Ich zweifelte auch nicht daran, dass auch die rigorose Form der Interpretation der »Zwölf Schritte«, an der ich mich rieb, vielen Menschen half, und ich würde auch weiter für die Organisation und deren Konzept werben. Trotzdem war es der richtige Zeitpunkt für mich zu gehen. Die Anonymen Alkoholiker und ich hatten uns auseinandergelebt. Ich bin der Meinung, dass eine feste innere Haltung nicht unbedingt ideologisch oder religiös geprägt sein muss.

Meine Montagsgruppe besuchte ich aber weiterhin, denn grundsätzlich bin ich vom Nutzen einer Selbsthilfegruppe nach wie vor fest überzeugt. Ebenso davon, dass den AA-Gründern als Keimzelle der Selbsthilfebewegung und ihren Mitgliedern für deren ehrenamtliches Engagement der Nobelpreis zustünde. Noch heute bewahre ich einen mehrfach gefalteten, zerfledderten Zettel mit den »Zwölf Schritten«, den zwölf Traditionen und der Anleitung zur täglichen Inventur der Anonymen Alkoholiker, in meinem Portemonnaie auf. In den vergangenen zehn Jahren habe ich den Geldbeutel häufig gewechselt, den alten, ausgedienten weggeworfen. Den Zettel habe ich dabei jedes Mal vorsichtig herausgenommen und in den neuen gesteckt. Er hat bis heute nicht ausgedient.

## Höllenritt ins Paradies

Wie hielten die anderen das nur aus? Juni 2007, ich saß in einem vollbesetzten Flugzeug, eingepfercht in einem zu engen Sitz, und spürte, wie der Boden unter mir schwankte und die Luft in der Kabine dünner wurde. Die Stahlwände bewegten sich stetig auf mich zu und drohten mich zu zerquetschen. Jeder Muskel war schmerzhaft verkrampft, Angstschweiß nässte mein Hemd, mein Atem ging stoßweise. Simone saß neben mir, ihr und den anderen Passagieren ging es augenscheinlich recht gut. Mich hatte die Flugangst in ihren Klauen, unerbittlich, trotz der halben Valium-Tablette, die ich vorsorglich geschluckt hatte. Schon beim Check-in und auf dem Weg zum Gate hatte mein Herz gerast, der Impuls, auf dem Absatz kehrtzumachen und schreiend aus dem Terminal zu laufen, war beinahe unwiderstehlich gewesen. Einen Fuß vor den anderen in Richtung Gate zu setzen hatte mich ungeheure Kraft gekostet. Jetzt war ich kurz vor dem Kollaps. Der Getränkewagen, den die Stewardess kurz nach dem Start durch den Gang schob, war für mich die pure Verheißung.

Die Angst war schon lange vor dem Abflugtag da gewesen. Schließlich erlebte ich diese Panikattacken in einem Flugzeug nicht zum ersten Mal. Die Flugangst hatte ich leider nicht zusammen mit dem Alkohol aus meinem Leben verbannen können. Im Gegenteil, diese Urlaubsreise stellte meine Abstinenz ernsthaft auf die Probe. Meine sonstige Notfallregel – wenn es mir unangenehm wurde, konnte ich gehen – galt hier nicht. Im Flugzeug gab es keinen Notausgang. Na gut, es gab ihn, aber es wäre wohl keine gute Idee gewesen, ihn während des Fluges tatsächlich zu benutzen. Nach dem Start gab es kein Zurück mehr, ich musste meine Angstattacken aushalten, egal wie bedrohlich und unerträglich die Situation werden würde. Diese Vorstellung hatte mich schon Wochen vor dem Abflug kirre gemacht. Was, wenn ich in meiner Not und Verzweiflung auf den einzigen Ausweg verfallen würde, der sich im Flugzeug bot – nämlich zu saufen? Alkohol, kombiniert mit Valium, das wusste ich aus Erfahrung, ist eine verlässliche Hilfe im Kampf gegen die Flugangst. Vor allem in größeren Mengen, sobald ich komatös in meinem Sitz wegdämmerte, waren in der Vergangenheit die Anspannung und Panik verflogen.

Die Angst vor dem Alkohol setzte mir beinahe noch stärker zu als die Angst vor dem Fliegen. Wollte ich mich dieser Belastung tatsächlich aussetzen? Andererseits hatte ich auch nicht vor, mir selbst ein lebenslanges Flugverbot zu erteilen und meine Urlaube nur noch im Allgäu oder an der Nordseeküste zu verbringen. Außerdem war ich seit sechs Jahren trocken, hatte zahlreiche Bewährungsproben überstanden, ohne zu saufen. Erst im letzten Herbst hatte ich einen mehrtägigen Dreh in einem altvertrauten Umfeld absolviert.

Im Auftrag der Lambertz-Gruppe hatte ich das Fotoshooting für den jährlichen Erotik-Kalender gefilmt. Als Location diente ein ehemaliges Berliner Bordell. Nachdem die Aufnahmen zum Making-Of beendet waren, hatte Hermann Bühlbecker, der Inhaber von Lambertz, mit dem mich mittlerweile eine enge Freundschaft verband, alle Beteiligten zu Essen und Umtrunk ins Borchardt eingeladen. Ich war umgeben von schönen Frauen, Medien- und Modemenschen und PR-Fachleuten, der Champagner und teurer Wein flossen in Strömen. Ein Szenario, das ich nur zu gut kannte. Einige Jahre zuvor wäre diese Nacht für mich im Alkohol- und Kokainrausch und in den Armen mindestens einer schönen Frau geendet. Dieses Mal hatten Hermann und ich, nachdem er als Gastgeber in der großen Runde sein Weinglas erhoben hatte, mit Mineralwasser angestoßen. Niemand am Tisch hatte davon Kenntnis genommen. Ein sehr privater und verbindender Moment, der mir viel bedeutete. Danach war ich allein und hochzufrieden ins Bett gegangen.

Ich hatte in den vergangenen Jahren außerdem eine Karnevalsfeier und eine Trennung ohne Alkohol überstanden, dann sollte doch so ein kurzer Flug auch zu schaffen sein. Zumal ich nicht allein war. Nicht, dass Simone mir in dieser Situation wirklich hätte helfen können. Aber auch wenn ihre Anwesenheit nur in homöopathischer Dosis zur Verbesserung meines Zustandes beitrug, war ich glücklich, sie an meiner Seite zu haben.

Dieser Urlaub war in mehrfacher Hinsicht besonders für mich. Es war nicht nur das erste Mal, dass Simone und ich gemeinsam und ohne Familienanhang verreisten. Es war auch meine erste trockene Urlaubsreise seit Jahrzehnten, das erste Mal, dass ich mich in ein Flugzeug wagte, ohne besoffen zu sein oder auf dem besten Weg dorthin. Wir hatten uns für Mallorca entschieden, weil die Flugdauer recht überschaubar war. Und weil ich wusste, dass es dort hervorragende Golfplätze gab und reichlich Möglichkeiten, Tennis zu spielen. Schließlich war ich schon einige Male dort gewesen, zuletzt Ende der neunziger Jahre mit Iris, dem ehemaligen Callgirl. An diesen Urlaub fehlte mir allerdings größtenteils die Erinnerung, wir hatten zehn Tage durchgesoffen und gekokst. Auf dem Rückflug hatte man mir angedroht, mich in einem solchen Zustand nicht zu befördern. Auch meine vorherigen Besuche auf der Insel, rund ein halbes Dutzend, waren vom Alkohol geprägt gewesen.

Dieses Mal würde ich Mallorca neu entdecken. Kurz nach der Buchung hatte ich im Hotel angerufen und darum gebeten, alle Alkoholika aus der Minibar zu entfernen und durch Säfte und Mineralwasser zu ersetzen, für alle Fälle. Ein Jahrzehnt zuvor hatte ich die Frage während des Checkouts an der Hotelrezeption: »Hatten Sie etwas aus der Minibar?« stets wahrheitsgemäß mit: »Ich hatte die Minibar« beantwortet. Also besser das Risiko minimieren.

Unser Hotel lag idyllisch am Rand eines Botanischen Gartens in den Hügeln über Palma de Mallorca. Simone und ich fuhren im offenen Leihwagen über die Insel, badeten im Meer und sahen der Sonne zu, die bunte Farbschlieren in den Abendhimmel malte. Es waren traumhafte Momente.

In unmittelbarer Nähe des Hotelgeländes lag ein sehr gepflegter 18-Loch-Golfplatz. Simone spielte kein Golf, aber sie mochte es, mir dabei zuzusehen und an meiner Seite über den Platz zu schlendern. An unserem zweiten oder dritten Urlaubstag stand ich nach meinem Abschlag auf dem Platz, vor mir das Grün, die Bäume und das Wasser, Simone an meiner Seite. In diesem Moment war mir, als läge mir die gesamte Welt zu Füßen.

Solche Augenblicke des stillen, demütigen Glücks und der Dankbarkeit erlebte ich immer wieder, seit ich trocken bin. Momente des Innehaltens, die nur mir gehören. Wenn ich nach einem umkämpften Match auf dem Tennisplatz in den blauen Sommerhimmel sehe, müde, aber gelöst, entspannt und zufrieden. Wenn ich an einem Frühsommertag mit meinem Kaffee und meiner Zigarette auf meiner Terrasse sitze und die Morgensonne hinter den Bäumen aufsteigen sehe. Bei meinen regelmäßigen Spaziergängen um den Waldsee nahe meinem Elternhaus, neben mir das Wasser, über mir die Wipfel der Bäume, umgeben von Stille, die nur vom Rascheln der Blätter im Wind, den Rufen der Vögel und an besonderen Tagen dem Nagen und Scharren einer Biberfamilie durchdrungen wird, meinem ganz privaten kleinen Jakobsweg. Oder nach einem intensiven Gruppentreffen mit meinen Klienten, aus denen mittlerweile Freunde geworden sind, scherzend vor dem Restaurant. Zusammen mit Simone auf unseren Fahrrädern die Umgebung rund um den Rursee und die Hügel und Täler der Eifel erkundend. Am Steuer meines neuen Wagens, das Verdeck offen, die Sonne und den Wind im Gesicht, das Autoradio spielt »Stairway To Heaven«. Vieles davon erlebte ich zum ersten Mal. Oder ich nahm es zum ersten Mal wirklich wahr.

Momente, in denen alles an seinem Platz zu sein scheint und ich mit mir und der Welt im Reinen bin. Eine Zufriedenheit, wie ich sie in den rauschhaften Jahrzehnten – die ich in vielerlei Hinsicht nicht missen möchte – trotz aller Ekstase in dieser Form nie kennengelernt habe.

## Angst und Schrecken in Rollesbroich

»Ich fühle mich nicht gut«, sagte meine Mutter. »Ich lege mich noch mal kurz ins Bett.« Wir hatten gerade unser Frühstück beendet, meine Mutter, Simone und ich. Nach dem Tod meines Vaters war ich vom Fachwerkhaus in das Haus meiner Eltern gezogen, im unteren Stockwerk sind mein Schlafzimmer und mein Arbeitszimmer untergebracht, im ersten Stock die Räume meiner Mutter, unsere gemeinsame Küche und das Wohn- und Esszimmer. Meine Mutter brauchte nach dem Tod meines Vaters meine Gesellschaft und Unterstützung, sie wollte nicht allein in dem großen Haus wohnen. Außerdem hatte ich ihr in der Vergangenheit so viel Kummer bereitet, dass ich dafür sorgen wollte, dass es ihr in den Jahren, die ihr noch bleiben, so gut wie möglich geht. Irgendwo hatte ich den Begriff »tätige Reue« gelesen, in einem anderen Zusammenhang, aber er erschien mir auch in diesem Fall passend. Natürlich ist es ein verlässlicher Chancenkiller, wenn potentielle Partnerinnen erfahren, dass ich mit meiner Mutter zusammenlebe. Auch Simone hat sich davon nicht sonderlich begeistert gezeigt, obwohl sie sich mit meiner Mutter sehr gut versteht.

Meine Mutter war kalkweiß, kalter Schweiß stand auf ihrer Stirn.

»Du siehst wirklich schlecht aus«, sagte ich. »Komm, ich fahr dich ins Krankenhaus.«

»Ach, das ist nicht nötig«, entgegnete meine Mutter.

»Ich leg mich einfach eine Stunde hin, das wird schon wieder.« Aber ich ließ nicht locker.

Das Wartezimmer des Simmerather Krankenhauses war überfüllt, es dauerte eine Dreiviertelstunde, bis meine Mutter aufgerufen wurde. In der Gegenwart von Ärzten und anderen Menschen, die sie als Autoritätspersonen empfand, reagierte meine Mutter oft sehr unsicher, beinahe ängstlich. Also übernahm ich es, dem noch jungen Arzt die Symptome zu schildern. »Ich befürchte, es könnte ein Herzinfarkt sein«, sagte ich am Ende.

»Ich bin hier der Arzt, ich stelle die Diagnose«, antwortete der Arzt. »Wir nehmen Ihrer Mutter jetzt erst mal Blut ab, dann wissen wir mehr. Ich vermute, es ist der Magen.«

Was für ein unangenehmer Schnösel, dachte ich. Ein klassischer Fall von ärztlicher Hybris. Dennoch fühlte ich mich leidlich beruhigt, es bestand ja anscheinend keine akute Gefahr. Auch wenn der Arzt in meinen Augen ein selbstgefälliger Arsch war, gab es keinen Grund, an seiner fachlichen Kompetenz zu zweifeln.

Meine Mutter wurde zur Blutabnahme ins Labor geschickt. Ich fuhr mit Simone, die meine Besorgnis geteilt hatte und mitgekommen war, zurück nach Hause, meine Mutter hatte ihre Versichertenkarte vergessen. Als ich die Haustür öffnete, klingelte das Telefon. Der Chefarzt der Kardiologie. »Kommen Sie sofort, Ihre Mutter hatte einen schweren Herzinfarkt. Wir müssen sie ins Aachener Klinikum verlegen«, sagte er. »Der Hubschrauber ist schon angefordert.«

Als Simone und ich im Krankenhaus ankamen, panisch vor Angst, war meine Mutter nicht mehr dort. Ein Hubschrauber hatte nicht zur Verfügung gestanden, also hatten die Ärzte entschieden, sie schnellstmöglich mit dem Rettungswagen nach Aachen zu schaffen. Sie hatten nicht auf mich warten können, ihr Zustand sei lebensgefährlich gewesen.

Ich stand auf dem Parkplatz des Krankenhauses, den Türgriff meines Wagens in der Hand. Da geschah es. Mit einem Mal war der Gedanke wieder da: Ich muss trinken. Jetzt sofort. Unüberhörbar, mächtig und keinen Widerspruch duldend. Ich muss trinken. Meine Mutter lag nach einem schweren Herzinfarkt in einem Rettungswagen, ich wusste nicht, ob sie überleben würde, nicht einmal, ob sie in diesem Moment noch lebte. Alles schwemmte wieder an die Oberfläche, die Erinnerung an den Tod meines Vaters, an den Verlust, den Schmerz, die Verzweiflung, die Angst. Und das Wissen, dass der Alkohol all das lindern würde, zumindest kurzfristig. Ein Wissen, das mein Denken und Fühlen beherrschte. Wie ein böser Geist stieg mein Suchtgedächtnis aus den Tiefen meiner Erinnerung auf und riss die Kontrolle an sich.

Ich musste etwas tun, irgendetwas. Durfte nicht zulassen, dass die Sucht wieder mein Handeln bestimmte. In meiner Not rief ich Hajo an, einen befreundeten Arzt und meinen Doppelpartner beim Tennis. »Deine Mutter ist in guten Händen«, sagte er. »Das wird schon wieder, keine Angst. Die kriegen das hin.« Seine aufmunternden Worte beruhigten mich ein wenig. Mein Saufdruck, dem ich kaum Herr zu werden wusste, war dennoch nicht verschwunden. Auch Simones Anteilnahme und ihre Unterstützung konnten ihn nicht vollständig beseitigen. Zumal ich kaum in der Lage war, Simone deutlich zu machen, was gerade in mir vorging. Meine Angst und Unsicherheit konnte sie verstehen. Das daraus resultierende unbändige Verlangen nach Alkohol nur schwer.

Einen Ausweg gab es noch: die Valium, die ich seit meiner Entlassung aus der Entgiftung als Notfallmedikation in meiner Geldbörse trug. Auch wenn ich stolz darauf war, die Tabletten im Alltag nicht mehr zu benötigen – möglicherweise war das jetzt der Moment, in dem mir diese Krücke über die Krise helfen konnte.

»Nimm eine halbe davon«, sagte Hajo. »Das ist in Ordnung in so einer Situation.« Ich schluckte die halbe Tablette, setzte mich in den Wagen und raste zusammen mit Simone in Richtung Aachen. Ich versuchte, mich nur auf Hajos zuversichtliche Worte und das Fahren zu konzentrieren. Nur keine düsteren Gedanken zulassen. Simone sah mich voller Sorge an, ihre Hand auf meinem Bein, und versuchte mich zu beruhigen. Nach rund zehn Minuten war der Spuk vorüber, noch bevor die Wirkung des Valiums spürbar war. Ich hatte mich wieder unter Kontrolle.

Eine Woche später saß ich vor der Intensivstation, es war spät in der Nacht, Simone hielt meine Hand. Ich war dankbar für ihre Unterstützung und ihren Trost, Simone war mir eine große Hilfe in dieser schwierigen Zeit. Meine Mutter hatte den Herzinfarkt überstanden, aber es waren schwere Komplikationen aufgetreten, die sie wieder auf die Intensivstation gebracht hatten. An diesem Tag hatten die Ärzte zudem eine Lungenembolie im fortgeschrittenen Stadium festgestellt und eine Notoperation angeordnet.

Irgendwann öffnete sich die Tür zur Intensivstation. Zwei Pfleger schoben ein OP-Bett auf den Flur. Der Körper darauf war mit einem weißen Tuch abgedeckt, auch das Gesicht. Meine Hand krampfte sich um Simones, mein Herzschlag schien kurz auszusetzen. Für einen Moment verfiel ich in Schockstarre, dann hastete ich den Pflegern hinterher. Der Tote war nicht meine Mutter. Sie hatte, erfuhr ich kurz darauf, ihre Operation gut überstanden. Ich war glücklich und erleichtert. Darüber, dass meine Mutter auf dem Weg der Besserung war und bald entlassen werden würde. Und auch darüber, dass es mir gelungen war, diese Krise zu überstehen, ohne zu trinken.

## Auf eigenen Füßen

Im Juni 2008, zwei Jahre nach meinem ersten Seminar in der Suchtklinik, gründete ich nach Absprache mit der Klinikleitung eine eigene Selbsthilfegruppe, als ambulantes Nachsorgeangebot für ehemalige Patienten. Schließlich hatte ich ja selbst die Erfahrung gemacht, dass die alte Sepp-Herberger-Weisheit »Die Wahrheit liegt auf dem Platz« in Sachen Suchterkrankung und Trockenheit mindestens so richtig war wie im Fußball. In unserem Fall war das Spielfeld das alltägliche Leben außerhalb des Trainingslagers Klinik, mit all seinen Herausforderungen und Wechselfällen, seinen emotionalen Höhenflügen und Niederschlägen. Ohne den Halt, die Unterstützung, den Zuspruch und die Struktur, die mir meine Gruppen vor allem in den ersten Jahren nach der Entgiftung geboten hatten, hätte ich auf diesem Spielfeld kaum bestehen können.

Trockenheit, hatte ich begriffen, war kein Sprint, es war ein Marathon. Eine Gruppe konnte eine Versorgungsstelle sein, die es uns ermöglichte, diese Anstrengung durchzuhalten. Eine Stütze im Alltag, die dazu beitrug, den Abstinenzwillen, der im Idealfall in der Klinik entstand, aufrechtzuerhalten.

Kurz nachdem ich die Gruppe ins Leben gerufen hatte, verließ ich meine angestammte Selbsthilfegruppe, die ich in den vergangenen sechs Jahren so gut wie jeden Montagabend besucht hatte. In gewisser Weise markierte dieser Gruppenwechsel einen neuen Lebensabschnitt. Auch die Selbsthilfegruppen, die ich bisher besucht hatte, lebten davon, dass die Teilnehmer einander unterstützten, in Notfällen Hilfe boten und einander aufrichteten. Ich war über Jahre ein Teil der Gruppen und damit ein Teil dieses Sicherheitsnetzes gewesen. Aber jetzt, in dieser Gruppe, war ich derjenige, der über langjährige Erfahrungen im Kampf gegen die Sucht und im Aufbau eines trockenen Lebens verfügte. Ich leitete die Gruppe und gab die Richtung vor. Ich war derjenige, an dem sich die anderen Gruppenmitglieder orientieren und, wenn nötig, aufrichten konnten. Ich wollte ihnen einen Sicherungsfaden für ihr eigenes Netz bieten. Eine große Herausforderung.

Meine neugegründete Nachsorgegruppe traf sich vierzehntägig in einem Penthouse in Köln, das von der Klinik angemietet wurde. Meiner Meinung nach ein Fall von großspuriger Fehlplanung seitens der Klinikleitung, da das luxuriöse Apartment den größten Teil der Zeit leer stand. Zu Beginn waren wir zu dritt, die Zahl der Teilnehmer stieg in den folgenden Jahren stetig.

Ich erlebte in der Gruppe berührende und erfüllende Momente, Momente voller Hoffnung, Zuversicht und Zufriedenheit. Hier fanden Menschen in Zeiten schwerer Lebenskrisen zusammen; der Wunsch, gemeinsam diese Phase zu meistern, ließ eine enge Vertrautheit entstehen. Vor allem ist es, anders als im Alltag, in der Gruppe nicht nötig, den Schein zu wahren oder Schwächen zu kaschieren. Jeder kann unverstellt über seine Nöte und Krisen reden. Oft sogar offener als mit den engsten Freunden oder Partnern, da wir uns im Alltag häufig gezwungen sehen, den anderen zu schonen, Rücksicht zu nehmen, uns wegen unseres Unvermögens schämen, Angst haben, das Gesicht zu verlieren, oder schlicht fürchten müssen, die Beziehung über Gebühr zu belasten und so aufs Spiel zu setzen. Meine Selbsthilfegruppe sah ich als eine Form der vierzehntägigen Seelenhygiene, für mich ebenso wie für die anderen Gruppenmitglieder. Nicht wenige meiner nichtsüchtigen Bekannten und Freunde beneideten mich darum.

Ich erlebte, wie fast alle Teilnehmer ihr Leben nach und nach wieder in den Griff bekamen. Aber es gab auch Verluste und Niederlagen. Der eine oder andere begann nach kurzer Zeit wieder zu saufen, und im zweiten Jahr nach Gründung der Gruppe erfuhr ich, dass ein ehemaliges Mitglied sich kurz nach seinem Umzug in den Norden umgebracht hatte. Aber diese tragischen Schicksale sind glücklicherweise eher die Ausnahme.

2011 beendete ich nach dreieinhalb Jahren meine Zusammenarbeit mit der Privatklinik in Niedersachsen. Die Klinikleitung hatte beschlossen, die Gruppe aus wirtschaftlichen Gründen aufzulösen. Das Penthouse, das sie gegen meinen Willen und gegen jeden gesunden Menschenverstand überwiegend für unsere Treffen angemietet hatte, belastete das Budget der Klinik über Gebühr. Mein Vorschlag, auf andere Räume auszuweichen, wurde abgeschmettert, und ich sollte die mittlerweile fünfzehn Gruppenmitglieder vom unmittelbar bevorstehenden Ende unserer Treffen in Kenntnis setzen. Ein schwerer Schock, für mich ebenso wie für die Gruppenmitglieder. Ich wusste aus eigener Erfahrung, welche Bedeutung so eine Gruppe für den Einzelnen und seinen Genesungsprozess hatte. Ein solch abruptes, von außen verordnetes Ende empfand ich als unzumutbar. Gemeinsam mit den Gruppenmitgliedern beschloss ich, unsere Treffen losgelöst von der Klinik in Eigenregie weiterzuführen.

Auch wenn in meine Arbeit die Erfahrungen, die ich selbst in den Jahren meiner Gruppenzugehörigkeit gemacht hatte, und einige der Lehrsätze und Prinzipien der Anonymen Alkoholiker einflossen, bemühte ich mich, einen eigenen Weg zu finden, trotz aller Klarheit der Positionen weniger formalistisch und kategorisch. Zum Beispiel verortete ich meine Gruppe stärker als bisher im alltäglichen Leben. Anders als ich es von den Anonymen Alkoholikern und im Klinikkontext kannte, wollte ich mich nicht in dunklen Krankenhauskellern oder einem Penthouse vor der Welt und dem Alkohol verstecken. Ich fand ein gemütliches italienisches Restaurant, gut erreichbar an einer Autobahnausfahrt und in direkter Nähe zu einer S-Bahnstation gelegen, auf halbem Weg zwischen Köln und der Eifel. Das Restaurant verfügt über einen abgetrennten Raum, in dem wir ungestört essen und reden können. So gewannen unsere Gruppentreffen einen angenehmen Anstrich von Normalität, das Restaurant, das Stimmengemurmel der anderen Gäste im Nachbarraum, das Regal voller Weinflaschen hinter unserem Tisch. So sieht ja auch die Realität aus, in der wir uns im Alltag bewegen, warum sollten wir uns dann während unserer Treffen abschotten und vor der Welt verbergen?

## Gespenst der Vergangenheit oder Schnee von gestern

Eine der Tischkarten in meiner Hand ließ meinen Herzschlag in die Höhe schnellen. Da stand er, dieser Name, der mich auch nach mehr als einem Jahrzehnt noch mit großer Scham erfüllte. Der Name, der eine Art Synonym für meine Selbstzerstörung geworden ist. Juli 2011, ich saß in einem pompösen weißen Festzelt in Aachen, die letzten Vorbereitungen für die große »CHIO Media Night« waren in vollem Gange. Die Media Night war Auftakt und gesellschaftlicher Höhepunkt des zehntägigen CHIO, des größten Reitturniers in Europa. Mein Freund, der Unternehmer Hermann Bühlbecker, war einer der Sponsoren des Turniers und einer der Ausrichter der Media Night. Ich unterstützte ihn bei der Organisation und Durchführung der Gala, gerade hatten wir begonnen, die Sitzordnung zu überprüfen und die Tischkarten zu verteilen.

In jedem Jahr gehören neben Journalisten und Fachpublikum auch Prominente aus unterschiedlichen Bereichen des öffentlichen Lebens zu den Gästen, in jenem Jahr unter anderem die Schauspielerin Nastassja Kinski, der ehemalige Außenminister Hans-Dietrich Genscher und Arbeitsministerin Ursula von der Leyen, der Handballbundestrainer Heiner Brand, der Boxweltmeister Wladimir Klitschko und der ehemalige Fußballnationalspieler Lothar Matthäus. Und offensichtlich auch A., jener Künstler, den ich vor mehr als zehn Jahren öffentlich denunziert hatte. Seit damals waren wir uns nicht begegnet, hatten nicht miteinander geredet. In wenigen Stunden würde er an einem dieser Tische sitzen. Es wäre absurd gewesen anzunehmen, dass wir uns im Laufe der Nacht nicht über den Weg laufen würden. Wie sollte ich mit dieser peinlichen und beschämenden Situation umgehen? Wie würde er auf mich reagieren? Bei dem Gedanken stieg meine Anspannung, in meinem Magen rumorte es. Die Scham und die Schuld, der Selbsthass von damals, drängten wieder an die Oberfläche.

Ich sah ihn aus den Augenwinkeln, als er noch ein ganzes Stück von mir entfernt war, zwanzig Meter waren es mindestens. Er ging in meine Richtung, er sah in meine Richtung. Was kein Wunder war, schließlich stand ich im Eingangsbereich und begrüßte die gerade eingetroffenen Gäste. Mit meinen 1,92 Meter war ich kaum zu übersehen. Ich verkrampfte innerlich, Schweiß stand auf meiner Stirn. Was sollte ich tun? Mich unter einer fadenscheinigen Ausrede aus dem Staub machen, die Begegnung vermeiden? Mir nichts anmerken lassen, ihn willkommen heißen wie alle anderen Gäste auch? Oder grußlos an ihm vorübergehen? Unmöglich, das konnte und wollte ich nicht. Möglich allerdings, dass er mich nicht grüßen oder sogar ignorieren würde. Eine schreckliche Vorstellung. Er kam näher. Sah mir in die Augen. Ich wich seinem Blick nicht aus. Bot ihm meine rechte Hand zur Begrüßung. Was, wenn er sie ausschlagen würde? Verstanden hätte ich das. Er ergriff meine Hand. »Ich wollte dir schon lange sagen, dass es mir unendlich leidtut«, sagte ich. »Das mit den Interviews damals war absolut nicht in Ordnung. Aber, auch wenn das nichts entschuldigt, mir ging es zu der Zeit gar nicht gut.«

Er sah mich an. Ohne Wut oder Hass im Blick, wie mir schien. »Mir auch nicht. Schon in Ordnung. Lass uns später reden«, antwortete er.

Auch wenn dieses ausführlichere Gespräch dann doch nicht zustande kam, fühlte ich mich erleichtert. Ich hatte ihn um Verzeihung gebeten, er hatte meine Entschuldigung akzeptiert. Das war das Wichtigste für mich. Genau genommen war es vielleicht auch nicht nötig, die Angelegenheit zu vertiefen, auch wenn ich dazu mehr als bereit war. Wir hatten beide gesagt, was zu sagen war. Es war erledigt. Eine große Entlastung für mich; eine der letzten und schwerwiegendsten Altlasten meiner Säuferzeit hatte den Großteil ihres Schreckens verloren. Als ich A. im darauffolgenden Jahr an gleicher Stelle wiedertraf und noch einmal auf meinen damaligen Ausfall zu sprechen kam, winkte er ab und sagte: »Das ist doch alles Schnee von gestern.« Keine Ahnung, ob ihm die Doppeldeutigkeit bewusst war. Aber er hatte recht.

## Nicht das Ende

November 2012. Die Höhenzüge und Täler der Eifel sind in graue Nebelschwaden gehüllt, die Bäume am Wegesrand sind blasse Schemen, alle Geräusche gedämpft. Eine Atmosphäre wie in einem alten tschechischen Märchenfilm. Meine sonnige Stimmung vermag das Wetter nicht zu trüben. Ich drehe meine übliche Runde um den See. Die Biber sind in den vergangenen Nächten fleißig gewesen, sie haben einen Baum am gegenüberliegenden Seeufer gefällt. Seit Jahren bemerke ich immer wieder ihre Spuren und ich hoffe darauf, irgendwann die Biber selbst zu sehen. Aber die Tiere haben sich bisher erfolgreich vor mir verborgen. Einmal bin ich sogar mit einer Taschenlampe nach Mitternacht um den See geschlichen, eine ziemlich gruselige Erfahrung, jedes Geräusch klang laut in meinen Ohren, jeder Schatten war bedrohlich, ich fühlte mich ziemlich verloren in der Welt.

Am frühen Nachmittag war ich mit einem Klienten zu einem Coaching-Termin verabredet. Ein erfolgreicher Unternehmer aus Düsseldorf, wenige Wochen zuvor haben wir uns das erste Mal getroffen. Der Mann ist Alkoholiker, seit vielen Jahren. Schon länger gelingt es ihm nicht mehr, sein Trinken und seine Ausfälle unter Kontrolle zu halten, nicht in der Firma und nicht in der Familie. Bei unseren ersten Gesprächen wurde schnell eine Ambivalenz deutlich, die ich von mir selbst nur zu gut kenne. Er sieht zwar die Notwendigkeit, mit dem Trinken aufzuhören, und die Kollateralschäden, die sein Alkoholismus nach sich zieht, sind ihm bewusst. Aber gleichzeitig kann er sich ein Leben ohne Alkohol nicht vorstellen, er ist noch nicht bereit oder in der Lage, seine Krücke wegzuwerfen. Die Teilnahme an einer Selbsthilfegruppe oder gar einen Klinikaufenthalt schließt er kategorisch aus, das ist für die anderen, die Säufer und kaputten Zombies. Bis heute ist Alkoholismus in der Gesellschaft stigmatisiert, das macht es den Betroffenen immer noch schwer, sich ihre Erkrankung einzugestehen. Viele leben daher nach der Devise: Besser ein stadtbekannter Säufer als ein trockener Alkoholiker. Mein Klient ist lange Zeit ähnlich verfahren.

Im vergangenen Jahr schließlich hat er gemeinsam mit seiner verzweifelten Frau einen Wunderheiler in den Anden aufgesucht, in der Hoffnung, der Schamane könne seine Suchterkrankung durch Handauflegen heilen. Eine Hoffnung, die zahlreiche Süchtige teilen. Sie möchten wahlweise mit Hilfe einer Pille, heilender Hände oder Hypnose all ihrer Probleme entledigt werden, ohne sich den Qualen des Entzugs und den Anstrengungen eines trockenen Lebens stellen zu müssen, getreu dem Motto: Wasch mir den Pelz, aber mach mich nicht nass. Leider eine gefährliche Illusion. Meiner Erfahrung nach ist jeder, der solche Art Instantheilung anbietet, ein Scharlatan. Wir Süchtige müssen dicke Bretter bohren, nicht selten mit dünnen Bohrern, das lässt sich leider nicht ändern. Ein Weg, der mehr Mut erfordert als eine vermeintliche Wunderheilung. Aber eben auch ein spannender Weg, der zumindest die Aussicht auf Erfolg hat. Einer, von dem wir in vielerlei Hinsicht profitieren können.

Heute ist bei meinem Klienten das Pendel zum ersten Mal in diese Richtung ausgeschlagen. Er hat sich eingehend nach meinen Erfahrungen in der Gruppe und den Kliniken erkundigt und gesagt: »Vielleicht sollte ich tatsächlich in eine Klinik gehen.« Ein wichtiger Durchbruch für ihn, auch wenn ich weiß, dass er diese Entscheidung möglicherweise noch einige Male revidieren wird und es noch Monate dauern kann, bis er den Schritt tatsächlich wagt. Ihn bei dieser Entscheidungsfindung zu begleiten und zu unterstützen, so anstrengend und kräftezehrend es sein mag, ist eine Quelle der Befriedigung für mich. Es gibt mir das Gefühl, dass mein Leben einen Sinn hat, auch wenn das vielleicht etwas pathetisch klingen mag.

Hinter mir liegen aufregende Monate. Im vergangenen Jahr habe ich die Arbeit an einem weiteren Buch zum Thema »Genuss« begonnen, zusammen mit Hermann Bühlbecker und wie schon 1999 mit dem Fotografen Oliver Rheindorf. Dass Oliver, der damals häufig unter meinen Ausfällen hatte leiden müssen, wieder zu einer Zusammenarbeit bereit war, freut mich.

Schon 2001, nach meiner letzten Entgiftung, habe ich darüber nachgedacht, so ein Projekt zu diesem für mich so wichtigen Thema noch einmal trocken anzugehen. Die Idee hat mich nie ganz losgelassen. Im Frühjahr 2011 war mir das erste Genuss-Buch wieder in die Hände gefallen, vor allem der Beitrag des Schauspielers Dietmar Bär beschäftigte mich: »Genuss: Der Musterknabe im Dschungel der Laster und Leidenschaften – von seinen dumpfen Schwestern Gier und Sucht immer neidisch beäugt …«

Das Buch rief die Erinnerung an die Zeit seines Entstehens wieder wach. Die Erkenntnis, dass ich durch Alkoholmissbrauch und Sucht Jahre meines Lebens verloren habe. Meine Persönlichkeitsentwicklung war stagniert, der Nachreifeprozess dauert bis heute an. Das ist nicht zu ändern. Ein Grund mehr, mein Leben heute anders zu leben.

Damals, als mein erstes Buch entstand, hatte ich die Fähigkeit zu genießen längst verloren. Die Arbeit, die Begegnung mit spannenden Menschen, der Erfolg, nichts davon war für mich ein Genuss. Die dumpfen Schwestern Gier und Sucht hatten mein Leben beherrscht. In den vergangenen zehn Jahren hat sich das grundlegend geändert. Trockenes Leben bedeutet für mich eben auch, wieder mit allen Sinnen genießen zu können. Ich habe den Geschmack an gutem Essen wiedergefunden, die Freude daran, die Sonne auf meiner Haut zu spüren, am Geruch der Bäume und Sträucher in unserem Garten oder dem des frischgemähten Rasens auf dem Golfplatz.

In den vergangenen anderthalb Jahren hatte ich das Glück, für mein Genuss-Buch eine Reihe interessanter und beeindruckender Menschen kennenzulernen. Ich traf den ehemaligen Außenminister Hans-Dietrich Genscher, die Schauspielerin Sunnyi Melles oder den Schauspieler Christopher Lee. Besonders die Begegnungen mit der Schauspielerin Susanne Lothar, die ich wenige Wochen vor ihrem Tod traf, und mit dem Krimiautor Jacques Berndorf und der Schauspielerin Katrin Sass, beide trockene Alkoholiker, waren sehr bewegend für mich. Ich empfinde diese Arbeit als Privileg.

Am 10. November 2011 habe ich mein zehnjähriges Jubiläum gefeiert. Zehn Jahre ohne Alkohol, nach meiner ersten Entgiftung war mir das unvorstellbar erschienen. Zur Feier des Tages habe ich Freunde und Verwandte in ein Restaurant in der Eifel eingeladen, auch als eine Dankesgeste für die Unterstützung in all den Jahren. Es war dasselbe Restaurant, in dem mein Vater mehr als ein Jahrzehnt zuvor seinen fünfundsiebzigsten Geburtstag gefeiert hatte, ein Essen, an das ich mich bis heute voller Scham erinnere. Umso schöner war es, jetzt an diesem Ort meine Trockenheit zu begehen.

Ende August 2012 stellte Carlo, der es noch einmal wissen wollte, beim Internationalen Hochsprung-Meeting in Eberstadt, wo er mehr als zwei Jahrzehnte zuvor für seine Siege mit Wein aufgewogen worden war, mit 1,87 Meter einen neuen Hochsprungweltrekord für Männer über 55 Jahre auf. Auch dieses Mal wurde er für seine Leistung mit einigen Kisten guten Weines belohnt.

Am letzten Septemberwochenende fand das dritte Jahrestreffen meiner Gruppe in der Eifel statt. Zu zehnt sind wir mit E-Bikes 35 Kilometer um den Rursee gefahren, es war ein strahlend schöner Tag, die Höhenluft war kalt und die Herbstsonne schien. Am Abend aßen wir gemeinsam in einem guten Restaurant. Ich habe dieses Wochenende zusammen mit Frank organisiert, er ist seit den Anfängen der Gruppe vor viereinhalb Jahren dabei, damals noch im Rahmen meiner Arbeit in der niedersächsischen Klinik. Im vergangenen Jahr ist seine Frau an einem Aneurysma gestorben. Als Frank morgens aufgewacht war, hatte sie sterbend neben ihm gelegen. Dass es ihm gelungen ist, diesen Schicksalsschlag zu ertragen, ohne wieder zu trinken, hat die gesamte Gruppe stolz gemacht.

In den vergangenen Monaten gab es auch dunkle Momente. Anfang Oktober, kurz nach unserem Gruppenausflug, erlitt meine Mutter erneut einen Herzinfarkt. Sie war zu einer Routineuntersuchung im Krankenhaus, als sie einen Druck auf der Brust verspürte. Auf der Intensivstation brach dann noch ihr Kreislauf zusammen, weil sie ein Medikament nicht vertrug. Ein schwerer Schock für mich. Auch meine Beziehung zu Simone befindet sich nach sieben Jahren in ihrer schwersten Krise, wir haben schon mehrfach über Trennung gesprochen.

All das belastet mich und macht mir Sorgen, aber anders als noch vor einigen Jahren zieht es mir nicht den Boden unter den Füßen weg. Kein Gedanke daran zu trinken. Alkohol erscheint mir nicht mehr als Ausweg und Entlastung, und Valium habe ich schon lange nicht mehr genommen.

In den letzten Jahren bin ich zu der Überzeugung gelangt, dass das, was Alkoholiker als »Saufdruck« erleben, genau genommen eine Reaktion auf einen Zustand beschreibt, der zu unser aller Leben gehört. Jeder Mensch erlebt triste, belastende Tage, Niederlagen, Schmerz und Verlust. Es gehört zum Menschsein, Angst zu haben, sich traurig, verloren oder einsam zu fühlen. Alkoholiker haben, anders als viele andere, gelernt, gegen diesen Zustand anzutrinken, durch Alkohol die unangenehmen Gefühle kurzfristig zu betäuben. Zu begreifen, dass ich solche Zustände und Gefühle annehmen, zulassen muss, um sie verändern zu können, dass ich sie auch ohne Alkohol verändern kann; dass ich sie, wenn ich sie einmal nicht ändern, dann doch aushalten kann, ohne dass es mich umbringt, ist ein langwieriger, möglicherweise lebenslanger Lernprozess und von enormer Bedeutung für mich.

Vor wenigen Tagen bekam ich eine SMS von Anke, einer Ärztin aus Koblenz, seit vier Jahren Teilnehmerin meiner Gruppe. Sie schrieb: »Lieber Bernd, herzlichen Glückwunsch zu Deinem Ehrentag, jetzt hast du ja eine Fußballmannschaft voll an Jahren.« Ich war ziemlich verwirrt. Was wollte Anke mir damit sagen? Erst nach Minuten dämmerte mir, es war der 10. November. Meine Trockenheit jährte sich zum elften Mal. Ich hatte dieses für mich so wichtige Datum komplett übersehen, meinen Jahrestag nicht gefeiert, zum allerersten Mal. Ich habe lange darüber nachgedacht, ob das ein gutes oder ein schlechtes Zeichen ist. Ich habe mich für Ersteres entschieden. Es zeigt, dass die Trockenheit mittlerweile ein selbstverständlicher Teil meines Lebens geworden ist. Ich hoffe sehr, dass es so bleibt.

# Epilog

*Vier Jahre, nachdem dieses Buch erstmalig erschienen ist, hätte ein schwerer Schlaganfall mein neues, suchtfreies Leben beinahe beendet. Dieser Text, geschrieben 2019 von Jörg Böckem, beschreibt diese Erfahrung und mein Leben danach.*

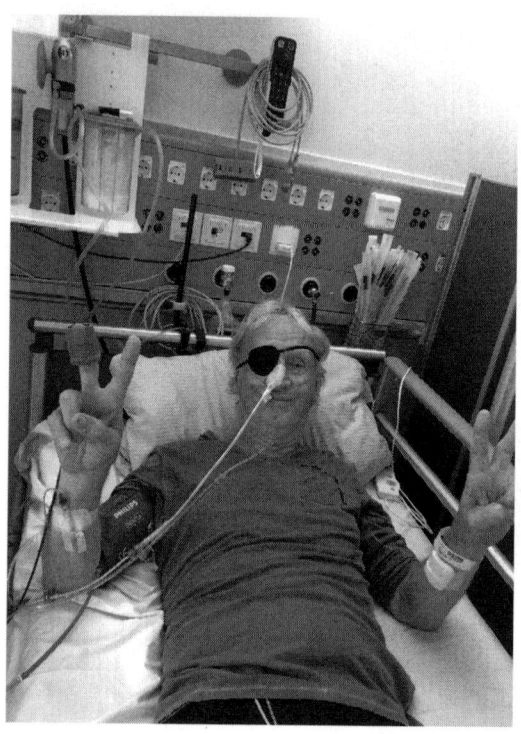

Ein Einfamilienhaus in Rollersbroich, einem malerischen Stadtteil des Eifelstädtchens Simmerath; es ist der 15. Mai 2017. Bernd Thränhardt, 61, hat in diesem Haus am Waldrand seine Jugend verbracht, sein Vater hat es gebaut. Seit dessen Tod lebt er wieder hier, sorgt für seine Mutter. Gegen zwei Uhr morgens wacht er auf. Er ist verschwitzt, sein T-Shirt klebt auf der Haut. Er fühlt sich unwohl. Geht die Treppe hinauf in die Küche, öffnet den Kühlschrank, gießt Milch in ein Glas und legt ein Stück Kuchen auf den Teller. Wie er es häufig macht, wenn er nachts wach wird.

Aber dieses Mal ist alles anders. Es gelingt ihm nicht, zu schlucken. Nicht den Kuchen, egal, wie lange er ihn kaut, nicht die Milch, egal, wie häufig er es versucht. Er spukt alles in die Spüle. Panik steigt in ihm auf, seine Gedanken jagen sich. So etwas hat er noch nie erlebt. Im Badezimmer stellt er sich vor den Spiegel, mustert sein Spiegelbild, sucht nach Hinweisen. Mit einem Mal überfällt ihn die Erkenntnis, das gerade etwas existenziell Bedrohliches mit ihm geschieht.

Die Treppe hinunter ins Schlafzimmer. Auf dem Weg drohen ihm die Beine weg zu knicken. Er weckt seine schlafende Freundin: »Ruf bitte den Notarzt, ich habe einen Schlaganfall!« Trotz seiner Angst bleibt er gefasst. Setzt sich auf die Terrasse, zündet eine Zigarette an und wartet auf den Notarzt.

»Ich war wohl in einem Schockzustand«, sagt Bernd Thränhardt beinahe zwei Jahre später. Das mit der Zigarette, sagt er, sei ihm heute peinlich, so dumm, so unverantwortlich. »Aber so ist das halt, wenn man süchtig ist, da setzt die Vernunft aus.« Mit Sucht kennt Bernd Thränhardt sich aus.

Der Krankenwagen bringt ihn in die rund 30 Kilometer entfernte Aachener Uni-Klinik, auf die Stroke Unit, eine Intensivstation für Patienten mit Schlaganfall. Dort bekommt er eine sogenannte Lysebehandlung, es wird ein Enzym injiziert, dass das Blutgerinnsel auflösen soll. Er wird in sein Zimmer geschoben.

»Mit einem Mal waren alle Symptome verschwunden«, sagt Thränhardt. »Die Lähmung in Arm und Bein, ich konnte meine Hände wieder frei bewegen. Ich dachte, ich sei mit einem blauen Auge davon gekommen.« Die Behandlung, so schien es, hatte angeschlagen. Allein, die Erleichterung hält nicht lange vor. Nach nicht mal einer Stunde sind alle Symptome wieder da, stärker als zuvor. »Da bin ich das erste mal wirklich in Panik geraten«, sagt Thränhardt.

Er hat einen Stammhirn-Infarkt erlitten, eine besonders gefährliche und folgenreiche Form des Schlaganfalls, die Chancen auf eine vollständige Heilung sind gering. Es ist noch nicht einmal sicher, ob er überleben wird. Er leidet unter Ataxie, Lähmungserscheinungen in den Gliedmaßen, einer Nervenstörung im Gesicht, Nervenschmerzen, auch der Sehnerv ist in Mitleidenschaft gezogen, er sieht alles doppelt, Atmen, Schlucken und Darmtätigkeit sind gestört, er muss künstlich ernährt und beatmet werden. Zu Anfang verliert er sogar im Sitzen das Gleichgewicht; waschen, Toilettengang, anziehen – alles zu viel für ihn.

Meist liegt er nur da, horcht in sich hinein und grübelt. Vor dem Fenster seines Krankenzimmers ein Golfplatz, auf dem er in den vergangen Jahren hin und wieder gespielt hat. Jedesmal, wenn er hinaus sieht, fragt sich der sportbegeisterte, leidenschaftliche Golfer, ob er je wieder auf dem Grün stehen, wieder gehen, Sport treiben können wird. Caro, seine Freundin, ist immer an seiner Seite, Tag für Tag. Nach einigen Tagen die nächste Hiobsbotschaft – eine Lungenentzündung, die häufigste Todesursache für Patienten, die einen Schlaganfall erlitten haben. Sollte die Behandlung mit einem Antibiotikum nicht anschlagen, wäre ein Luftröhrenschnitt und künstliche Beatmung erforderlich.

»Damals habe ich gedacht, wenn es so weit kommt, dann will ich nicht mehr, dann springe ich aus dem Fenster«, sagt Thränhardt heute. Doch das Antibiotikum wirkt, nach 16 Tagen wird er in die Reha entlassen, im Rollstuhl. Schlimmer noch als die Immobilität sind die Schluckstörungen. Nicht einmal einen Teelöffel Wasser bekommt er hinunter, auch seinen eigenen Speichel nicht, ständig spuckt er Schleimbatzen aus. Das eine Logopädin in der Reha-Klinik seiner Freundin gegenüber die Vermutung äußert, dass die Schluckstörung möglicherweise irreversibel sei, verschweigt diese ihm. Nie mehr essen oder trinken zu können, sagt Bernd Thränhardt, sei für ihn, den Genussmenschen, die größte Angst gewesen: »Ich weiß nicht, ob ich dann noch hätte leben wollen.«

Februar 2019, Gut Clarenhof in Köln-Weiden, ein Restaurant, ein Hofladen und ein Golfplatz mit Café und Biergarten, idyllisch im Grünen gelegen. Ein sonniger Wintertag, das Grün des Golfplatzes vor dem Restaurantfenster bedeckt von Schnee. Bernd Thränhardt ist groß, schlank und wirkt sportlich, das er vor nicht einmal zwei Jahren einen Stammhirn-Infarkt erlitten hat, sieht man ihm nicht an. »Ich hatte nie vorher davon gehört, dass so eine Schluckstörung eine Folge eines Schlaganfalls sein kann«, sagt er. Für ihn eine Ironie des Schicksals: »Ich, der ehemalige Säufer, konnte keinen Tropfen mehr trinken.«

Er bestellt die Tagessuppe, ein Fischgericht und Bananensaft. »Essen und Trinken sind immer noch eine Herausforderung«, sagt er. Das Schlucken wieder zu erlernen, sei der langwierigste Prozess gewesen. Bis heute kann er nur weiche Nahrung essen, dabei macht er manchmal merkwürdige Geräusche. Deshalb isst er nicht gerne in der Öffentlichkeit.

Das er nach nicht einmal zwei Jahren überhaupt wieder essen, trinken, gehen und Golf spielen kann, war zunächst kaum zu erwarten. Thränhardts Heilungsprozess hat in der Reha rasante Fortschritte gemacht, auch, weil er selbst die Initiative ergriff, auf eigene Faust trainiert, jeden Tag anderthalb Stunden zusätzlich zu seinem Reha-Programm und sich auch außerhalb der Klinik den Rat und die Unterstützung von Fachleuten holte. »Ich habe die Ärzte vor mir hergetrieben«, sagt er rückblickend.

Woher hat er nach diesem Niederschlag die Energie genommen, sich zurück zu kämpfen? »Mein großes Glück war, dass es immer aufwärts ging«, sagt er. »Ich hatte immer wieder Erfolgserlebnisse, kleine, wunderbare Highlights. Das erste Mal Sitzen, wieder duschen zu können, das Wasser auf meinem Kopf spüren, waren großartige Erlebnisse; ebenso meine ersten

Schritte mit dem Rollator. All das hat mich in der Überzeugung bestärkt, dass der Rollstuhl nicht die Endstation ist.« Seine erste Mahlzeit, eine zerquetsche Banane, sei eine Explosion der Sinne gewesen. »Ich habe nie etwas Delikateres gegessen«, sagt er.

Auch an diesem Tag isst er mit sichtbarer Begeisterung. Erfreut sich an jedem Schluck Saft, jedem Löffel Suppe. Der Schlaganfall, sagt er, sei eine Lektion in Demut gewesen. Es war nicht die erste in seinem Leben.

»Wieder essen und trinken können und mit meiner Freundin im Arm um den kleinen See im Wald hinter unserem Haus gehen, irgendwann vielleicht mal wieder auf dem Golfplatz stehen, das wollte ich erreichen«, sagt er rückblickend.

Der Abschied vom Alkohol sei ein ähnlicher Einschnitt gewesen. Damals habe er ebenfalls wieder lernen müssen, mit Genuss zu essen und zu trinken, auf eigenen Beinen zu stehen; und er habe etwas finden müssen, das seinem Leben Inhalt und Struktur gibt. Aber trotz aller Parallelen gibt es Unterschiede. »Damals hatte ich, zumindest ab einem gewissen Punkt, das Heft des Handelns selbst in der Hand, es lag im Rahmen meiner eigenen Möglichkeiten, mein Leben zu ändern, die Kontrolle darüber zurück zu erlangen. Dieses Mal habe ich mich dem, was in meinem Gehirn und Körper vorgeht, oft ausgeliefert gefühlt. Das hat mir große Angst gemacht.«

Damals ist es Bernd Thränhardt gelungen, die Kontrolle über sein Leben zurück zu gewinnen. Vor allem, weil er einen radikalen Neuanfang gewagt hat. Heute leitet er zwei Selbsthilfegruppen für Alkoholabhängige und coacht Menschen mit Suchtproblemen – auch als »Trocken-Doc« in der gleichnamigen TV-Serie im MDR, die er mitentwickelt hat. Aber auch wenn er sein Leben als erfüllend erlebt, der Schlaganfall sei ein wichtiger Weckruf gewesen, sagt Thränhardt: »Sicher, es klingt wie eine Plattitüde, aber diese Erfahrung hat mir meine Endlichkeit mit aller Deutlichkeit bewusst gemacht, mir gezeigt, wie fragil das Leben ist und wie wichtig es ist, all das wertschätzen zu können.« Nur in ganz wenigen Momenten würden die Gedanken an die eigene Vergänglichkeit verblassen, sagt er. An einem guten Tag auf dem Golfplatz beispielsweise. Dann schiebt er nach: »Eigentlich hätte ich das wissen müssen, aber wir Menschen vergessen schnell.«

In den Jahren vor dem Schlaganfall hatte Tränhardt wie in einem Hamsterrad gelebt, war von einem Termin, von einem Projekt, zum anderen gehetzt: Seminare in Suchtkliniken, Vorträge, Lesungen, Dreharbeiten, Coachings; all das hat ihn bis an die Grenze der Überforderung beansprucht, manchmal auch darüber hinaus. Eine geplante vierwöchige Auszeit hat er von Jahr zu Jahr verschoben.

Auch wenn er sein Leben dieses Mal nicht völlig neu aufstellen muss, so hat der Schlaganfall ihn doch zu einer gravierenden Kurskorrektur gezwungen. »Ich habe meine Arbeit wieder aufgenommen, weil es mir Spaß macht und meinem Leben einen Sinn gibt, vor allem das Coaching und die Selbsthilfegruppen«, sagt er. »Aber meine innere Haltung hat sich geändert. Wenn der Stress zu groß wird, bin ich eher bereit, auf die Bremse zu treten, ich kann mich besser abgrenzen und konzentriere mich auf einige wenige Projekte, die ich nicht mehr mit der gleichen Verbissenheit verfolge wie früher – wenn etwas nicht so funktioniert, wie es für mich richtig und passend ist, mache ich keine Klimmzüge mehr, dann verabschiede ich mich von diesem Projekt.«

Die überfällige Auszeit wird er sich im März nehmen, ein Monat ohne Verpflichtungen, ohne Pläne. »Ich werde nicht mal in Urlaub fahren, nur in den Tag hinein leben, ausschlafen, Sport machen, Zeit mit meiner Partnerin verbringen. Und alle Anfragen absagen, egal wie lukrativ sie sein mögen. 1000 Euro mehr im Monat machen mich nicht glücklicher oder gar gesünder, das weiß ich jetzt.«

So wie vor dem Schlaganfall wird Thränhardts Leben nie wieder sein. Die Trigeminusneuralgie, die in seiner linken Gesichtshälfte tobt und ihn mehrmals täglich mit extremen Schmerz-Attacken peinigt, das fehlende Hitze-Empfinden in seiner rechten Körperhälfte, die Schluckbeschwerden werden ihn wohl sein weiteres Leben begleiten. »Ich bin auch nicht mehr so beweglich und sportlich wie vor dem Schlaganfall, und ich muss viel Energie aufwenden, um den Status Quo aufrecht zu erhalten«, sagt er. Doch Thränhardt kämpft weiter um jede Verbesserung, sei sie noch so gering: Die Treppe in den ersten Stock joggt er täglich 30 mal hinauf und hinunter, drei mal in der Woche arbeitet er mit seinen Physiotherapeuten, und drei mal in der Woche geht er ins Fitnessstudio auf den Crosstrainer. Bernd Thränhardt weiß, wofür er sich abstrampelt: »Ich bin mit mir im Reinen; so sehr wie schon lange nicht mehr.«

## Dank

Bedanken möchte ich mich bei meiner Mutter für alles,

meinem Bruder für das Vertrauen in den letzten 19 Jahren,

Caro für alles,

Jörg Böckem, ohne den dieses Buch nicht möglich gewesen wäre,

Hermann Bühlbecker für die motivierenden Worte und Gesten zur rechten Zeit,

Verleger Arne Houben für die tolle Zusammenarbeit,

Yvonne Keppler für ihre liebevolle Begleitung der ersten Schritte,

Dietmar Mögenburg für die lustigsten Stunden auf dem Golfplatz,

Daniel Mursa für die Geburtshilfe,

Achim Niessen für die unzähligen entspannenden Stunden beim Krafttraining,

Jürgen Nüßner für sein therapeutisches Geschick,

Marion und Stefan Wagner für die schöne Zeit in Holland,

Altfrid Walk, ohne dessen anwaltlichen Beistand ich es nicht geschafft hätte,

sowie allen Mitgliedern meiner Selbsthilfegruppen und den Mitarbeitern aller Kliniken, in denen ich war, ganz besonders den Mitgliedern der Kölner Gruppe für die vielen anregenden Gespräche.

Jörg Böckem dankt:

Bernd für sein Vertrauen. Anja für alles. Und für die Unterstützung bei der Arbeit an diesem Buch Anke Dürr und Andreas Banaski.